Programmer pour LES NULS

2e édition

Olivier Engler
et Wallace Wang

FIRST
Interactive

Programmer pour les Nuls, 2e édition

Pour les Nuls est une marque déposée de Wiley Publishing, Inc
For Dummies est une marque déposée de Wiley Publishing, Inc

Collection dirigée par Jean-Pierre Cano
Maquette : Inasenz

Edition française publiée en accord avec Wiley Publishing, Inc.

12 avenue d'Italie 75013 Paris
Tél. : 01 44 16 09 00
Fax : 01 44 16 09 01
E-mail : firstinfo@efirst.com
Internet : www.editionsfirst.fr
ISBN : 978-2-7540-8340-9
Dépôt légal : février 2016
Imprimé en France en février 2017 par l'Imprimerie Maury S.A.S. à Millau (12) – B17/55740N

Table des matières

Introduction

Programmer ? Tout le monde a entendu parler de cette activité mystérieuse qui consiste à créer des logiciels. Ce livre vous propose de découvrir cette science de façon différente des livres et des sites actuels qui expliquent la programmation.

On peut être un très bon chauffeur de poids-lourd sans connaître la théorie des moteurs Diesel, mais tous les pilotes de ligne connaissent en détail le fonctionnement de chacun des équipements qui constituent l'objet dans lequel ils sont assis.

Programmer, c'est guider une machine d'un état à un autre au-dessus d'un océan hostile - les bogues -, en garantissant la sécurité des passagers-utilisateurs.

Pour qui, ce livre ?

Ce livre ne présuppose aucune connaissance ni expérience en programmation. Les lecteurs qui voudront pratiquer les exemples auront un minimum de savoir-faire avec un ordinateur (démarrer une application, trouver un fichier, naviguer sur le web, etc.), mais vous pouvez quasiment tout lire sans pratiquer.

En termes d'âge, savoir lire et se concentrer pour certaines sections sont les seules conditions.

Le livre vous aidera notammment dans les cas suivants :

- Vous êtes collégien ou lycéen et voudriez vérifier que vous avez bien fait de vous engager dans cette discipline ou de vous en écarter.
- Vous êtes parent et voulez aider votre enfant à choisir son orientation.
- Vous êtes senior et aimeriez faire vos premiers pas en programmation.
- Vous êtes curieux de savoir dans quel état d'esprit est plongée une personne qui écrit un programme.
- Vous avez une idée d'application et aimeriez revoir les bases avant de vous lancer dans la réalisation.

En littérature, quelle est la proportion de lecteurs par rapport aux auteurs ? Ce livre a aussi comme objectif de vous rendre capable de lire et de comprendre, au moins les grandes lignes, de n'importe quel programme, même si, en fin de compte, vous ne comptez pas « vous y mettre ».

Demandez le programme !

D'où vient le mot « programme » ?

« *Pro* » signifie vers l'extérieur, vers la place publique.

« *Gramme* » vient de *graphein*, noter par écrit, rendre tangible, communicable plus tard, permanent.

La première utilisation du mot « programme » est musicale. C'est un document destiné à une diffusion publique annonçant ce que des artistes ont prévu de jouer lors d'un futur concert. La lecture du programme permet donc de décider d'acheter ou pas des places. C'est une liste prévisionnelle d'actions souhaitées dans un certain ordre pour atteindre un objectif (un bon concert).

Au sens informatique, programmer c'est aussi préméditer des actions futures. C'est décider des changements d'état d'un automate à partir d'un état initial défini. Ce que cet automate modifie sont des représentations de choses vraies (ou fausses !) qui concernent votre propre existence, votre compte en banque, vos données de santé, vos souvenirs, même ceux que vous avez oubliés depuis.

On compare souvent la programmation à la création d'une recette de cuisine, mais une recette ressemble plutôt à un algorithme, et programmer, ce n'est pas que des algorithmes. Un algorithme est une technique de résolution d'un problème qui s'est avérée plus efficace que d'autres. De ce fait, elle est devenue générique. Pour réussir un clafoutis, il suffit de suivre la recette. Mais en programmation, vous devrez inventer le clafitoux et le clifoutat.

Comme le disait le nom du groupe anglais *Soft Machine*, programmer c'est créer une machine molle.

Préface de la deuxième édition

Depuis la parution de la première édition de ce livre, l'engouement pour la découverte des principes de l'informatique n'a cessé de croître chez les juniors comme chez les seniors.

Nous avons donc profité de cette nouvelle parution pour appliquer quelques retouches et vérifier que tout ce qui y est dit reste à jour.

Structure du livre

Ce livre comporte cinq parties : une importante partie centrale flanquée de deux parties de préparation et deux parties d'application.

La **première partie** vous propose de faire le lien avec votre quotidien. Nous y verrons que la programmation est moins éloignée de vous que vous pourriez le penser. Le Chapitre 2 donne l'occasion d'un premier projet de programmation sans écrire une ligne de code.

La **deuxième partie** aborde la naissance des machines à penser en termes matériel et intellectuel : automates, transistors, comptage en base deux et portes logiques.

La **troisième partie** s'étend sur huit chapitres pour découvrir pas à pas les grands principes de l'art de programmer : valeurs, variables, instructions, fonctions, tableaux, structures, construction de l'exécutable et librairies. Arrivé à la fin de cette partie, vous serez capable de comprendre les grandes lignes de n'importe quel infolangage et de choisir d'en apprendre plus par ailleurs si cela vous a mis en appétit.

La **quatrième partie** profite de la précédente pour oser aborder des pratiques de programmation plus complexes : une application pilotée par événement sous Windows, les bases de la programmation orientée objets et une incursion dans la création de pages web en HTML avec CSS et JavaScript.

La **cinquième partie** est constituée des traditionnels « Dix commandements ». Vous y trouverez dix pistes pour aller plus loin et dix erreurs de programmation à éviter.

Une annexe est consacrée à l'installation d'un atelier de développement (Code::Blocks) et une autre contient la table des codes ASCII des caractères anglais.

L'approche

Dans l'esprit de la collection « Pour les Nul(le)s », le livre se rebelle contre la façon traditionnelle de parler de programmation. C'est-à-dire ?

Tous les livres et cours d'initiation (et l'auteur en a lu et francisé plus d'une cinquantaine) choisissent de commencer par un programme complet mais apparemment très court : l'affichage du message de bienvenue « Hello world ».

L'intention est bonne, mais le lecteur est brutalement sommé de deviner en même temps quasiment tous les concepts fondamentaux de la programmation ! Pourquoi des guillemets ? Pourquoi `printf()`, et `#include`, et ces accolades partout ? Et ces caractères du message, l'ordinateur les comprend ? De plus, l'affichage d'un message à l'écran est loin de constituer une activité centrale en programmation.

Les premières phrases que l'on apprend à écrire à l'école primaire ne sont pas des extraits de Zola ou d'un rapport du FMI, même très court. En comparaison du français, un infolangage est beaucoup plus simple. Il suffit de commencer par le commencement !

Un art de programmer ?

L'ordinateur que vous alimentez avec un logiciel va faire exactement ce que le programme contient. Ceci dit, séparer ainsi le matériel du logiciel est réducteur, tout comme vouloir séparer le corps de l'âme.

Un ordinateur éteint (donc sans logiciel) est l'objet le plus inutile qui puisse s'imaginer. L'ordinateur n'existe qu'une fois qu'un logiciel l'anime. Le logiciel est l'expression d'une sorte de scénario que vous avez entièrement conçu en fonction de l'idée que vous vous faites du fonctionnement de la machine.

En quelque sorte, lorsque le programme fonctionne, il n'est que la preuve que le scénario développé dans votre esprit était limpide. C'est exactement comme un tableau de peinture : s'il en émane assez de force pour toucher d'autres personnes, c'est que l'auteur a vécu une expérience intérieure forte au point de lui dicter les mouvements de son pinceau.

La pratique

Ne vous basez pas seulement sur la pratique pour apprendre à programmer. La rédaction d'un programme est d'abord un processus mental. Il faut se rendre disponible. Programmer, c'est d'abord construire l'idée de ce que l'on va écrire, puis passer à l'écriture dans un second temps.

Aussi important, sinon plus, que l'écriture de code, il y a la lecture des textes sources écrits par les autres ! Grâce au mouvement des logiciels libres et Open Source, vous disposez dès le départ d'une fabuleuse bibliothèque. Lisez du code, cherchez à comprendre comment les meilleurs programmeurs ont trouvé leurs solutions.

Un bon écrivain ou un bon compositeur ont d'abord « fait leurs classes » en puisant dans le savoir-faire de leurs prédécesseurs. Un des objectifs de ce livre est de vous aider à apprendre à lire le code source plus encore qu'à l'écrire. Vos idées de création viendront d'elles-mêmes ensuite.

Contrairement aux livres habituels pour débutants qui optent pour un langage « facile » (Visual Basic, Python), nous parlons de langage C et même d'assembleur. Mais ces langages sont considérés de « bas niveau ».

TRUC

L'expression « de bas niveau » possède cette connotation élitiste que l'on retrouve chez les « intellectuels » (au sens péjoratif) qui veulent nier le corps, alors que c'est des émotions du corps que se construit l'âme, comme l'ont montré les chercheurs en neurosciences comme Antonio Damasio.

Pourquoi avoir choisi le C ?

1. Le langage C est beaucoup plus transparent que les langages de « haut niveau » quand il s'agit de montrer les contraintes qu'impose le matériel sur les conditions de création.
2. En présentant quelques concepts fondamentaux de façon très détaillée comme nous le proposons dans la Partie 3, il est ensuite beaucoup plus facile de maîtriser n'importe quel autre langage. Vous en ferez l'essai dans la Partie 4 en abordant (brièvement car la place manque) la programmation pilotée par événements et la programmation objets.

Les fichiers archives des exemples

Les troisième et quatrième parties contiennent de nombreux exemples de texte source. Il est bien sûr intéressant de les tester et de les modifier pour voir ce qui se passe réellement.

Dans les premiers chapitres, ce sont des extraits non directement compilables. Ils sont d'abord destinés à être lus. Nous indiquons cependant au début de la troisième partie comment ajouter un habillage permettant de rendre ces exemples opérationnels.

Vous trouverez les exemples sous forme de fichiers archives compressés sur la page du livre sur le site de l'éditeur :

www.editionsfirst.fr/telechargements2.php

Une liste déroulante apparaît. Choisissez **Pour les nuls Vie numérique**. Cherchez la couverture de ce livre et cliquez. La liste des archives vous est proposée.

Des conseils pour mettre en place les fichiers et les outils sont fournis avec les archives.

Conventions typographiques

Les mots-clés du langage C et les noms des fonctions prédéfinies sont imprimés dans une police fixe, comme dans `printf()` ou `break`.

Les noms de fichiers et de dossiers sont imprimés en police sans serif en italique, comme dans *programme.exe*.

Les noms des commandes dans les menus sont imprimés sans serif gras : ouvrez le menu **Fichier**.

Les listings source sont numérotés dans chaque chapitre, comme ceci :

Listing 1.1 : Exemple de texte source.

```
#include <stdio.h>
int main() {
  return(0);
}
```

La largeur limitée des pages imprimées oblige à limiter la longueur des lignes de texte source.

Icônes utilisées

Cette icône attire l'attention sur une information qu'il est important de mémoriser. Bien que je conseille de tout mémoriser, il s'agit ici de quelque chose d'absolument indispensable.

Une astuce est une suggestion, une technique spéciale ou quelque chose de particulier qui vous aide à être encore plus efficace.

Cette icône marque un piège à éviter, une information qui peut avoir de fâcheuses conséquences si vous n'en tenez pas compte.

Bien sûr, tout est technique en programmation, mais je réserve cette icône aux compléments, apartés et anecdotes encore plus techniques. Considérez-les comme des bonus pour ultra-geeks.

Remerciements

L'auteur remercie particulièrement Jean-Pierre Cano de lui avoir fait confiance pour ce titre qui constitue le point d'entrée pour tous les autres livres de la collection « Pour les Nuls » consacrés aux langages informatiques.

Merci du fond du coeur à Martine, Eva et Déreck pour avoir supporté ma vie nocturne au long de tous ces mois.

Un grand merci à l'éminent linguiste Richard Carter pour les discussions sur les rapports entre infolangages et langages humains.

Avertissement

En programmation, on prend rapidement l'habitude de traquer la moindre faute, chez soi comme chez les autres. La rigueur des infolangages a cette rigidité pour corollaire. Certains professionnels de l'informatique seront donc prompts à relever des choix éditoriaux qui les auraient déroutés.

Nous avons par exemple choisi de ne présenter la fonction d'affichage `printf()` qu'au bout d'une centaine de pages, parce qu'elle suppose de maîtriser plusieurs notions plus élémentaires d'abord.

De même, nous avons choisi de ne pas consacrer beaucoup de pages à la présentation de toutes les fonctions prédéfinies du langage. En effet, une fois que vous avez acquis des bases solides, découvrir comment utiliser ces fonctions est aisé : il suffit de puiser dans la documentation de référence.

De nos jours, un programmeur passe beaucoup de temps à créer des passerelles entre des blocs fonctionnels préexistants, blocs qu'il doit apprendre à utiliser. Il est devenu très rare de commencer un projet avec un écran vierge. Si après avoir lu ce livre, vous décidez d'aller plus loin en programmation, prévoyez donc de ne jamais cesser d'apprendre.

Gardons le contact !

Une importante nouveauté de cette édition est la mise à disposition d'une adresse de contact. Vous pouvez dorénavant nous transmettre des suggestions pour la prochaine édition et poser des questions.

Pour bien utiliser cette opportunité, vous voudrez bien tenir compte des règles suivantes.

Commencez le texte de l'objet du message (son titre) par la référence PROGPLN, comme ceci :

```
PROGPLN : Résumé de ma question/suggestion
```

Envoyez votre message à cette adresse :

firstinfo@efirst.com

Ayez un peu de patience, car il faut quelques jours pour retransmettre les messages à l'auteur et lui laisser le temps de répondre.

En vous souhaitant un agréable voyage dans l'univers de la programmation !

Première partie

Premiers contacts

Dans cette partie :

- Un tableur pour programmer ?
- Les pages Web vues des coulisses
- L'atelier Scratch
- Un jeu de tennis en 30 minutes

Chapitre 1

Le code est partout

Dans ce chapitre :

- Formuler, c'est programmer
- Une fourmilière sous le capot

Dans bien des domaines d'activités humaines, les frontières entre l'intime et l'étranger sont floues. Tout le monde programme sa journée, ses prochains congés et ses jours de fête. Vous direz que ce n'est pas la même chose. En apparence, oui.

Au quotidien, certaines activités considérées comme banales avec un ordinateur sont déjà des invitations à adopter l'état d'esprit du programmeur. Le meilleur exemple est le logiciel bureautique nommé tableur.

Votre tableur est programmable

Le premier logiciel pour grand public qui permettait d'une certaine façon de programmer est un tableur, l'ancêtre de tous les tableurs : VisiCalc. Conçu fin 1978 par Dan Bricklin et Bob Frankston, il a engendré une descendance qui a envahi les bureaux et les foyers du monde entier.

Quasiment quatre décennies plus tard, l'idée de génie de VisiCalc est toujours le fondement des tableurs modernes tels que Excel, LibreOffice et OpenOffice. Elle consiste à permettre d'écrire dans une cellule de tableau non seulement un nombre ou du texte, mais aussi une formule. Autrement dit, dans le même emplacement, il peut y avoir des données ou du code qui génère des données.

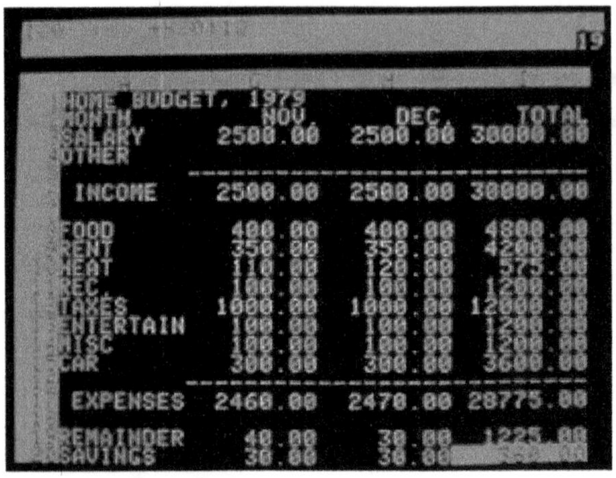

Figure 1.1 : VisiCalc, le premier tableur.

Prenons un tableur moderne (OpenOffice). L'exemple suivant cherche à trouver automatiquement le prix le plus bas pour une série d'articles dans les deux supermarchés les plus proches. Nous avons saisi un échantillon de données et deux fois la même formule simple pour faire la somme d'une colonne.

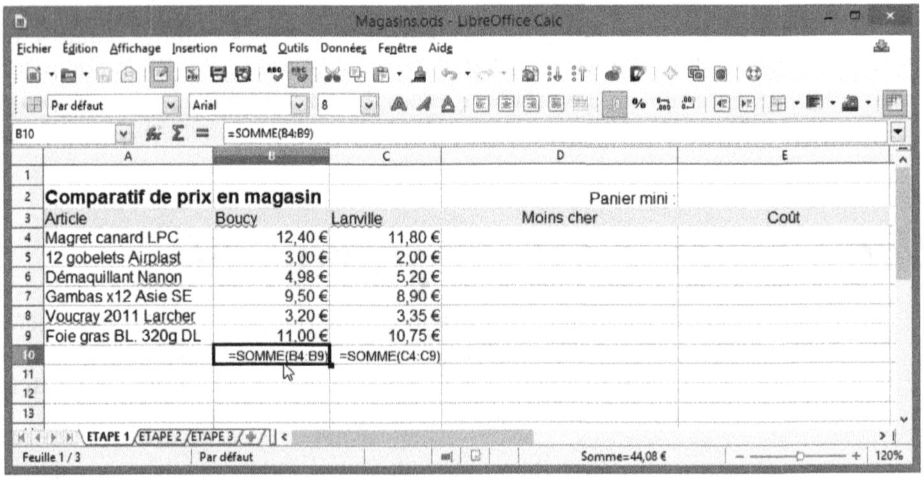

Figure 1.2 : Une feuille de calcul avec deux formules.

Dans la colonne B, au lieu de saisir une valeur, nous indiquons la formule :

```
=SOMME(B4:B9)
```

De nombreux lecteurs connaissent cette technique. Elle est remarquable parce qu'une fois déshabillée elle est très similaire à celle-ci :

```
ADD Adresse1,  Adresse2
```

qui est typiquement du langage assembleur, directement compréhensible par un processeur. Nous y reviendrons dans la suite du livre.

Un tableur permet aussi des formules conditionnelles grâce à la fonction SI qui propose déjà une syntaxe très proche des instructions conditionnelles. Saisissons la formule suivante en cellule D4 :

```
=SI(B4>C4;"Lanville";"Boucy")
```

La formule dit : « Si la valeur de l'adresse (de la cellule) B4 est supérieure à celle de l'adresse C4, nous injectons le nom du second magasin (le moins cher) dans la cellule contenant cette formule, et le nom du premier sinon ».

Nous profitons de l'excellente possibilité de copie relative pour remplir la colonne. Nous ajoutons une formule similaire (`=SI(D4="Lanville";C4;B4)`) dans la colonne suivante.

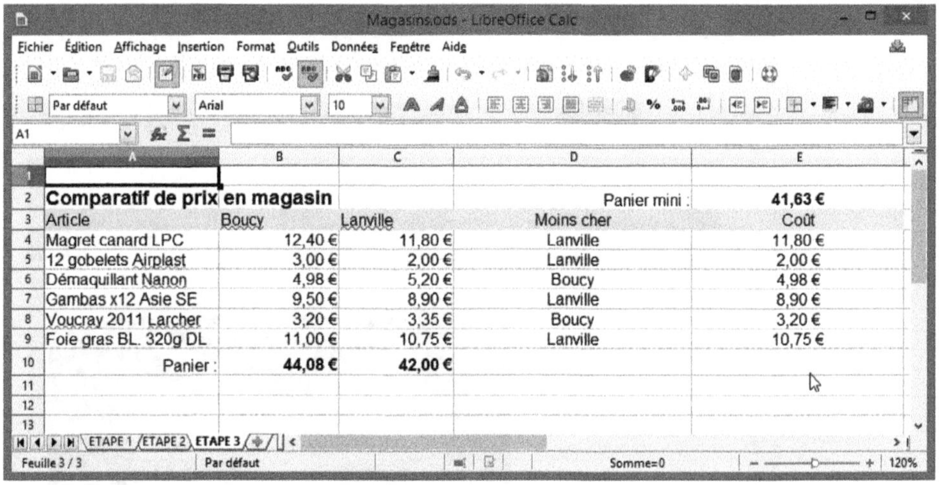

Figure 1.3 : Résultats des formules affichés.

Pour voir les formules au lieu des données :

- dans Open ou LibreOffice, ouvrez la boîte **Outils/Options** et activez dans **LibreOffice Calc/Affichage** l'option **Formules**.
- dans Excel, dans **Fichier/Options, Options avancées**, descendez jusqu'à la catégorie **Options d'affichage de la feuille** pour activer l'option **Formules dans les cellules**.

Sans même parler des macros dont sont dotés tous les logiciels bureautiques de nos jours, un premier contact avec certains concepts de programmation est donc accessible à chacun de nous.

Voyons maintenant un autre contexte où l'activité de programmation est très accessible : votre navigateur Web.

La fourmilière sous le capot

La navigation sur Internet (le Web) est devenue un acte quotidien. C'est aussi un moyen très simple de découvrir à quoi ressemble un programme.

Ouvrons par exemple une session de navigation avec un navigateur standard, que ce soit Firefox, Chrome, Internet Explorer ou Safari (ou d'autres sous Linux). Voici la page d'accueil du site de l'éditeur de ce livre :

Figure 1.4 : La page d'accueil du site editionsfirst.fr.

Prenez quelques instants pour repérer les sections qui constituent la page :

- plusieurs boutons-liens tout en haut ;
- une bannière graphique ;
- un menu horizontal proposant des catégories ;
- un bandeau de recherche ;
- puis plusieurs sections de contenu.

Et maintenant, nous pouvons basculer d'un geste dans les coulisses. Le tableau suivant indique quel est ce geste selon le navigateur.

Tableau 1.1 : Accès au code source d'une page Web.

Logiciel	*Technique*
Firefox	Menu Outils/Développement Web et Code source de la page.
Internet Explorer	Menu Affichage/Source.
Safari	1) Menu Safari/Préférences, page Avancées, option Afficher le menu Développement. 2) Menu Développement/Afficher le code source.
Chrome	Menu Outils, Afficher la source.

Le raccourci clavier Ctrl-U fonctionne dans tous les navigateurs sous Windows (Alt-Pomme-U sous Mac). Voici le résultat affiché.

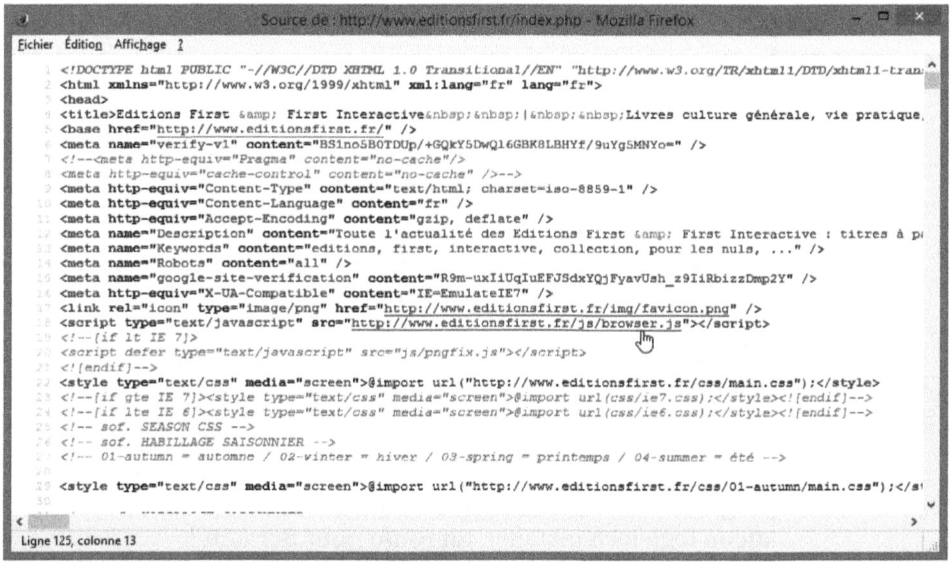

Figure 1.5 : Le code source de la même page.

Ce que vous voyez est du code source. Dans ce cas précis, c'est un mélange de plusieurs langages :

- du HTML : les balises HTML commencent toujours après un chevron gauche ;
- du JavaScript : tout ce qui suit un marqueur <script language=... et jusqu'au prochain marqueur de fin </script> ou bien les liens soulignés se terminant par .js ;
- du CSS : pour contrôler l'apparence visuelle de la page ;
- du PHP : pour gérer le cas où le visiteur a oublié son mot de passe.

Voici le détail d'un fichier JavaScript contenu dans la même page. Vous constatez que les lignes ont des retraits variables à gauche (pour améliorer la compréhension du code).

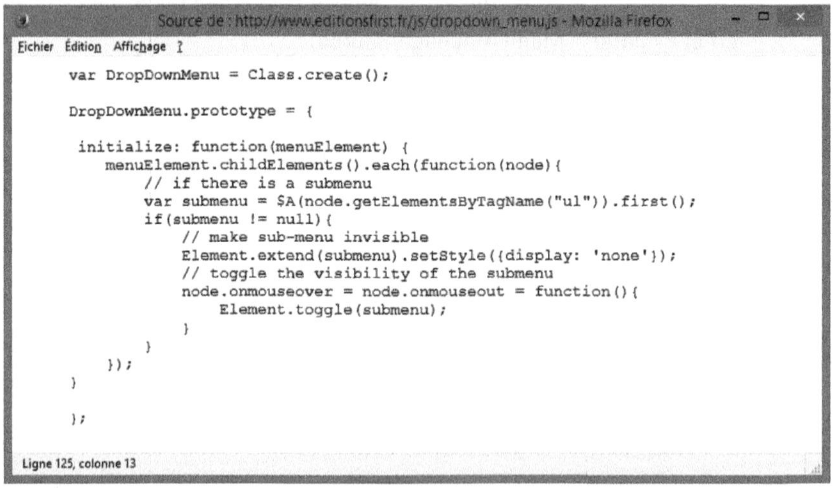


```
var DropDownMenu = Class.create();

DropDownMenu.prototype = {

 initialize: function(menuElement) {
    menuElement.childElements().each(function(node){
        // if there is a submenu
        var submenu = $A(node.getElementsByTagName("ul")).first();
        if(submenu != null){
            // make sub-menu invisible
            Element.extend(submenu).setStyle({display: 'none'});
            // toggle the visibility of the submenu
            node.onmouseover = node.onmouseout = function(){
                Element.toggle(submenu);
            }
        }
    });
}

};
```

Figure 1.6 : Extrait de code source JavaScript.

Pour l'instant, tout ceci ne devrait pas vous parler, mais une fois les fondamentaux présentés, ce sera bien plus clair.

Notez que vous pouvez faire une copie locale de la page complète (menu **Fichier/Enregistrer sous**) et voir tous les fichiers source dans le sous-dossier créé.

Après ce premier contact, procédons à une séance complète de programmation, mais avec un outil visuel. Il n'y aura pas une ligne à écrire et aucun logiciel à installer. En route pour Scratch !

Chapitre 2

Une séance de programmation ludique

Dans ce chapitre :

- L'atelier Scratch
- Premiers pas
- Un jeu de tennis sans écrire une ligne

Scratch est le nom d'un logiciel de programmation visuelle conçu par un laboratoire de recherche américain (le groupe Lifelong Kindergarten Group) du MIT Media Lab au Massachussets. Le logiciel est gratuit et se fonde sur de nombreux logiciels libres.

Depuis 2012, Scratch est utilisable sans installation, dans une fenêtre de navigateur Web. Plus de sept millions de projets ont été conçus en Scratch, et leurs auteurs ne sont pas que des enfants ou des adolescents.

Entrez dans le monde de Scratch

Ouvrez votre navigateur Web et cherchez à accéder au site du langage Scratch. Voici l'adresse exacte :

```
scratch.mit.edu
```

Figure 2.1 : La page d'accueil de Scratch.

La page devrait être en français. Du côté gauche, repérez la grande icône **ESSAIE LE** (ou **TRY IT**). Cliquez-la. Vous arrivez dans la fenêtre d'expérimentation, c'est-à-dire l'atelier de création.

Parfois, il y a trop de monde sur le serveur et certaines images ne s'affichent pas. Mais le lien reste accessible au format texte (Figure 2.1).

Préparation de l'atelier

Avant d'en découvrir les éléments, faisons le ménage. Nous supposons que vous avez cliqué ESSAIE-LE ou TRY IT.

1. **En haut à gauche, à côté du titre Scratch, vous voyez un petit globe terrestre. C'est un menu dans lequel vous pouvez choisir votre langue d'interface. Si les menus ne sont pas en français, choisissez Français dans la liste (Figure 2.2).**

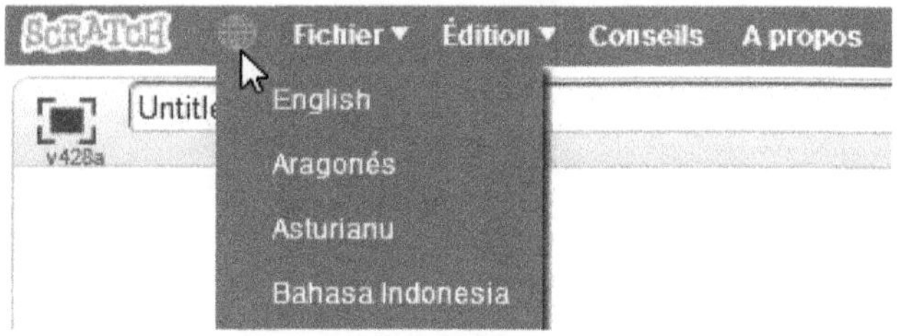

Figure 2.2 : Début du menu des langues de l'atelier Scratch.

2. **Si vous voyez à droite un volet Gettings started in Scratch ou Prise en main de Scratch, cliquez dans la croix de fermeture du volet dans son angle supérieur gauche (Figure 2.3).**

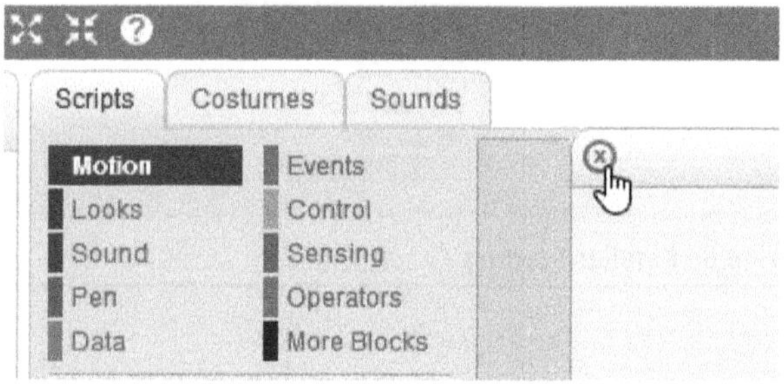

Figure 2.3 : Bouton de fermeture du volet droit du guide.

L'atelier est maintenant dans son état initial.

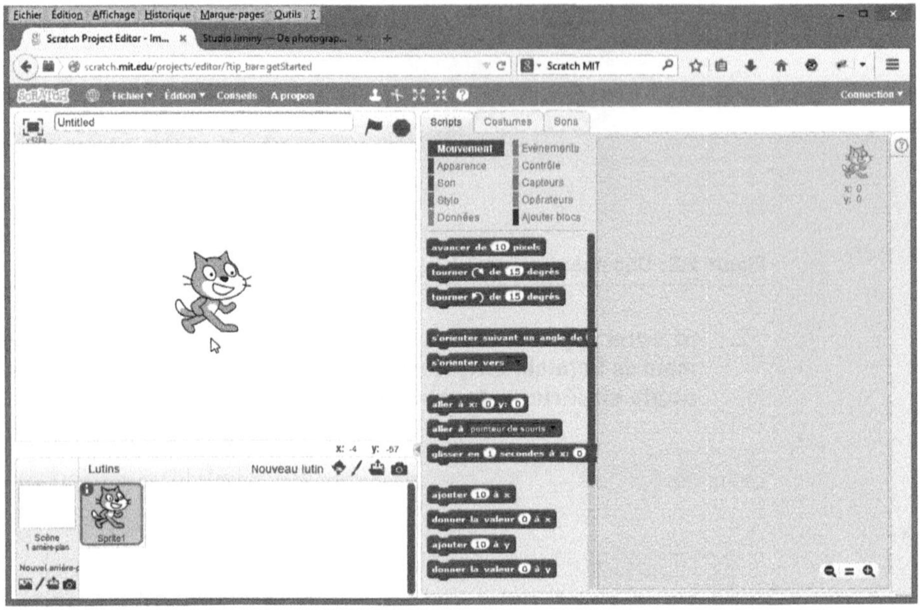

Figure 2.4 : Vue générale de l'atelier Scratch.

Chat alors !

A gauche sous le menu, vous voyez une vaste zone blanche. Cet espace est la Scène. Elle contient un gros matou orange, la mascotte de Scratch. Dans le monde de Scratch, cet objet visuel se nomme un lutin.

1. **Déplacez le pointeur de souris dans la scène tout en regardant changer ses coordonnées sous la scène à droite. Vous comprenez que l'origine des coordonnées est au centre de la scène (juste à gauche de la bouche du chat).**

   Les coordonnées augmentent vers la droite et vers le haut. Les limites sont les suivantes :

   - dans le sens horizontal, de -240 sur le bord gauche à +240 sur le bord droit ;
   - dans le sens vertical, de +180 sur le bord supérieur à -180 sur le bord inférieur ;

   C'est dans cet espace que nous allons proposer une promenade au matou en utilisant les blocs d'action du volet central.

2. **Dans le volet en bas à gauche, cliquez une fois dans l'objet visuel Sprite1 (notre matou) pour le sélectionner.**

Ici, il n'y a qu'un objet mais il y a aussi l'arrière-plan **Scène**, et c'est le matou que nous voulons faire bouger.

3. **Dans le volet central, cherchez le bloc bleu (catégorie Mouvement) suivant:**

```
Avancer de 10 pixels
```

4. **Cliquez et maintenez le bloc puis faites-le glisser jusqu'au volet droit et relâchez à peu près en haut (laissez l'espace de deux blocs au-dessus).**

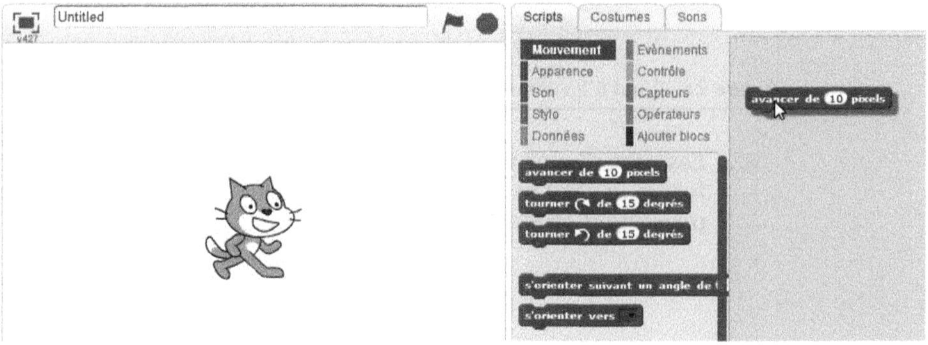

Figure 2.5 : Association d'une action au chat.

Vous venez de définir une instruction.

5. **Repérez le drapeau vert au-dessus de la scène. Il sert à démarrer le programme. Cliquez. Il ne se passe rien !**

   C'est normal. Une action est associée à l'objet, mais rien ne dit quand cette action doit se déclencher. Il manque un événement.

6. **Dans le volet des blocs, changez de catégorie en cliquant sur Evénements. Vous voyez des blocs bruns.**

7. **Repérez le bloc Quand (DrapeauVert) pressé. Amenez-le dans le volet d'écriture de droite au-dessus de l'autre sans relâcher. Attendez de voir la silhouette du bloc apparaître. Cela confirme que le nouveau bloc sera bien ancré avant l'autre. Relâchez.**

   Si les deux blocs ne sont pas enclenchés, déplacez l'un ou l'autre pour y parvenir.

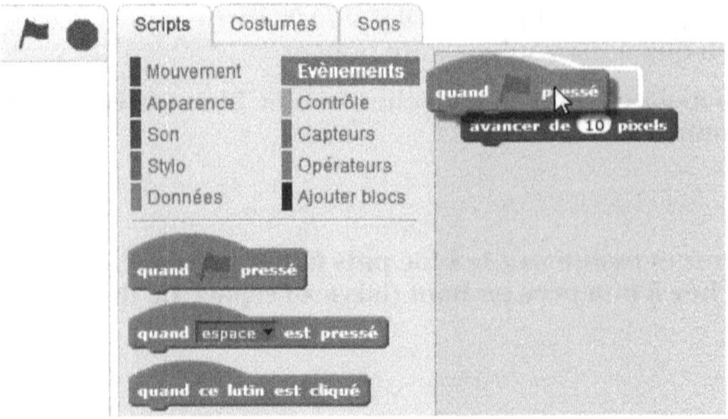

Figure 2.6 : Ajout d'un événement déclencheur de l'action.

8. **Essayons à nouveau en utilisant le bouton vert de la scène. Cette fois-ci le chat se déplace un peu vers la droite à chaque clic, jusqu'à presque disparaître dans les coulisses.**

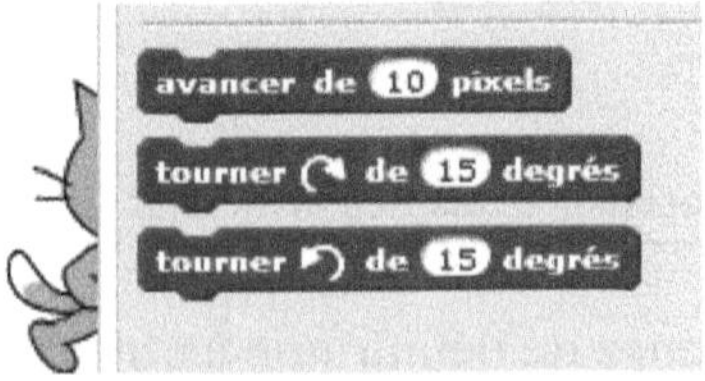

Figure 2.7 : L'objet chat a presque disparu à droite.

(Vous pouvez l'agripper par la queue pour le ramener vers le milieu de la scène ou ailleurs.)

9. **Cliquez dans la zone numérique du bloc d'action Avancer de... et indiquez la valeur 50 (pixels). Vous aurez moins à cliquer pour atteindre le bord.**
10. **Dans le volet des blocs, affichez la catégorie Mouvement et repérez le bloc Tourner (VersLaDroite) de 15 degrés sous le dernier (bien ancré).**
11. **Déposez ce bloc sous le dernier en veillant à ce qu'il s'accroche sous l'autre mouvement.**
12. **Toujours dans la catégorie Mouvement, utilisez l'ascenseur pour voir le bloc nommé Rebondir si le bord est atteint.**
13. **Déposez ce bloc en l'accrochant au précédent. Nous avons créé une action conditionnelle.**
14. **Essayez le programme. Lorsque le chat touche assez le bord droit, il tourne sur lui-même et repart dans un autre sens, et ainsi de suite.**

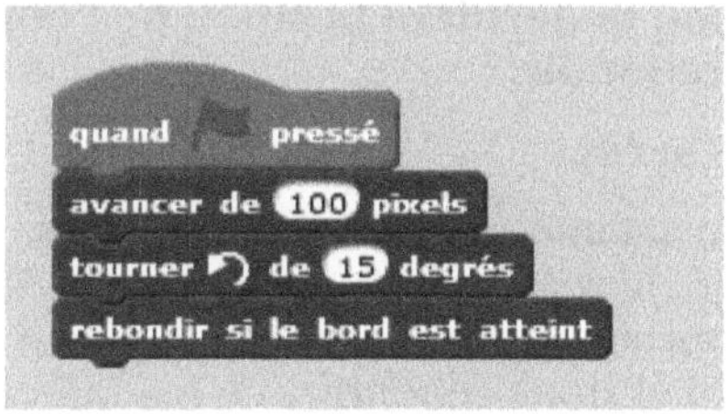

Figure 2.8 : Le programme qui donne un comportement au chat.

En répétant le programme, vous remarquez que notre chat s'amuse comme un fou à faire des cabrioles. Mais le doigt se fatigue vite à cliquer.

Un mouvement permanent

Pour que le chat se déplace seul, nous allons ajouter une boucle de répétition. Nous abrégeons la promenade avec le bouton rouge d'arrêt impératif.

1. **Dans le volet des blocs, affichez la catégorie jaune Contrôle et repérez le bloc Répéter indéfiniment.**
2. **Ici, il faut être délicat. Dans le bloc, cliquez à peu près sur le début de sa légende (Répéter...) et amenez le bloc au-dessus des trois blocs d'action bleus.**

   Bougez légèrement jusqu'à voir le nouveau bloc s'étendre en hauteur pour englober les trois actions avec la silhouette entre le bloc de départ et le deuxième. Vous pouvez alors relâcher.

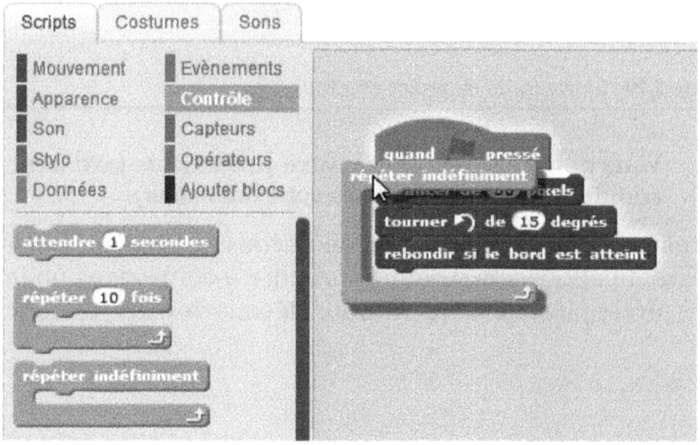

Figure 2.9 : Ajout d'une boucle de répétition infinie.

3. **Lancez le programme. Selon la dernière position de l'objet, le chat va faire des cercles ou bien rebondir.**
4. **Utilisez le bouton rouge d'arrêt.**

   Vous pouvez entre deux essais faire varier les paramètres : la quantité d'avance en pixels et l'angle de rotation. Vous verrez que si le chat n'avance pas assez, il va tourner en rond car jamais plus il n'avancera assez pour toucher un bord et donc rebondir (ce qui fait changer de sens). Vous pouvez arrêter le programme et placer le chat plus près d'un bord avant de relancer.

Notre premier programme est terminé. Si vous voulez pouvoir le retrouver, il vous faut le stocker en lieu sûr, par exemple sur le disque de votre ordinateur.

Sauvons le chat fou

1. **Ouvrez le menu Fichier en haut à gauche et choisissez la troisième commande, Télécharger dans votre ordinateur. Donnez par exemple le nom `Chatfou` et validez.**

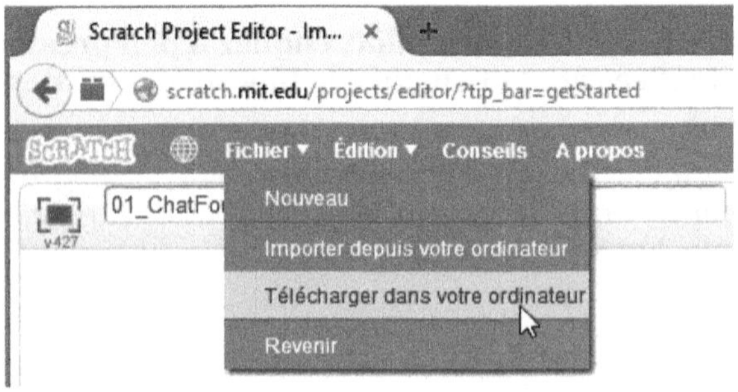

Figure 2.10 : Sauvegarde du projet Chatfou.

2. **Vous pourrez retrouver votre projet plus tard avec la deuxième commande (Importer depuis votre ordinateur).**

L'atelier Scratch permet donc de découvrir les principes de la programmation sans devoir apprendre à écrire dans un infolangage. Passons à un projet plus conséquent pour découvrir d'autres concepts.

Création d'un jeu en Scratch

Nous allons supprimer le matou ! Serions-nous cruels ? Nullement. Vous comprendrez pourquoi il vaut mieux ne pas nous servir du matou pour le projet que nous allons créer, car nous risquerions une plainte de la SPA.

1. **Dans le menu Fichier, choisissez Nouveau (New).**

   Si vous ne venez pas de sauvegarder, une boîte vous demande si vous acceptez d'abandonner tout ce qui a été fait jusque-là (le message est peut-être en anglais : *Discard contents ...?*). Dans vos futures sessions avec cet outil, faites une pause à ce moment avant d'accepter. En informatique, on peut perdre quatre heures de travail en une microseconde.

   Vous voyez l'interface initiale de Scratch :

   - à gauche, deux panneaux superposés pour la Scène et la boîte à objets ;
   - au centre, le panneau des blocs d'actions et d'instructions ; il montre au départ les blocs de la catégorie **Mouvement** ;
   - à droite, le panneau de rédaction des programmes, vide puisque rien n'a été écrit.

2. **Amenez le pointeur de souris sur le gros matou (pas sa vignette en bas) et cliquez-droit pour ouvrir le petit menu local.**

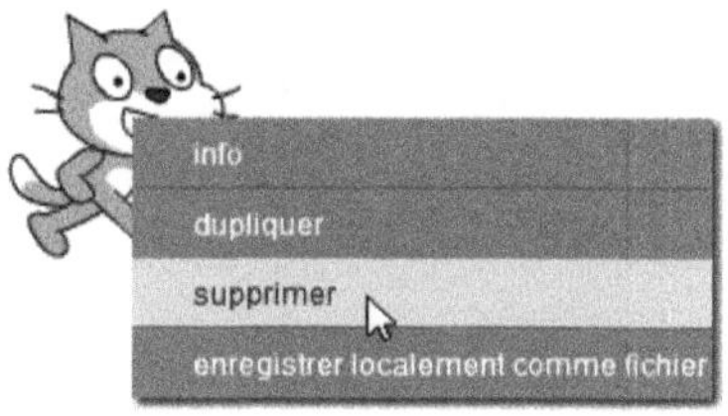

Figure 2.11 : Le menu local d'un objet.

3. **Choisissez la commande Supprimer.**

   Le matou disparaît de la scène, mais en outre le volet central se vide de tous les blocs bleus. Ce n'est rien. Ils vont réapparaître quand nous aurons à nouveau au moins un lutin.

Sur certaines machines, le menu local n'apparaît pas à cause d'un souci dans la version de Flash. Dans ce cas, sélectionnez le chat dans le volet **Lutins** en bas à gauche, puis ouvrez la page **Costumes** au milieu en haut et supprimez manuellement le ou les chats avec le bouton **Effacer** du volet droit.

Réfléchir avant d'agir

Le jeu que nous allons créer est une sorte d'entraînement de tennis. Comme nous utilisons le langage Scratch, le projet s'appellera **Scrannis**.

Avant de nous jeter dans la réalisation, il nous faut étudier ce dont nous avons besoin et quels comportements devront avoir nos objets. Il nous faut :

- une balle ;
- une raquette ;
- trois murs rebondissants ;
- un mur absorbant sous la raquette.

Au niveau des comportements :

- la balle doit partir du mur du fond et rebondir sur trois murs avec un angle si possible changeant ;
- sur le mur derrière le joueur la balle doit être happée et entraîner la fin de la partie ;
- la raquette doit pouvoir être déplacée dans le sens horizontal pour renvoyer la balle par rebond.

Commençons par la balle.

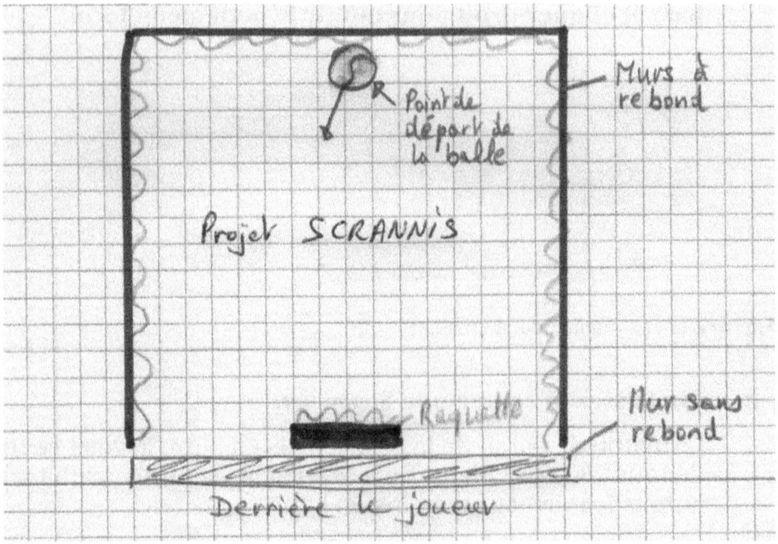

Figure 2.12 : Schéma de conception du projet.

Dessinons un premier objet

Dans Scratch, vous disposez d'une bibliothèque d'objets standard. Du fait qu'il nous faut une balle, nous allons la créer rapidement avec l'outil de dessin intégré à l'atelier.

1. **Le panneau inférieur gauche des Lutins (sprites) possède sa propre barre d'outils. Repérez celui représentant un pinceau et cliquez pour basculer dans l'éditeur graphique.**

Figure 2.13 : Bouton de création d'un objet graphique dans l'éditeur.

   D'office, un nouvel objet apparaît dans ce même panneau, avec un nom provisoire **Sprite1**. La partie droite de la fenêtre accueille l'éditeur. C'est dans cet éditeur que nous allons maintenant travailler.

2. **Dans l'éditeur graphique, sélectionnez la quatrième icône, Ellipse. Cliquez et maintenez en glissant puis relâchez pour dessiner un petit cercle.**

   Le cercle sera parfait si vous maintenez la touche **Maj** tout en traçant.

3. **Pour supprimer un essai, cliquez pour faire apparaître les poignées de coin et appuyez sur la touche Suppr.**

   Faites en sorte que le cercle soit moins grand que la hauteur de deux boutons à gauche (voyez la figure suivante). Au départ, c'est un cercle vide en trait noir.

4. **Sélectionnez l'outil Pot de peinture (Remplir avec de la couleur) puis cliquez dans un godet de couleur en bas (les balles de tennis sont souvent jaunes). Cliquez ensuite à l'intérieur de la balle pour la colorier.**

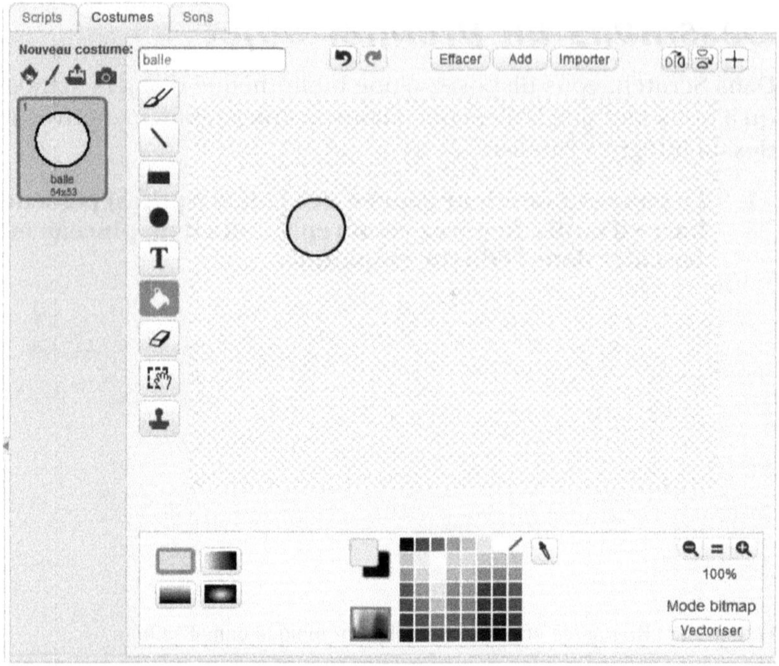

Figure 2.14 : La balle créée dans l'éditeur.

Vous ne pouvez pas déplacer l'objet dans l'éditeur. Aucune importance, vous pourrez le déplacer sur la Scène.

5. **Dans le haut de l'éditeur, vous remarquez une zone de saisie qui contient un nom provisoire (costume1). Cliquez dans ce champ, sélectionnez le texte et saisissez le mot `balle`. Ce sera le nom de cette apparence de la balle (une apparence est appelée un costume dans Scratch).**

6. **La balle est prête. Revenez en mode d'affichage normal grâce à l'onglet Scripts en haut du panneau central.**

   Vous retrouvez les blocs bleus comme promis puisqu'il existe maintenant au moins un objet.

Si maintenant la connexion au serveur de Scratch est rompue, vous perdez tout le travail effectué. Par mesure de précaution, avant d'aller plus loin, créons un fichier local du projet dans son état d'avancement actuel.

Sauver les meubles (et les balles)

1. **Ouvrez le menu Fichier (celui de Scratch, pas du navigateur !) et choisissez Télécharger dans votre ordinateur (vers votre ordinateur serait plus adapté).**

   En effet, pour le moment, votre projet n'existe que sur une machine située on ne sait où sur le territoire des États-Unis.

   Vous voyez apparaître la boîte de désignation de fichier standard sur votre machine.

2. **Saisissez le nom *scrannis01*.**

   Parfois, il faut préciser l'extension *sb2* qui est parfois oubliée.

Vous voici à l'abri des intempéries du Web.

Mettre la balle en mouvement

Nous voulons que la balle se déplace, ni trop vite, ni trop lentement. Dans Scratch, il suffit de la faire avancer par étapes d'un certain nombre de pixels. De plus, nous voulons qu'elle fasse demi-tour quand la balle touche un bord. Scratch prédéfinit une fonction pour détecter cela et réagir en conséquence.

1. **Dans la Scène à gauche, il y a la balle. Avec la souris, déplacez-la en observant l'évolution des coordonnées à droite sous le panneau.**
2. **Déposez la balle en haut au centre, à peu près aux coordonnées x = 0 y = 150.**
3. **Dans le panneau des blocs, ouvrez la catégorie Evénements et déposez le bloc Quand (DrapeauVert) pressé dans le panneau de rédaction à droite.**

   On veut que la balle se déplace sans jamais s'arrêter, sauf lorsqu'elle sort du terrain du côté de la raquette. Nous allons donc mettre en place une boucle de répétition.

4. **Affichez les blocs de la catégorie Contrôle et déposez un bloc à fourche Répéter indéfiniment sous le premier bloc du panneau droit.**
5. **Affichez les blocs de la catégorie Mouvement et déposez un bloc de déplacement Avancer de 10 pixels sous le dernier bloc du panneau droit.**

   Le résultat doit ressembler à la figure suivante.

Figure 2.15 : Code initial de la balle.

6. **Pour juger du résultat, démarrez le programme grâce au bouton (DrapeauVert) au-dessus de la Scène.**

   La balle va vers la droite puis s'arrête avant de disparaître.

7. **En fait, le programme fonctionne toujours ! Avec la souris, ramenez la balle sur la gauche et relâchez. Elle repart sur la droite.**

8. **Utilisez le bouton rouge d'arrêt.**

C'est un bon début. La balle n'arrête de se déplacer que parce que le langage la bloque pour qu'elle ne sorte pas entièrement du champ de vision. Voyons comment la faire rebondir !

Détecter une frontière

Scratch sait que ses futurs utilisateurs vont souvent créer des jeux. Une fonction spéciale a été prévue pour détecter quand un objet touche un bord.

1. **Toujours dans les blocs de la catégorie Mouvement, faites défiler pour repérer le bloc de détection Rebondir si le bord est atteint qui est tout en fin de liste. Déposez ce bloc sous le bloc bleu du panneau droit.**

   Soyez attentif : le bloc ne doit pas être ancré sous la branche de la boucle jaune, mais venir s'insérer dans la boucle en seconde position.

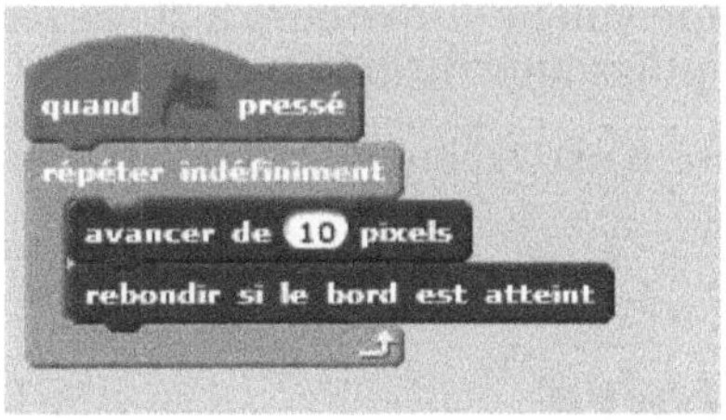

Figure 2.16 : Le script de la balle après ajout de la fonction de rebond.

2. **Testez le script. La balle rebondit bien, mais sans doute après un changement de coordonnées imprévu. C'est lié au fait que le centre de gravité de l'objet ne coïncide pas avec son centre visuel.**
3. **Rebasculez dans l'éditeur d'objet en cliquant dans l'onglet Costumes.**

   En haut à droite, vous voyez un groupe de trois boutons sans texte. Cliquez sur le dernier (**Définir le centre du costume**). Un pointeur à réticule apparaît.
4. **Cliquez bien au centre de la balle pour y placer le réticule.**

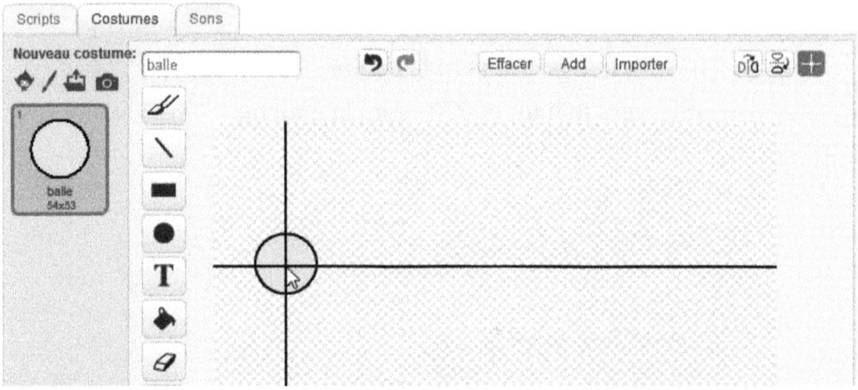

Figure 2.17 : Réglage du centre de gravité de la balle.

5. **Rebasculez en mode script et lancez le programme.**

   S'il reste un petit décalage lors du changement de sens, ce n'est pas grave.

Vous pouvez faire des essais de vitesse :

1. **Arrêtez le script.**
2. **Dans le bloc Avancer de xx pixels du script à droite, cliquez dans la valeur et indiquez par exemple 50 puis 100, puis 10 en redémarrant à chaque fois. Trouvez une vitesse raisonnable.**

Sur une machine récente, une valeur supérieure à 20 va rendre le jeu difficile. Tout dépend de la puissance de la vôtre.

Nous avançons, mais la trajectoire n'est vraiment pas intéressante. Rendons-la moins prévisible et plus réaliste.

Contrôler la trajectoire

Nous allons faire varier l'orientation initiale de la balle grâce à un bloc qui fait partie d'une catégorie que nous n'avons pas encore rencontrée.

1. **Dans les blocs de la catégorie Mouvement, repérez un bloc intitulé S'orienter suivant un angle de ou bien S'orienter à. Insérez ce bloc avant la boucle de répétition, soit juste sous le premier bloc de démarrage.**
2. **Accédez aux blocs verts de la catégorie Opérateurs. Insérez un bloc Nombre aléatoire entre 1 et 10 dans le réceptacle pour l'angle du bloc précédent.**

   La balle de notre exemple est ronde, mais elle possède malgré tout une orientation, c'est-à-dire l'angle de sa trajectoire future. Les coordonnées sont établies ainsi :

   0° vers le bas, 90° vers la droite,

   180° vers le haut et 270° vers la gauche.

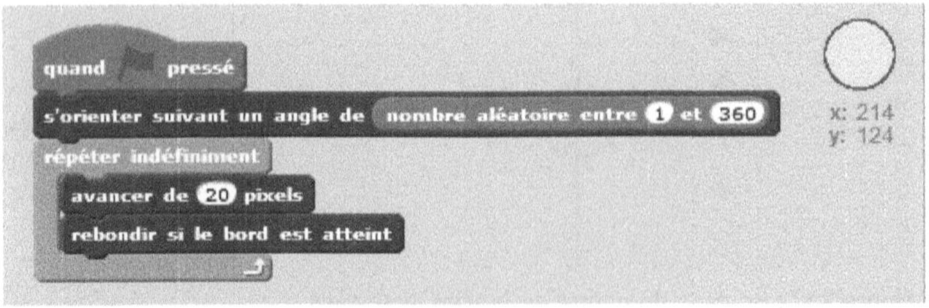

Figure 2.18 : Ajout d'une orientation initiale changeante.

3. **Spécifiez une vaste plage de valeurs aléatoires : indiquez Entre 1 et 360.**

   Admirez le résultat. Repositionnez la balle avant chaque relance pour bien voir que la direction initiale change de façon imprévue. Les mouvements suivants sont le résultat des rebonds. Ils sont moins imprévisibles.

Procédez à une sauvegarde d'étape dans un fichier nommé *scrannis02.*

Creuser le fond de court

Pour que le jeu ait de l'intérêt, il faut qu'un des quatre murs soit ouvert, en sorte que si la raquette manque la balle, celle-ci soit perdue, et la partie aussi.

Nous allons donc intervenir sur le mur du bas, là où viendra se placer la raquette.

Comment faire ? Scratch propose une fonction qui détecte lorsqu'un objet entre en contact avec une surface d'une certaine couleur (que les autres objets ne possèdent pas). Il suffit donc de dessiner un ruban par exemple rouge contre le bord inférieur et de faire détecter la collision entre la balle et la couleur de ce fond de court.

Nous n'allons pas créer un nouvel objet mais modifier le fond de scène (arrière-plan).

1. **En bas à gauche, cliquez dans la zone Scène 1 arrière-plan puis basculez en mode édition via l'onglet Arrière-plans au centre en haut.**
2. **Dans le bas du panneau d'édition, cliquez dans le godet de couleur de trait puis dans le godet de couleur rouge (le quatrième sous le noir).**

   Nous allons dessiner un rectangle rouge en bas.
3. **Sélectionnez l'outil Rectangle.**

   L'opération suivante est un peu délicate parce que les limites de tracé ne sont pas bien visibles. Vérifiez que la fenêtre est assez grande en largeur pour qu'il n'y ait pas de barre de défilement horizontale sous la zone de travail. Si nécessaire, augmentez la largeur de fenêtre pour que cette barre disparaisse.
4. **Amenez le pointeur de souris à mi-chemin entre la dernière icône des outils et la zone de choix de couleur puis faites glisser en remontant en biais.**

   Le but est d'obtenir un rectangle très allongé (toute la largeur du bord). Aidez-vous de la figure 2.19.

Figure 2.19 : Création d'un fond de court rouge.

Vous pouvez recommencer à zéro grâce au bouton Effacer du haut. Une fois le rectangle tracé, s'il est vide, il reste à le remplir avec le même rouge.

5. **Sélectionnez l'outil Pot de peinture (Remplir avec de la couleur), cliquez dans le godet rouge puis cliquez dans le rectangle pour le peindre.**

6. **Si le rectangle est trop ou pas assez épais, servez-vous de l'outil Sélectionner (juste au-dessus du tampon). Zonez autour du rectangle pour faire apparaître les poignées puis tirez vers le haut ou le bas.**

7. **Revenez au panneau des scripts en utilisant l'onglet en haut au centre.**

Détecter la collision balle/mur rouge

Le mur derrière le joueur réclame un comportement spécial de la balle. Rien ne nous empêche de définir un second bloc dans un objet.

1. **Activez l'objet Sprite1 dans le panneau des objets à gauche et cliquez-droit pour choisir Info.**

2. **Profitons-en pour donner un nom approprié à l'objet : Balle. (Un objet peut posséder plusieurs costumes afin de changer d'aspect en cours de programme.)**

3. **Dans le volet de construction du script à droite, déposez un bloc de démarrage Quand (DrapeauVert) pressé (catégorie Evénements) bien à l'écart du premier ensemble, en dessous.**

4. **Accédez à la catégorie Contrôle. Cherchez le bloc Attendre jusqu'à __. Accrochez-le sous le précédent.**

Le détecteur de couleur est dans une nouvelle catégorie.

5. **Accédez à la catégorie Capteurs. Cherchez le bloc Couleur X touchée. Insérez-le dans le losange récepteur du bloc d'attente.**
6. **Cliquez dans le godet de ce sous-bloc. Le pointeur devient une pipette de copie de couleur. Dans le panneau Scène, cliquez dans la barre rouge.**

   Vous êtes ainsi assuré que ce sera cette couleur qui servira de déclencheur. Le godet de la condition doit prendre la même couleur.
7. **Ajoutons une action temporaire pour tester notre nouveau script. Dans la catégorie Apparence, prenez un bloc Dire Hello pendant 2 secondes et accrochez-le sous le précédent.**

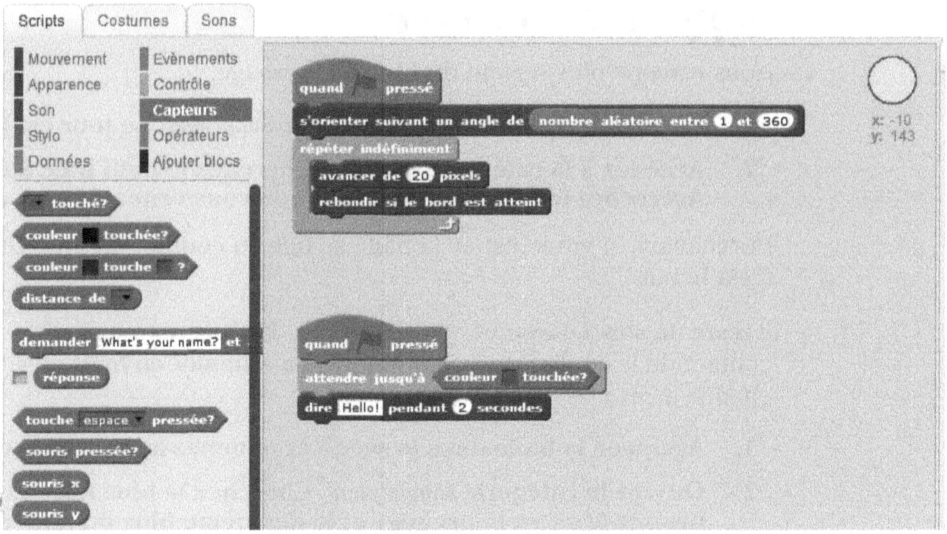

Figure 2.20 : Script de détection de collision avec le mur de fond.

Testons notre groupe de deux scripts de balle. Dès que la balle touche le mur du bas, le message apparaît et la balle rebondit. Notez que le message ne réapparaît plus lors des prochains contacts. En effet, nous n'avons pas eu besoin de placer ces blocs dans une boucle puisqu'à terme ce contact doit provoquer l'arrêt du programme.

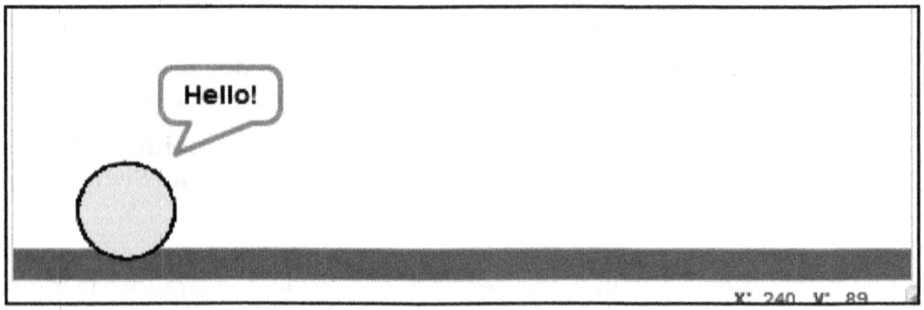

Figure 2.21 : La balle détecte bien son contact avec le mur.

Supprimer un bloc

Nous n'avons plus besoin du bloc de message.

1. **Cliquez-droit dedans et choisissez Supprimer. Le tour est joué.**
2. **Accédez à la catégorie Contrôle. Cherchez le petit bloc Stop tout. Accrochez-le à la place de celui que vous venez de supprimer.**

Dorénavant, si vous testez, la balle se fige au contact du mur. Game over ! C'est le but.

Il reste un souci. Lorsque vous relancez, la balle patine si elle est encore au contact de la couleur rouge. Il faudrait la ramener en haut de scène après chaque arrêt.

1. **Agrippez la balle dans la scène et ramenez-la au milieu en haut.**
2. **Ouvrez la catégorie Mouvement. Cherchez le bloc Aller à x:_ y:_ et insérez-le entre le premier et le deuxième bloc du nouveau script (donc avant Attendre...).**
3. **Si vous avez remonté l'objet avant, les coordonnées devaient être quasiment correctes. Retouchez s'il le faut pour que x indique 0 et y 150.**

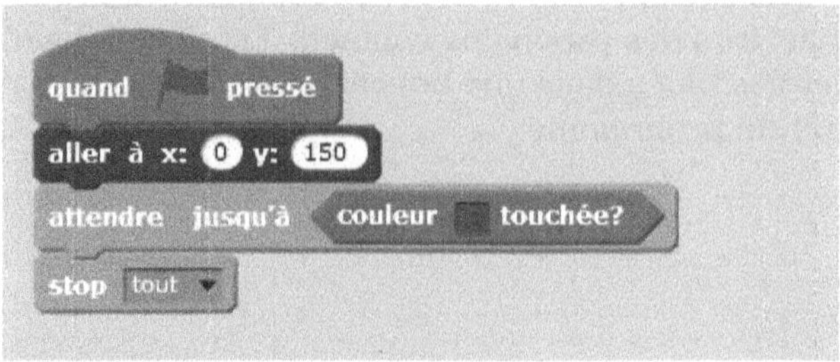

Figure 2.22 : Le script de fin de jeu terminé.

Mais jouer au tennis, c'est plus intéressant avec une raquette. Occupons-nous de cela.

Création de la raquette

Nous allons créer un nouvel objet. Ce sera une raquette symbolique : un rectangle oblong qui pourra se déplacer uniquement de gauche à droite en même temps que la souris.

1. **Dans le panneau des objets, utilisez, comme pour la balle, l'outil Dessiner un nouveau lutin. L'éditeur graphique de costumes apparaît.**
2. **Dans l'éditeur, activez l'outil Rectangle puis sélectionnez le noir comme couleur de trait et de remplissage.**
3. **Au milieu de la surface, dessinez un petit rectangle plat. Remplissez-le (pas en rouge !). C'est tout.**

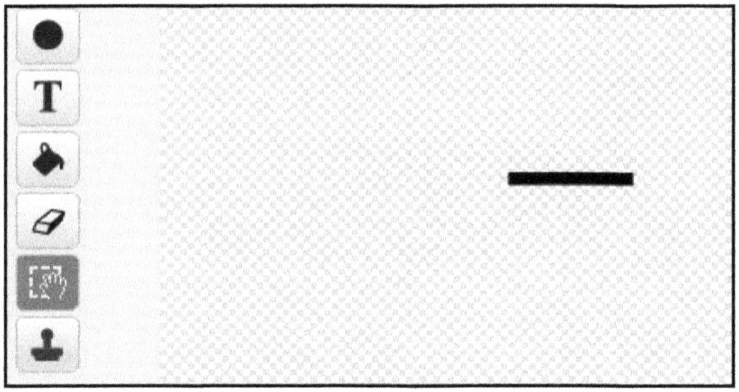

Figure 2.23 : L'objet graphique raquette.

4. **Positionnez le centre de gravité de l'objet comme déjà expliqué.**

   Si, plus tard, vous trouvez que l'objet est trop ou pas assez gros, vous pourrez le retoucher avec l'outil Sélectionner.
5. **Quittez l'éditeur avec l'onglet Script au centre. Dans la Scène, repositionnez votre nouvelle raquette pour qu'elle soit à peu près au milieu en bas, juste au-dessus du mur rouge.**
6. **Dans le panneau des objets, sélectionnez la raquette, cliquez-droit pour choisir Info et donnez-lui son vrai nom : `Raquette`.**

Procédez à une sauvegarde d'étape dans un fichier nommé *scrannis03*.

Une raquette qui bouge

Pour l'instant, la raquette est inerte et trouée. Voyons d'abord comment la faire se déplacer en même temps que le pointeur de souris.

La solution est simple : nous mettons en place une boucle de répétition infinie dans laquelle nous recopions la coordonnée en X de la souris dans la coordonnée en X de la raquette.

1. **Voltigez d'une catégorie de blocs à l'autre comme vous savez le faire maintenant. Déposez un bloc de démarrage Quand (Drapeau) (Evènements) puis un bloc Répéter indéfiniment (Contrôle).**
2. **Accédez à la catégorie Mouvement et cherchez le bloc Donner la valeur 0 à x.**
3. **Accédez à la catégorie Capteurs et cherchez le bloc Souris x. Insérez-le dans le réceptacle du bloc précédent.**

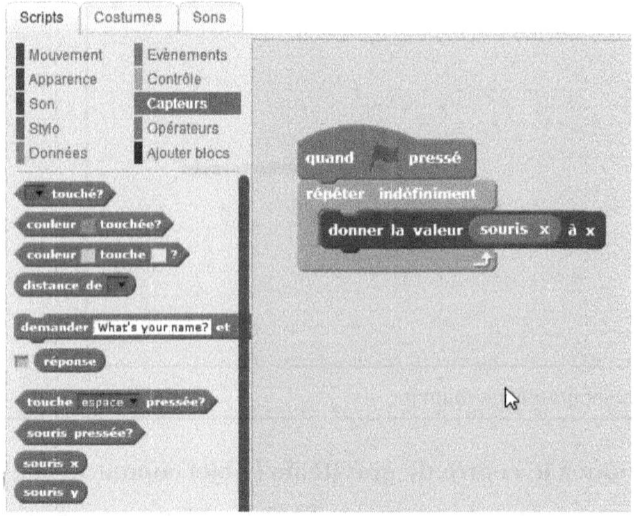

Figure 2.24 : Le script de la raquette.

Vous pouvez tester le projet. La raquette se déplace bien avec la souris. Il ne reste qu'un problème en attente : la raquette est trouée !

Une raquette qui renvoie la balle

Si vous testez le jeu, vous constatez que la raquette, bien que solide en apparence, laisse passer la balle. Un petit script dans l'objet **Balle** et le trou sera réparé. Nous allons détecter le contact et faire faire demi-tour à la balle.

1. **Activez l'objet Balle (non, pas l'objet Raquette) pour afficher ses deux scripts. Prévoyez un peu de place dans le panneau de droite pour pouvoir ajouter un script de six blocs.**
2. **Déposez un bloc de démarrage Quand drapeau puis un bloc Répéter indéfiniment.**
3. **En restant dans la catégorie Contrôle, repérez le bloc de test Si __ alors. Insérez-le dans la boucle de répétition.**
4. **Accédez à la catégorie Capteurs et insérez le bloc __ touché? dans la ligne de titre du bloc conditionnel, juste entre le mot si et le mot alors.**
5. **La condition n'est pas encore définie. Si quoi touché ? Ouvrez la liste de la condition touché?. Tous les objets existants sont proposés, donc vous trouvez Raquette (d'où l'intérêt de bien nommer les objets). Sélectionnez Raquette.**
6. **Ouvrez la catégorie Mouvement et déposez dans le bloc conditionnel (cette fois-ci à l'intérieur des deux fourches) un bloc Tourner de xx degrés (par la droite ou la gauche, cela ne changera rien).**
7. **Cliquez dans la valeur numérique du bloc de demi-tour et indiquez 180.**

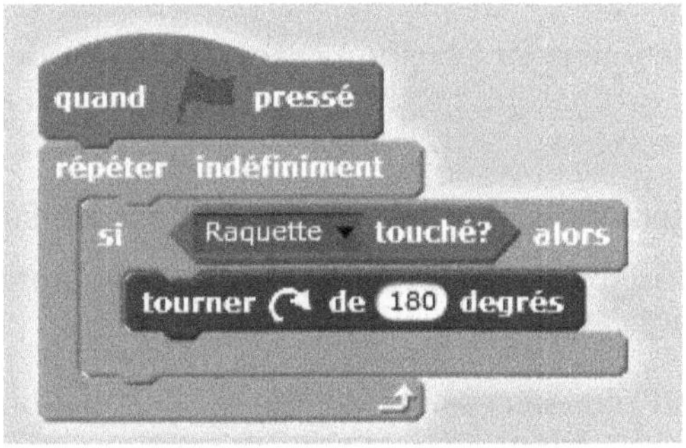

Figure 2.25 : Le troisième script de la balle.

ATTENTION !

Si la balle touche le mur à travers la raquette, vous avez deux solutions : soit remonter la raquette de quelques pixels, soit réduire un peu la hauteur du mur rouge pour augmenter l'espace entre mur et raquette.

Test de la version 1.0 du projet

Si tout s'est bien passé, vous disposez maintenant d'un programme complet.

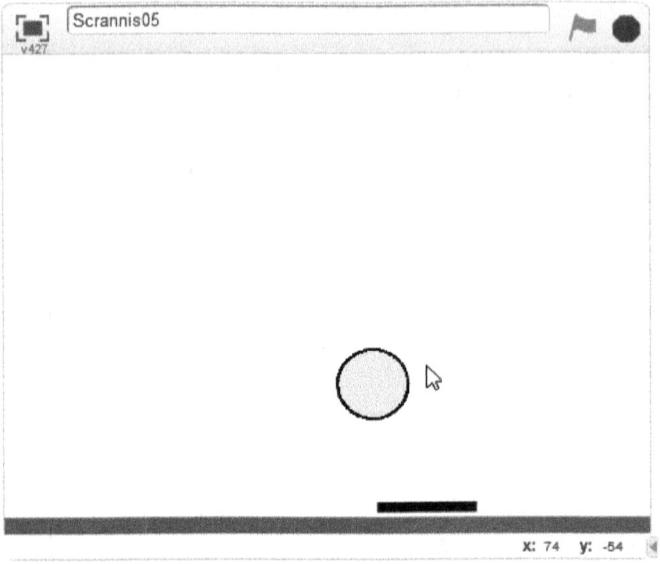

Figure 2.26 : Vue de la Scène du jeu terminé.

La sauvegarde !

Profitez de ce moment de joie pour penser à créer une copie de sécurité de votre projet sur votre ordinateur. Le site de Scratch est très fréquenté. Parfois, il devient inaccessible.

1. **Dans le menu Fichier, choisissez Télécharger dans votre ordinateur.**
2. **Dans la boîte de désignation, indiquez par exemple le nom *scrannisV1* (extension *.sb2* si nécessaire) et validez.**

TRUC

Il est possible qu'il ne soit plus nécessaire d'indiquer l'extension *.sb2* quand vous ferez cet exercice, si le défaut a été corrigé depuis.

En route vers la version 1.1

Votre pratique de Scratch vous a peut-être donné des idées pour enrichir ce projet ou vous lancer dans un autre.

Il y a deux améliorations que nous pouvons encore faire ensemble :

1. **Ajouter l'affichage sous forme de score du nombre de balles renvoyées.**
2. **Faire émettre un petit son de balle au moment du contact avec la raquette.**

Le concept de variable

Nous n'avons pas encore utilisé le mot variable depuis le début du chapitre. Pourtant, nous en avons utilisé environ une dizaine sans le décider explicitement : les coordonnées, les angles de rotation, les mouvements, etc.

Voyons comment définir une variable puis l'afficher et faire varier sa valeur.

1. **Activez l'objet Balle et son panneau Script. Accédez à la catégorie de blocs Données.**
2. **Cliquez sur le bouton Créer une variable.**
3. **Donnez à la variable un joli nom, par exemple `Score`.**

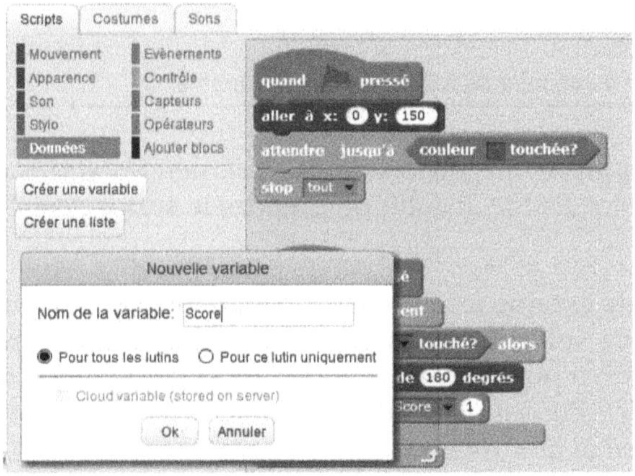

Figure 2.27 : Création d'une variable.

4. **Ne changez pas l'option Pour tous les lutins et validez par Ok.**

Immédiatement, la Scène reçoit dans son angle supérieur gauche un afficheur du nom et de la valeur de la variable. Nous le laisserons à cet endroit.

Il faut que la variable `Score` compte le nombre de renvois de balles par la raquette. Dans les blocs apparus pour la variable, nous remarquons celui nommé **Ajouter à Score 1**. Où le placer ?

Il faut que le score augmente dans le script du contact entre balle et raquette. C'est celui contenant le test **Si Raquette touché? alors**.

1. **Déposez le bloc Ajouter à Score 1. dans le script indiqué sous le bloc de demi-tour Tourner __de 180 degrés pour qu'il s'y accroche.**
2. **Testez votre compteur de points. Vous allez remarquer un dernier détail.**

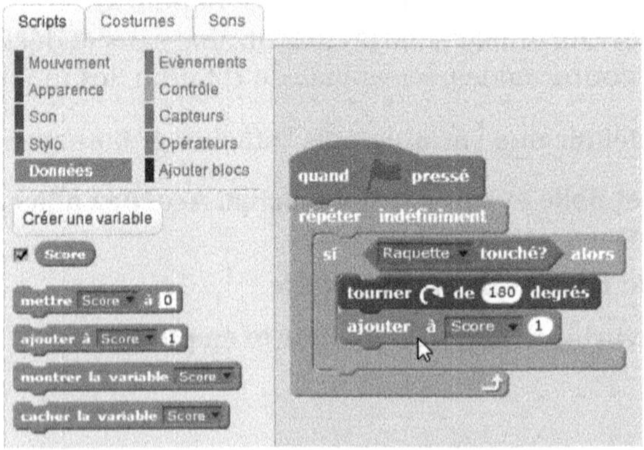

Figure 2.28 : Instruction d'augmentation de valeur de la variable.

(Dans les figures, nous avons parfois déplacé un peu les autres scripts pour rendre l'affichage plus lisible. Il suffit de prendre le script désiré par son premier bloc.)

Le dernier problème est que le score n'est pas remis à zéro (réinitialisé) au début de la partie suivante. Dans la catégorie **Données**, la variable `Score` possède un bloc prévu pour définir la valeur de la variable (**Mettre...**). Dans quel script l'insérer ? Pourquoi pas dans le bloc de fin de partie contenant le test de contact avec le mur du fond ?

1. **Vérifiez que vous êtes face au panneau de Scripts de la balle. Si nécessaire, accédez à la catégorie Données.**

2. **Déposez le bloc Mettre Score à 0 au début du script contenant Attendre jusqu'à couleur touchée ? juste sous le bloc de démarrage.**

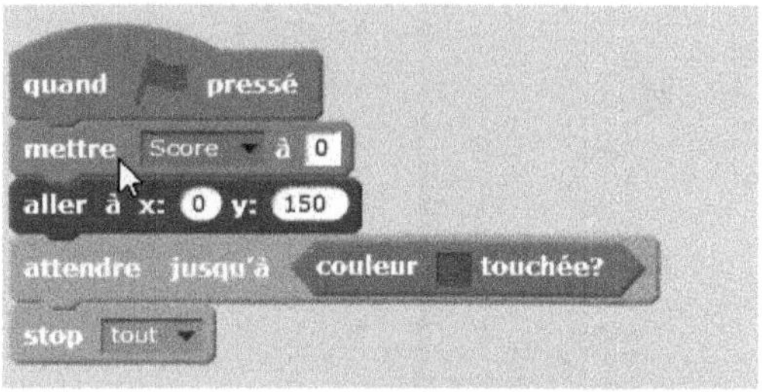

Figure 2.29 : Remise à zéro de la variable Score.

Testez le résultat. Bien sûr, puisque vous êtes le créateur du jeu, vous pouvez tricher sur le score : il suffit de changer la valeur initiale dans le bloc **Mettre Score à**.

Une dernière retouche très simple va nous permettre de découvrir le monde du multimédia. Nous allons ajouter un son au contact raquette/balle. Deux étapes sont à prévoir :

1. **Définition du nouveau son.**
2. **Ajout d'un bloc pour jouer ce son dans le bon script.**

Définition d'un son

Scratch est fourni avec une bibliothèque de sons de base qui suffira à notre bonheur.

1. **Activez l'objet Balle et basculez dans son panneau Sons que nous n'avons pas encore visité.**
2. **En haut à gauche du panneau, choisissez le premier bouton représentant un haut-parleur (Choisir un son dans la bibliothèque).**

   Une grande boîte avec les sons standard apparaît. Si le serveur de Scratch n'est pas surchargé, vous pouvez écouter les autres sons. Pensez à cliquer à nouveau sur le bouton de lecture pour arrêter le son.
3. **Descendez dans la liste jusqu'au son pop. Sélectionnez-le et validez par Ok.**

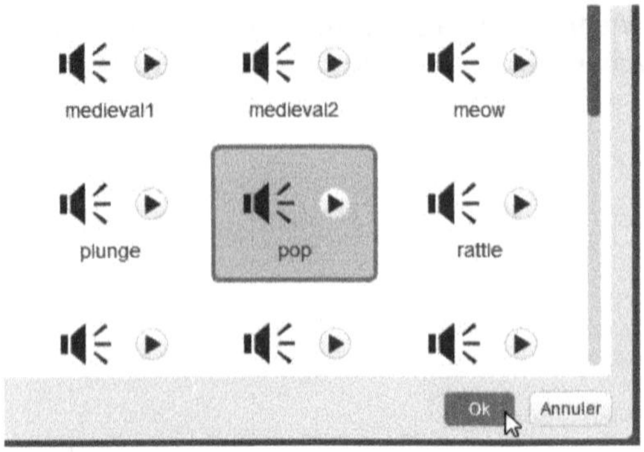

Figure 2.30 : Choix d'un son standard.

4. **Vous revenez au panneau Sons. Le nouveau son peut être édité, mais nous allons directement nous en servir.**

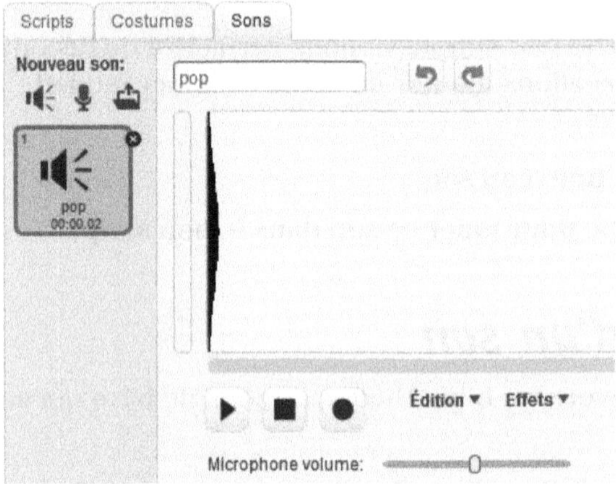

Figure 2.31 : Le son ajouté au projet.

5. **Rebasculez dans le panneau Scripts de la balle.**
6. **La catégorie de blocs Sons doit être toujours affichée. Insérez le bloc Jouer le son pop dans le script de la raquette touchée juste après le bloc Ajouter à Score 1.**

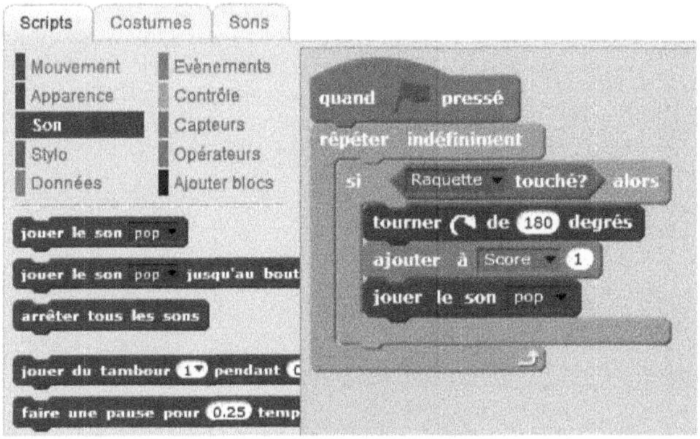

Figure 2.32 : Ajout d'un bloc Jouer le son.

Vous pouvez tester le projet dans sa version 1.1. Pensez à faire une sauvegarde. Et surtout, jouez un peu et corrigez les imperfections s'il en reste.

Test en grand format

Vous avez peut-être remarqué tout en haut à gauche sous le titre Scratch un rectangle entouré de quatre coins et d'un numéro de version. C'est le bouton de passage en grand format. Utilisez-le pour tester le projet.

Voici quelques pistes pour poursuivre :

1. Si le jeu est trop facile, il suffit d'augmenter le pas d'avancement dans le script principal de la balle (celui avec le bloc **Rebondir**).
2. Vous corsez le jeu en réduisant le diamètre de la balle. Activez le bouton **Réduire** dans la barre de menu en haut puis cliquez autant de fois que nécessaire sur la balle dans la Scène.

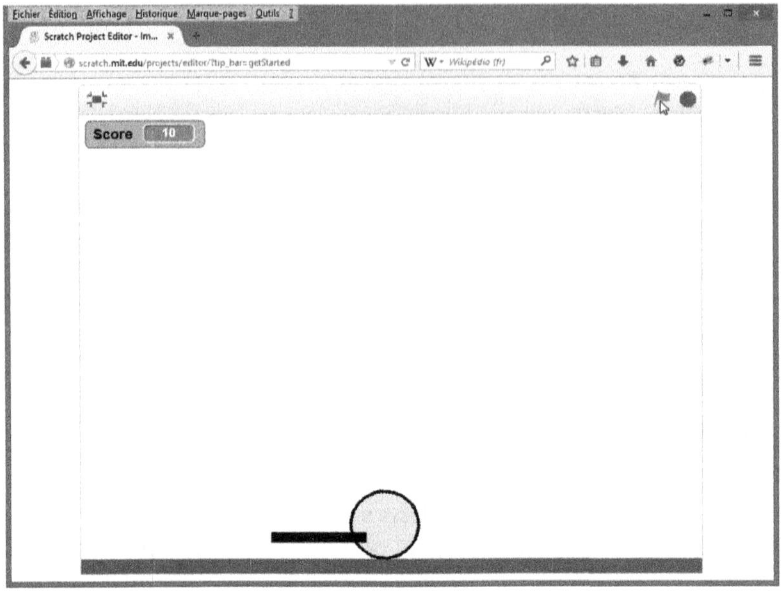

Figure 2.33 : Test du projet en grand format.

Pour continuer avec Scratch, voyez les sites en français `scratchfr.free.fr` et `magicmakers.fr` ainsi que le site de référence `scratch.mit.edu` déjà cité.

Qu'avons-nous découvert ?

Une séance Scratch se veut ludique afin d'attirer la curiosité à tout âge. Vous découvrez ainsi quelques grands principes de programmation : la répétition, l'exécution conditionnelle, les variables, les appels de fonctions.

Le ressenti est un peu le même que lorsque vous venez de discuter avec une personne en utilisant les services d'un interprète. Ni votre interlocuteur, ni vous n'avez échangé directement, quelles que soient les qualités de l'interprète.

Pour pouvoir bien dialoguer, nous allons apprendre à penser nos programmes en fonction des possibilités de l'ordinateur. Commençons par découvrir comment est née cette étonnante machine universelle.

Deuxième partie

La machine à penser

Je crois bien que j'ai percé les secrets de ce microprocesseur !

Dans cette partie :

- Le presque vivant : les mécanismes
- Des nombres par oui ou non
- Des éclairs ouvrent des portes dans le sable

Chapitre 3

Des machines...

Dans ce chapitre :

- Le presque vivant : les machines
- Automates et engrenages et petits trous
- Calculs analogiques
- Classifier, trier, ranger, nommer
- Relais, lampes, transistors et puces

Concevoir des programmes informatiques, voici bien une activité « moderne » par définition, non ? Pourtant, ce n'est pas de hier que l'humain cherche et trouve des solutions pour être plus efficace, moins périssable, plus fort, plus tranquille, plus heureux en somme. Nous profitons de 5 000 ans d'optimisation.

Optimisation par l'outil

Tout d'abord, avec des outils. La pointe de silex, prothèse de la main pour mieux couper la viande, puis la pierre à lancer et la flèche comme transmetteurs auprès de leur cible d'une information vitale : « J'ai faim de toi ! » L'outil est une extension, une augmentation, de l'humain (la réalité augmentée a donc quelques millénaires déjà).

Optimisation par la machine

Pendant son développement, l'enfant ne se concentre que sur l'essentiel. Chaque apprentissage est lié à une émotion. Dans les contrées à neige, l'enfant qui fabrique une grosse boule puis la fait dévaler une pente devient observateur d'un comportement autonome de quelque chose qui n'est pas vivant, mais pourtant qui a une trajectoire, un destin : aller d'un point à l'autre. Bien sûr, la boule roule sous l'effet de la gravitation, mais qui le sait à quatre ans ?

Ce concept d'objet autonome dont le comportement est prévisible est en quelque sorte l'embryon de l'idée de machine.

TRUC

Machine : terme désignant quelque chose qui rend possible. En proto-indo-européen « maghana » vient de « magha », la capacité de faire. Une machine augmente nos pouvoirs naturels innés.

Les machines mécaniques

Devenir dix ou cent fois plus fort sans médicaments ? Insérez entre la charge à déplacer et la planète une roue qui va traduire la ligne droite du déplacement en cercles, ce qui réduit les frottements. La roue est l'une des machines simples des Grecs, avec le levier, la poulie et la vis.

Les premières machines mécaniques ont servi à augmenter la force. Elles ont d'abord été créées par instinct de survie, pour se défendre : ce sont les machines de guerre.

D'autres machines ont servi à prévoir et à se diriger : ce sont les calculateurs d'astronomie et les horloges. La clepsydre et le sablier, instruments approximatifs de mesure du temps, ont laissé la place à un dispositif beaucoup plus fiable constitué de roues dentées, l'horloge mécanique.

Vérifier le soir qu'il ne manque pas une bête à son troupeau reste faisable par un berger avec ses doigts de mains et de pieds (jusqu'à quarante bêtes). En revanche, calculer une position astronomique (phases de la lune pour maîtriser le temps, navigation en haute mer) suppose des calculs répétitifs. L'humain a donc très tôt cherché à se simplifier la tâche.

On a retrouvé en 1900 près de la Crète, au fond de la Méditerranée, un étrange reste de cadran métallique, la machine d'Anticythère. Constituée d'une trentaine d'engrenages, elle permet de prévoir les éclipses du Soleil et de la Lune. Elle est considérée comme le plus ancien calculateur astronomique.

Parmi toutes ces inventions techniques, l'engrenage a donc joué un rôle majeur. Une fois qu'une configuration de roues dentées est en place, il suffit de mettre le mécanisme en mouvement pour obtenir un comportement prévisible et constant. Les rapports entre les roues dentées (nombre de dents des pignons) sont des rapports arithmétiques.

Calculs analogiques

C'est logiquement avec des engrenages qu'ont été créées les premières machines pour soulager non les efforts physiques, mais les efforts intellectuels des humains. Ce sont les machines à calculer.

Une des premières est celle que Blaise Pascal a créée vers 1650 pour aider son père collecteur des impôts à faire ses comptes. On faisait tourner les roues de cette machine à la main, mais elle savait déjà propager la retenue.

(© Musée des Arts et Métiers)

Figure 3.1 : La Pascaline de Blaise Pascal.

Automates

Un domaine voisin est celui des automates : de savants arrangements mécaniques dotés d'un comportement défini. Le programme de l'automate est, comme pour la Pascaline, figé dans le mécanisme. Dans les années 1740, le Grenoblois Jacques Vaucanson avait créé un joueur de flûte grandeur nature et un canard puis a mis cette expérience à profit pour améliorer les métiers à tisser.

Les roues à picots et cylindres servaient aussi dès cette époque à faire jouer des boîtes à musique et des orgues mécaniques.

Le tissu de vérité

L'art du tissage est connu depuis la nuit des temps. Croiser des fils à angle droit pour la chaîne et la trame représente un terrain propice à une certaine abstraction. Nos écrans LCD actuels se fondent sur la même structure en lignes et colonnes.

Au début du XVIIIe siècle, le Lyonnais Basile Bouchon commence à automatiser le métier à tisser avec un ruban perforé que son assistant Falcon remplace par des cartes.

En 1800, Joseph Jacquard produit une synthèse des savoirs de Vaucanson et de ses deux collègues lyonnais en inventant le métier à tisser des motifs.

Le principe trou/non trou du métier Jacquard préfigure le système binaire. Pour changer de motif (de programme), il suffisait de changer de jeu de cartes.

(George P. Landow, victorianweb.org)

Figure 3.2 : Un carton du métier Jacquard.

Le moteur analytique de Babbage

Dans les années 1830, l'Anglais Charles Babbage a commencé à concevoir la théorie d'une machine de calcul en tirant profit des avancées techniques de ses prédécesseurs français dans le domaine des automates, notamment le concept de carte perforée.

Babbage a posé les bases de l'informatique actuelle. Sa machine basée sur des engrenages avait une partie pour calculer (le moulin) et une partie pour stocker les valeurs. Trois lecteurs de cartes étaient prévus.

Cartes d'actions

Les cartes d'actions permettent les quatre opérations arithmétiques (addition, soustraction, multiplication et division). Des cartes spéciales marquées « C » permettent de revenir en arrière (lettre B) afin de répéter la lecture d'une série de cartes d'actions ou de sauter plusieurs cartes en avant (lettre F). Babbage avait même prévu le concept de test pour reculer ou avancer seulement si une condition déclenchée par un levier est satisfaite. Le nombre de cartes à sauter est indiqué en quatrième position sur la carte.

Cartes de valeurs constantes

Les cartes de valeurs servent à indiquer des valeurs numériques qui sont configurées dans la partie mémoire. Lorsque cette mémoire est pleine, des places peuvent être libérées, quitte à recharger les mêmes valeurs au besoin par des cartes. Les valeurs sont en général les résultats des calculs précédents. De nos jours, cela correspond aux valeurs numériques littérales que nous verrons dans la Partie 3.

Cartes d'entrées/sorties de variables

Une carte de lecture/écriture contient une adresse mémoire et indique le sens de travail, soit pour copier la valeur depuis le stock vers le calculateur (première lettre L pour Load), soit pour ranger le résultat dans le stock (première lettre S ou Z).

En lecture depuis la mémoire, deux modes sont prévus : avec (lettre Z) ou sans (lettre S pour Store) remise à zéro de l'adresse où était stockée la valeur. Après la lettre se trouve une adresse entre 000 et 999.

Souvenez-vous de cette description quand vous aurez fini la lecture du livre. Pendant presque un siècle, les choses n'ont plus beaucoup avancé. Les idées de Babbage restent effectivement en vigueur dans les ordinateurs du début de ce nouveau millénaire.

Figure 3.3 : Prototype de la machine analytique de Babbage.

Babbage n'avait pas eu le financement nécessaire pour construire sa machine à différences n°2 dotée d'une sorte d'imprimante sans encre. Sa construction n'a été réalisée qu'en 2002 à Londres. Elle fonctionne comme prévu.

La fée électricité

Depuis la période de la Grèce antique, on connaissait l'électricité statique, cette décharge que vous ressentez après avoir marché sur une moquette synthétique en touchant une poignée de porte. Mais elle ne faisait que passer ou tomber du ciel dans les éclairs.

Vers 1750, on a réussi à en stocker un peu dans une bouteille en verre entourée d'une feuille métallique (la bouteille de Leyde). Le condensateur était né, un barrage pour stocker de l'énergie électrique.

Classifier, trier, ranger, nommer

Herman Hollerith (1860-1929) était employé du bureau du recensement des États-Unis dans les années 1880. Le prochain recensement était prévu pour 1890. L'afflux de population d'Europe faisait craindre le pire aux employés du bureau. Ils pensaient qu'il leur faudrait huit ans au moins pour centraliser les relevés des enquêteurs de retour du terrain. Hollerith cherchait un moyen d'automatiser le recensement.

Prenant le tramway un matin, il vit que le contrôleur poinçonnait les tickets pour marquer le lieu de montée et quelques détails décrivant le porteur (sexe, couleur des cheveux, etc.). Soudain, il s'est dit : « Il me faut le même système pour nos recenseurs. » Hollerith combina les cartes de Jacquard aux récents progrès de l'électromécanique (les contacts à mercure).

Le premier support matériel de données était né : la carte perforée. La grande contribution de Hollerith était son système de lecture des cartes. Les trous permettaient le contact entre une languette et le mercure sous la carte, ce qui faisait avancer un compteur à électro-aimant. Au départ, on pouvait compter 40 données différentes (sexe, religion, profession, état marital, nombre d'enfants, etc.).

Le recensement de 1890 a été achevé en deux ans au lieu de huit, et le succès a attiré les compagnies de chemins de fer pour gérer leurs données comptables et les horaires des trains. En 1911, la société IBM a été fondée à partir de cette technologie, puis tous les secteurs d'activité ont progressivement adopté la mécanographie qui est devenu le système de traitement de données numériques jusque dans les années 1960. Un demi-siècle de perforatrices, trieuses et tabulatrices. Un demi-siècle de relais électro-mécaniques.

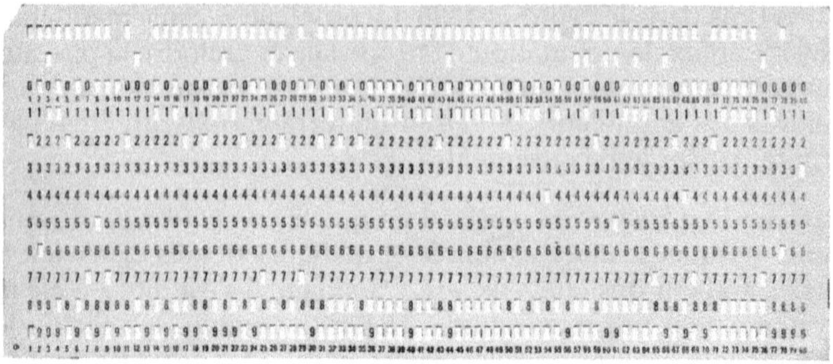

Figure 3.4 : Une carte perforée avec 80 colonnes.

Les tubes à vides (« lampes »)

Au début du XXe siècle, l'électronique avance à grands pas. Dès 1905, Fleming puis De Forest mettent au point la diode, une sorte de lampe qui ne laisse passer le courant électrique que dans un sens, ce qui permettait de transformer du courant alternatif (plus facile à transporter) en courant continu (pour alimenter des appareils électroniques). La diode est améliorée sous forme de triode, qui permet d'amplifier un signal faible. Le tube à vide est ainsi devenu le composant de base des premiers appareils électroniques (radar, radio, télévision, etc.).

Mais un composant électronique peut aussi servir en imitation d'un relais, c'est-à-dire en tout-ou-rien (le mode « commutation »). Dans les années 1930, on a commencé à utiliser des tubes en remplacement des relais pour les calculateurs grâce à deux énormes avantages : il n'y a pas d'effet de rebond au contact puisqu'il n'y a plus contact et l'état peut être inversé (ouvert/fermé) environ mille fois plus vite.

Pour animer un calculateur, il faut des milliers de tubes qui consomment énormément d'énergie. Les limites allaient être rapidement atteintes. Le coût d'une machine basée sur les tubes ne laissait sûrement pas imaginer que l'on aurait besoin de millions de programmeurs quelques décennies plus tard.

Les semi-conducteurs (transistors)

Vers la fin du XIXe siècle, on découvre que certains cristaux (notamment la galène, sulfure de plomb) conduisent mieux l'électricité dans un sens que dans l'autre. Ils sont semi-conducteurs. Le cristal de galène est à l'origine de la diffusion par ondes radio. Mais il faudra attendre encore un demi-siècle pour que l'on maîtrise assez précisément l'ajout de 0,001% d'un autre élément (antimoine, arsenic, bore, gallium) dans du germanium ou du silicium pour le doper (le rendre un tout petit peu négatif ou positif puis coller une partie négative contre une positive, ce qui donne une jonction qui ne laisse passer le courant que dans un sens).

En effet, peu après la fin de la Seconde Guerre se produit une vraie avancée : on parvient à produire de façon fiable des matériaux semi-conducteurs à base de silicium (tiré du sable de quartz). Le transistor, très peu gourmand en énergie, très peu coûteux à produire et encore plus rapide que le tube, allait donner naissance à l'informatique pour tous.

Vers 1960, on a commencé à regrouper (intégrer) des transistors sur un même morceau de silicium de la taille d'un ongle. D'abord des dizaines, puis des centaines, des milliers et des millions de transistors de plus en plus petits, organisés en couches.

De nos jours, sur la surface d'un timbre, on crée un réseau interconnecté de plus d'un milliard de transistors. C'est un circuit intégré. Un boîtier rectangulaire ou carré avec de nombreuses petites broches avec à l'intérieur une petite plaque de silicium appelée « puce ».

Figure 3.5 : Un circuit intégré électronique.

Bien sûr, cette intégration n'est possible que parce que chaque transistor ne consomme que très peu d'énergie. Mais on est arrivé à des dimensions proches de la limite matérielle, avec des épaisseurs de matière de quelques dizaines d'atomes.

Pourquoi « puce » ? Parce que le morceau de silicium est très petit. Les Anglais ont choisi *chip*, mais d'un genre qui ne s'avale pas (pas encore ?).

Et ensuite ?

Tout est prêt pour plonger dans l'aventure de l'informatique à vaste échelle. Tout ? Ceci n'est que la partie matérielle. Voyons comment il a été possible d'insuffler une certaine forme d'intelligence dans ces grains de sable. Place aux mathématiciens.

Chapitre 4

... et des nombres

Dans ce chapitre :

- On rentre à la base
- Calculs binaires et bitfiches
- Valeurs négatives et à virgule
- L'hexadécimal

Que des uns et des zéros ?

L'interrupteur électronique est une belle invention, mais elle ne suffit pas à faire éclore le principe de l'ordinateur. Un second domaine de connaissances s'est combiné à cet interrupteur : la représentation de nombres uniquement avec deux chiffres : le 0 et le 1.

Non, les mathématiques en base 2 ne sont pas indignes de l'honnête homme. Une rapide visite de ses rouages pourra même donner un nouvel éclairage sur ce qui nous semble à tous évident : compter sur ses doigts.

Jour ! Nuit !

Traiter quelqu'un de binaire est péjoratif. Cela qualifie une personne qui manque de nuance entre deux extrêmes. Pourtant, l'exclusion entre deux états est fondamental :

- C'est le jour et la nuit !
- C'est oui ou c'est non ?
- Blanc ou noir.

C'est à partir de deux que tout devient possible, puisqu'il y a une différence. La représentation binaire est possible parce qu'on a découvert que l'on pouvait faire tous les calculs dans une autre base que la base dix de notre enfance.

Allô, la base ? Ici le comte Arbour

Vous savez comptez ? Sans doute, mais la plupart des gens ne savent compter que dans la base 10, la base décimale.

La valeur décimale habituelle 145 se décompose ainsi :

```
145 = 1×100 + 4×10 + 5×1 = 100 + 40 + 5
```

Nous avons tellement pratiqué cette base qu'il nous est devenu quasiment impossible d'y réfléchir, un peu comme si vous deviez analyser lentement chacun de vos muscles pendant que vous marchez.

Pourtant, cette base décimale n'est pas aussi naturelle que la marche pour votre corps. Les Mayas et les Aztèques comptaient en base 20. Vous êtes-vous demandé pourquoi on disait encore quatre-vingts et pas octante ? C'est une trace d'une ancienne utilisation de la base 20 en Gaule.

Revoyons la façon dont nous comptons jusqu'à 10 :

```
1, 2, 3, 4, 5, 6, 7, 8, 9 et 10.
```

TRUC

Chiffres et nombres : Les chiffres, ce sont les dessins graphiques que nous inscrivons et reconnaissons. Il y en a 9 plus le zéro. Ecrire `10` n'est pas écrire un chiffre, c'est écrire un nombre constitué de deux chiffres. C'est une dizaine seulement lorsque nous comptons en base 10.

Petit voyage en quintalie (base 5)

Décidons de compter en base 5. Dans ce cas, nous ne pouvons utiliser que cinq symboles (cinq chiffres). Au lieu d'en inventer, prenons le début de ceux du système décimal, donc 0, 1, 2, 3 et 4.

Comment écrire en base 5 la valeur décimale 12 ?

```
Base 10  Correspondance en base 5
1        1
```

```
2          2
3          3
4          4
5         ??
```

Il n'y a pas de chiffre en base 5 pour cette valeur, donc nous entamons la 1re « cinquaine » sur donc deux chiffres qui sont le 1 et le 0 :

```
5          10
6          11
7          12
8          13
9          14
10         ??
```

Nous sommes au bout de la 2e série de cinq, donc même principe avec un 2 pour débuter la 2e cinquaine :

```
10         20
11         21
12         22, fini !
```

Donc, la valeur décimale 12 s'écrit **22** en base 5. Pour le vérifier, faisons la conversion inverse. En base 5, 22 correspond à :

- 2 cinquaines complètes et 2 unités.
- 2 cinquaines valent 2 x 5 soit 10, + 2 font bien 12.

Pour compter en base 5, on se sert des puissances de 5. Nous allons maintenant compter comme les ordinateurs en base 2, et donc découvrir les puissances de 2.

TRUC

Les Shadoks ont utilisé la base 4 (les chiffres 0, 1, 2 et 3). Boby Lapointe a utilisé les bases 4 et 16. Il a donné des noms à ses chiffres de 0 à 15 : HO, HA, HE, HI, BO, BA, BE, BI, KO, KA, KE, KI, DO, DA, DE, DI. 19 décimal se dit HAHI.

Le pouvoir des puissances de deux

La plus petite base possible est la base deux. Comparée à toutes les autres, comme la base cinq qui nous a servi d'apéritif, la base deux est beaucoup plus simple, trop simple pour des humains.

Au sortir du Moyen-Âge, on n'imaginait pas que les recherches des mathématiciens pourraient un jour servir à créer la science informatique.

Saluons ces précurseurs qui ont étudié la numérotation dans plusieurs bases autres que la base décimale, dont bien sûr la base deux : les Anglais Thomas Harriot, Francis Bacon et Johann Neper au XVIIe, puis l'Allemand Leibniz (vers 1680), ce même Leibniz dont les travaux arrivés jusqu'en Chine auraient rappelé aux Asiatiques que leurs ancêtres avaient étudié la base deux bien avant l'ère chrétienne.

Cette base deux est devenue le système unique de représentation des données en informatique. Par numérisation, tout ce qui nous importe de nos jours (images, sons, données personnelles, etc.) a été converti en base deux. S'intéresser à la programmation implique de prendre un peu de temps pour comprendre comment tout est calculable avec si peu de chiffres.

Pour obtenir le début de la série des puissances de deux, on commence à 1 (comme dans toutes les bases) puis on double la valeur précédente, ce qui donne :

```
1, 2, 4, 8, 16, 32, 64, 128, 256, 512, 1024, 2048, ...
```

Chaque puissance va correspondre à une position de chiffre, comme dans notre base dix. Les puissances de dix s'égrènent ainsi pour comparaison :

```
1, 10, 100, 1000, 10000, 100000, 1000000...
```

(Domaine public)

Figure 4.1 : Le papyrus Rhind égyptien utilisant des puissances de deux.

Faramineux, les pharaons !

On a retrouvé sur des papyrus vieux de 3500 ans des fragments de multiplication qui prouvent que les Égyptiens aimaient déjà profiter des avantages des puissances de 2.

Les scribes préparaient toute une série de tables à deux colonnes : les puissances de deux à gauche et en regard les multiples d'un nombre. Ils trouvaient d'abord la plus grande puissance de deux inférieure ou égale au nombre en question, la soustrayaient et recommençaient l'opération jusqu'à ce qu'il ne reste plus rien.

Par exemple, pour multiplier 40 par 26 (décimal !), ils dressaient leur table à deux colonnes avec les puissances deux à gauche et les mutiples du plus grand des deux nombres (40) à droite puis décomposaient l'autre nombre en puissances de deux.

Attention : on travaille en commençant en bas et en remontant dans le tableau.

Puissances de 2	*Multiples de 40*	*Raisonnement*
1	40	Il ne reste rien à chercher.
2	80	Dans le reste 2, on trouve 2, reste 0. On marque 80.
4	160	2 est plus petit que 4, on ignore.
8	320	Dans le reste 10, on trouve 8, reste 2. On marque 320.
16	640	Dans 26, on trouve 16, reste 10. On marque 640.
32	1 280	26 est plus petit que 32, on ignore.
64	2 560	26 est plus petit que 64, on ignore.

Il ne reste plus qu'à faire la somme des multiples marqués : 80 + 320 + 640 = **1 040**.

Calculons en base 2

Si une minuscule plaquette de sable fondu (un processeur) sait calculer en base 2 dès sa naissance, un humain devrait y arriver, non ?

La base 2 ou binaire

La plus radicale des simplifications consiste à ne garder que deux symboles, le 0 et le 1. Nous travaillons dorénavant avec des « deuzaines ».

Comptons jusqu'à 12 en base 2 :

```
Base 10 Base 2
0       0
1       1
2       ??
```

Déjà plus de symboles, donc début de la première « deuzaine ». Nous écrivons deux chiffres qui restent le 1 et le 0 :

```
2       10
3       11
4       ??
```

Déjà plus de symboles, donc début de la première « 2-centaine » donc trois chiffres qui restent le 1 et le 0. On reprend :

```
4       100
5       101
6       110
7       111
8       ???
```

Déjà plus de symboles, donc début du premier « 2-millier » donc quatre chiffres qui restent le 1 et le 0. On termine :

```
8       1000
9       1001
10      1010
11      1011
12      1100, fini !
```

La valeur décimale 12 s'écrit **1100** en binaire. Le premier 1 de gauche vaut 8 (2 puissance 3) et le suivant vaut 4 (2 puissance 2), ce qui fait 12.

Pour distinguer les valeurs en base 10, nous ajouterons un suffixe **_d** (un d minuscule), comme dans **5_d**. Pour celles en base 2, nous écrirons **0_b** ou **1_b**.

Construisez votre jeu de bitfiches

Pour rendre la découverte plus agréable, nous allons nous doter d'un jeu de fiches en papier. Les opérations deviendront ainsi très concrètes.

Chaque fiche va représenter physiquement une unité de comptage binaire, un chiffre binaire (*BInary digiT*, abrégé en bit). Dans un premier temps, nous allons manipuler des valeurs naturelles, donc uniquement positives et entières (pas de signe, pas de virgule).

L'objectif de ce bref atelier de découpage est de disposer d'au moins 16 petites fiches de même taille et de deux petits objets non identiques (jetons de deux couleurs ou pièces de monnaie différentes) qui serviront de retenues positive et négative. Les fiches seront alignées côte à côte. Pour armer une fiche (faire passer son état de 0 à 1), il suffira de la hausser d'à peu près une demi-hauteur de fiche par glissement avec un doigt.

Voici les deux jeux de bitfiches à confectionner :

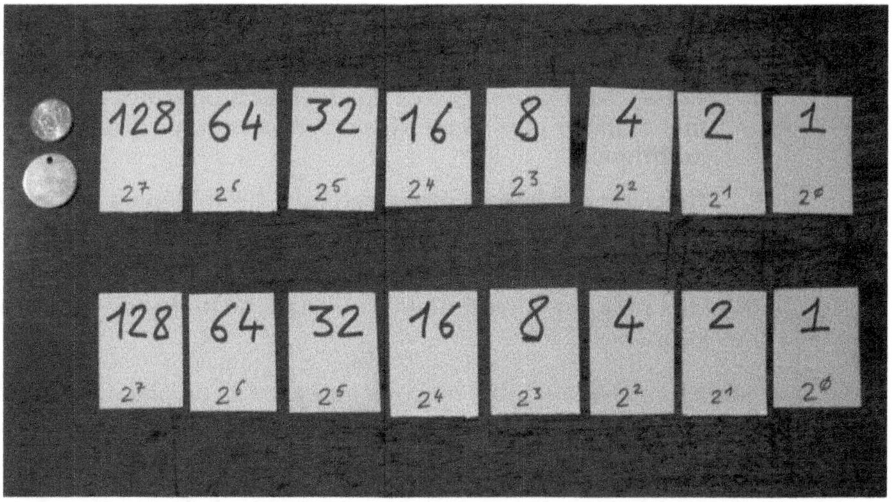

Figure 4.2 : Le kit de seize bitfiches et deux jetons pour compter en base 2.

1. **Prenez une feuille de papier A4. Coupez-la en deux dans le sens de la hauteur. Gardez une demi-feuille A5.**
2. **Posez la feuille à plat, les côtés longs dans le sens horizontal.**

   Vous allez tracer au crayon sur cette demi-feuille un quadrillage avec une règle et un crayon.
3. **Repérez à partir du haut à 5 cm et 10 cm et tracez deux traits horizontaux afin de diviser la feuille en trois bandes.**

   (Cela n'a pas d'importance que les fiches n'aient pas exactement la même hauteur.)

4. **Dans le sens vertical, divisez la surface en six parties en traçant des repères aux points suivants et en partant de la gauche, puis en traçant six lignes verticales :**

   3,5 cm, 7 cm, 10,5 cm, 14 cm et 17,5 cm

5. **Découpez les 18 fiches et gardez-en 8. Posez les autres plus loin. Posez les 8 fiches côte à côte.**

6. **Prenez un gros feutre ou marqueur et numérotez chacune des huit bitfiches avec des puissances de 2 décroissantes.**

128	**64**	**32**	**16**	**8**	**4**	**2**	**1**
2^7	2^6	2^5	2^4	2^3	2^2	2^1	2^0

   Inspirez-vous de la Figure 4.2 pour écrire un nombre en gros dans la partie supérieure et une puissance de 2 en petit dans le bas de la fiche.

7. **Prenez huit autres fiches du stock et numérotez-les exactement de la même façon puis rangez-les en réserve pour quand nous ferons des additions.**

8. **Nous aurons besoin d'une retenue dès le départ, puis d'une retenue négative. Trouvez deux jetons différents (un noir et un rouge serait idéal) ou deux pièces de monnaie différentes.**

Vous êtes prêt. Au départ, nous n'utilisons qu'un jeu de huit fiches et les deux jetons.

Installez-vous à une table où vous aurez assez de place pour poser quatre séries de huit bitfiches (même si vous n'en utiliserez que deux au maximum). Gardez-vous des courants d'air.

Posez un seul jeu de huit bitfiches de gauche à droite en commençant par la plus « grande » (128) et en décroissant. La bitfiche du 1 doit être la dernière à droite (revoyez la Figure 4.2).

Comptez en base 2 sans vous énerver

Chaque position binaire, donc chaque fiche ne peut représenter que deux valeurs, zéro ou un. Nous choisissons de laisser la fiche en position basse pour zéro et de la faire glisser d'une demi-hauteur pour dire qu'elle est à un.

Les quelques exercices qui suivent vont vous permettre de vivre physiquement la réalité des valeurs qui circulent dans le circuit de calcul d'un ordinateur. Les exercices d'addition sont les mêmes que ce qui se passe dans le processeur.

Exercice 1 : conversion vers la base 2

Pour commencer, voici une valeur écrite en base 2. Nous avons bien huit chiffres, donc huit fiches.

0	1	1	0	0	0	1	1

Reproduisez cette présentation. Haussez (faites glisser vers le haut) les quatre fiches qui correspondent à des 1 : celles des valeurs 64, 32, 2 et 1. Les autres restent en position basse. Elles valent 0.

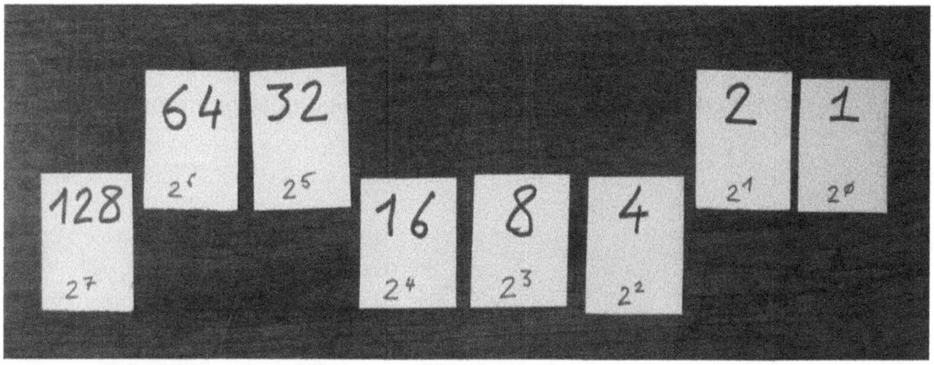

Figure 4.3 : La valeur décimale 99 en fiches binaires.

Pour trouver la valeur décimale, on additionne les valeurs des fiches haussées :

64 +32 +2 +1 = 99.

Il suffit de lire la position de vos fiches et de faire la somme. Faisons l'opération inverse.

TRUC

Pour rendre la valeur plus facile à lire, l'habitude consiste à espacer un peu plus chaque groupe de quatre bits : 0110 0011.

Exercice 2 : conversion depuis la base 2

Faites une remise à zéro de votre système : replacez toutes les fiches en position basse. Nous partons maintenant de la valeur décimale 154. Combien en binaire ?

Comme les Égyptiens, nous décomposons. Voyons, quel est la plus grande puissance de deux inférieure à ce nombre ? 128.

On dit aussi que c'est le **bit de poids fort** (MSB, *Most Significant Bit*). Le bit des unités (le plus à droite) est le bit de poids faible (LSB, *Least...*).

Nous pouvons retrancher 128 au nombre à convertir. 154-128 donne 26.

1. **Haussons la fiche du 128. Il reste 26.**

   Poursuivons. Quelle est la puissance de deux qui entre dans 26 ? Ni 64, ni 32, mais 16, oui.

2. **On hausse la fiche du 16 et on retranche 16. Reste 10. La fiche du 8 est candidate.**
3. **On hausse la fiche du 8. Il reste 2, valeur qui convient à merveille à la fiche du 2.**
4. **On hausse la fiche du 2. Il ne reste rien à distribuer.**

Vous devez avoir haussé quatre fiches, ni plus, ni moins. Lisons le résultat :

```
1    0    0    1     1    0    1    0
```

Figure 4.4 : La valeur décimale 154 en fiches binaires.

Vérifions. On additionne les valeurs décimales des fiches haussées :

```
  1 fois 128
+ 0 fois  64
+ 0 fois  32
+ 1 fois  16
+ 1 fois   8
+ 0 fois   4
+ 1 fois   2
+ 0 fois   1
============
         154
```

Le compte est bon ! Ne touchez pas les fiches ; elles vont servir pour le prochain exercice.

Octet-vous de là !

Ce n'est pas par hasard que nous travaillons avec huit fiches. C'est le paquet de huit chiffres binaires qui est devenu l'unité standard dans les ordinateurs. C'est la plus petite quantité qu'un ordinateur peut manipuler (hormis des exceptions très techniques). Ce paquet se nomme un octet (les octopodes ont huit pattes), en anglais un *byte*.

Exercice 3 : ajout de 1 en base 2

Nous allons avoir besoin de notre pion de retenue.

Si vous avez effacé le dernier nombre, repositionnez-le. Maintenant, vous savez le faire avec pour seul indice ceci : 1 0 0 1 1 0 1 0.

Nous allons ajouter 1 à la valeur. Trop facile, on hausse la fiche du 1. Recomptez. Vous trouvez bien 155 décimal ?

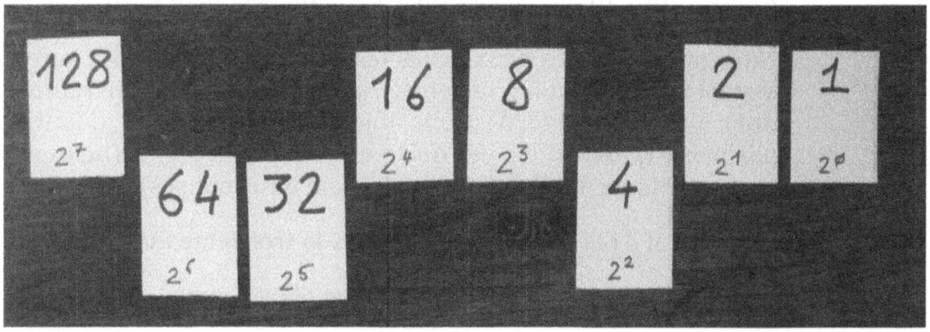

Figure 4.5 : La valeur décimale 155 par ajout de 1.

Nous en sommes là : 1 0 0 1 1 0 1 1.

Préparez votre jeton (mais n'ayez pas peur). Nous allons essayer d'ajouter encore 1 à la valeur actuelle. Mais nous sommes bien embêtés. La fiche du 1 est déjà haussée !

Avant de poursuivre, voici la table de vérité pour savoir comment additionner des nombres binaires. Le principe est très simple : 1+1=10.

Tableau 4.1 : Tableau de vérité de l'addition binaire.

Entrée A	*Entrée B*	*Sortie*	*Retenue*
0	0	0	0
0	1	1	0
1	0	1	0
1	1	0 (avec 1 en retenue)	1

Vous voyez dans la dernière ligne de la table que 1 + 1 donne 10, le nouveau 1 étant une retenue à ajouter au bit de gauche.

1. **Posez le jeton de retenue au-dessus du 1. En binaire, 1 + 1 font 10, puisque les unités reviennent à 0 et on commence une « deuzaine ».**
2. **Nous pouvons donc baisser la fiche du 1 et faire glisser le jeton de retenue d'un cran vers la gauche, au-dessus de la fiche du 2.**

Mince, la fiche du 2 est haussée aussi. Même principe : 10 + 1... stop ! La retenue a reçu de la promotion. Elle vaut deux fois plus depuis que nous l'avons fait glisser d'une fiche vers la gauche ! Elle vaut donc 10 en binaire. Houlala. 10 + 10 en binaire, qu'est-ce que cela peut faire ?

Ne regardez que les deux fiches les plus à droite (oubliez la retenue un instant). Pour l'instant, la fiche 2 haussée et la 1 baissée représentent 10, donc 2 en décimal (2_d). Donc, logiquement 2_d fois 2_d font 4_d. Ce n'est pas parce que c'est binaire que cela change les règles (heureusement pour nos carnets de notes et feuilles de paie informatisés).

La valeur 4 ? Elle nous tend les bras : la troisième fiche ! Voyons...

Ouf, elle n'est pas haussée. C'est avec plaisir que :

1. **Nous baissons la fiche 2.**
2. **Nous glissons la retenue d'un cran à gauche (décalée deux fois, elle vaut maintenant deux puissance 2, soit 4).**

   Cela tombe bien. La fiche 4 s'ennuyait. On lui propose de représenter la valeur décimale 4 ? Elle peut le faire, elle va le faire, c'est d'ailleurs tout ce qu'elle sait faire.

3. **Haussez la fiche 4 et envoyez la retenue dans un coin, loin des fiches.**

Au fait, où en sommes-nous ?

```
1 0 0 1  1 1 0 0
```

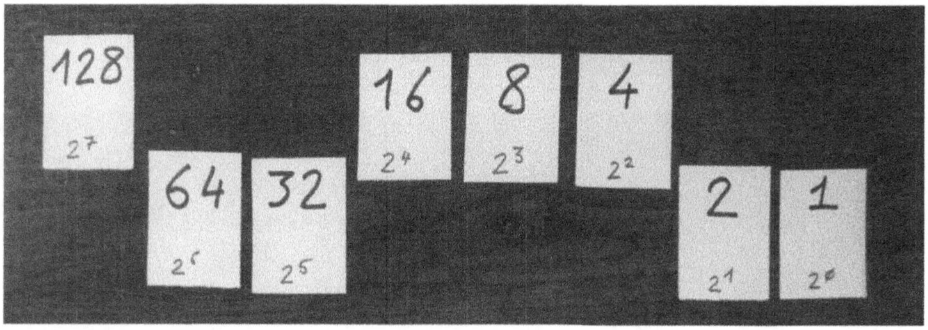

Figure 4.6 : Enfin, nous sommes à 156, et sans retenue.

Exercice 4 : addition en base 2

Voyons maintenant comment additionner deux valeurs binaires de même taille. Cette opération est physiquement réalisée par les circuits de l'ordinateur en combinant les états électriques de deux groupes de *x* fils qui décident de l'état électrique de *x* fils de sortie. Nous y reviendrons dans le prochain chapitre.

Voyons comment additionner 6 + 5 décimal, donc 0110 + 0101 :

```
    0110          // 2 fois 2 + 2 fois 1 = 6
    0101          // 2 fois 2 + 1 fois 1 = 5
---------
    1011
```

Prenez le second jeu de bitfiches. Pour éviter d'aligner un troisième jeu de fiches pour le résultat, nous réutilisons le jeu du bas pour la somme. Nous lisons dans le sens vertical en commençant par le rang 1, donc de droite à gauche.

1. **Premier rang : 0 + 1 = 1. Ne touchez à rien.**
2. **Deuxième rang : 1 + 0 = 1. Baissez la fiche du haut et haussez celle du bas.**

3. **Troisième rang : 1 + 1 = 0 avec retenue. Baissez les deux fiches et posez le jeton au-dessus de la fiche suivante du 8.**

4. **Quatrième rang : 0 + 0 = 0, mais la retenue s'ajoute, donc 1. Haussez la fiche du bas et écartez le jeton.**

Fin de l'opération. Nous lisons le résultat dans la ligne du bas : 0000 1011 donc en décimal 8+2+1 = 11. Le compte est bon.

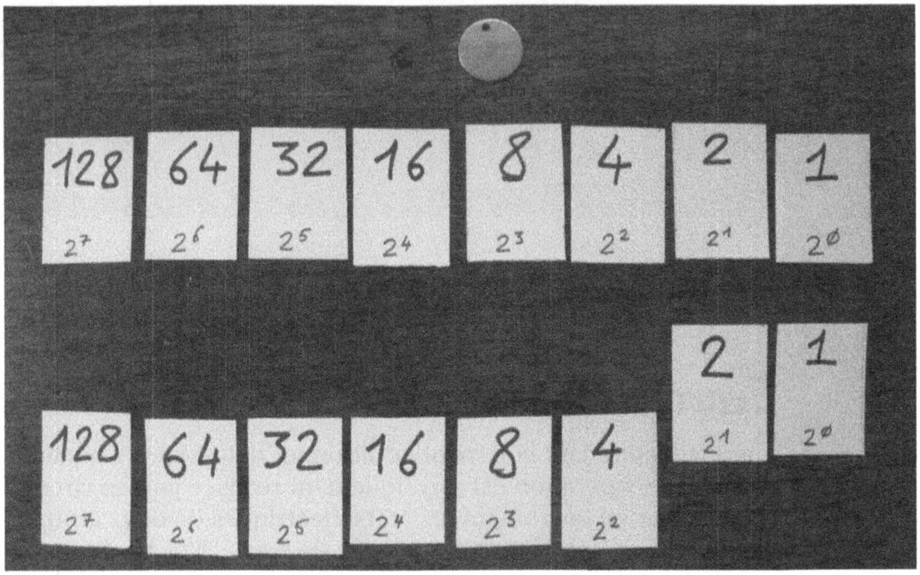

Figure 4.7 : Addition binaire juste avant de reporter la retenue sur le bit du 8.

Lorsque vous arrivez sur un nouveau rang avec une retenue et que ce rang en crée une nouvelle :

- l'addition 1+1 du nouveau rang donne 0 dans le rang puis vous rajoutez l'ancienne retenue.
- la nouvelle retenue du rang se propage à son voisin de gauche.

Et quand cela déborde ?

Si vous partez d'un octet bien plein (valeur décimale 255) :

```
1111 1111
```

et que vous voulez ajouter un, vous arrivez à :

```
0000 0000
```

Vous vous retrouvez avec une retenue qui s'est propagée du rang 1 au rang 8, puis est tombée en dehors du nombre. Cette retenue a pourtant beaucoup de poids, puisqu'elle vaut deux fois plus que le bit de gauche qui vaut 128 (donc 256).

Cela se nomme un débordement et le processeur détecte cela en armant un petit indicateur (un drapeau, *overflow flag*). Le programmeur pourrait en être averti s'il travaille dans un langage qui le permet (l'assembleur). Comme vous le verrez dans la partie suivante, deux cas peuvent se produire :

- Vous avez prévenu les débordements. Vous avez choisi un type de donnée plus large (par exemple sur deux octets au lieu d'un). Dans ce cas, la retenue vient mettre à 1 le prochain bit, le neuvième et la valeur stockée est bien 256 :

```
0000 0001  0000 0000
```

- Vous n'avez rien prévu. La retenue est perdue, le processeur agite son drapeau dans le vide et vous travaillez avec une valeur fausse (0 au lieu de 256). Nous ferons déborder des variables dans la Partie 3.

Moralité : un humain averti en vaut 10 (en binaire).

Exercice 5 : -1 et soustractions en base 2

Voyons maintenant comment soustraire 1 à une valeur binaire. Parce que ce serait trop facile, nous ne repartons pas de la dernière valeur. Remise à zéro immédiate demandée (souvent abrégé par « RAZ » dans les ordinateurs).

Mettez un jeu de huit fiches de côté. Procurez-vous le jeton de retenue négative, encore jamais utilisé (la seconde pièce de monnaie ou le jeton d'une autre couleur). Cette retenue fonctionne dans le sens inverse de la première : elle ne s'ajoute pas au rang de gauche, mais lui emprunte un 1.

Positionnez les fiches pour coder la valeur décimale 16. Il suffit de hausser la seule fiche des 16, la cinquième en partant de la droite (2^4).

Nous allons ôter 1 à la valeur de départ. Facile, la fiche des 16 est haussée, on la baisse, et le tour...

➥ n'est pas joué du tout ! Résultat zéro !

En baissant la fiche des 16, nous avons soustrait 16_d, pas 1 (vous avez remarqué que pour la valeur 1, il est inutile de préciser si c'est en base binaire ou décimale).

En faisant mentalement le détour par le décimal puis reconversion, on devine déjà que 16_d moins 1, c'est 15_d, soit les fiches des 8 + 4 + 2 + 1, les quatre fiches de droite haussées. Binairement parlant :

```
  0001 0000
- 0000 0001
-----------
= 0000 1111
```

C'est bien le bon résultat, mais comment comprendre les étapes de la soustraction posée ci-dessus ?

Tournons-nous vers la table de vérité de la soustraction :

Tableau 4.2 : Tableau de vérité de la soustraction binaire.

Entrée A	*Entrée B*	*Sortie*	*Retenue négative*
0	0	0	0
0	1	1	1 (emprunt au bit de gauche)
1	0	1	0
1	1	0	0

TRUC

Les Anglais distinguent la retenue positive *Carry* de la retenue négative *Borrow.*

Faisons un test mental plus simple avec 10_d (1010) moins 6_d (0110) qui devrait donner 4_d (ne touchez pas les fiches) :

```
  1010     // (1 fois 8 + 1 fois 2 = 10_d)
- 0110     // (1 fois 4 + 1 fois 2 = 6_d)
------
  0100
```

Nous partons de la droite :

1. pour les bits de rang 1, 0 - 0 donne 0.
2. pour les bits de rang 2, 1 - 1 donne 0 aussi.

3. pour les bits de rang 3, 0 - 1 n'est pas possible. On emprunte le 1 à gauche pour pouvoir poser 10 - 1, ce qui donne 1.
4. pour les bits de rang 4, ce n'est plus 1 - 0, puisque nous avons consommé ce 1 avec la retenue négative du rang précédent. Donc, c'est 0 - 0 qui donne 0.

On obtient bien 0100, c'est-à-dire 4_d.

Revenons à notre jeu de fiches et relisons la soustraction qui nous avait laissés perplexes :

```
  0001 0000
- 0000 0001
-----------
= 0000 1111
```

Nous partons de la droite :

- Pour les bits de rang 1, 0 - 1 n'est pas possible. On emprunte le 1 à gauche pour pouvoir poser 10 - 1, ce qui donne 1. Mais il n'y a pas de 1 juste à gauche. Il va falloir propager cette retenue négative jusqu'à trouver un 1 !
- Pour les bits de rang 2, 0 - 0 + la retenue donne 1 aussi.
- Pour les bits de rang 3, 0 - 0 + la retenue (qui ne fait que passer) donne 1 aussi.
- Pour les bits de rang 4, 0 - 0 + la retenue donne 1 aussi. On n'a toujours pas remboursé la retenue empruntée.
- Pour les bits de rang 5, enfin on trouve un 1 qu'on impute au remboursement de la retenue négative. Il reste 0 - 0 donc 0.

Nous arrivons bien au résultat, 0000 1111.

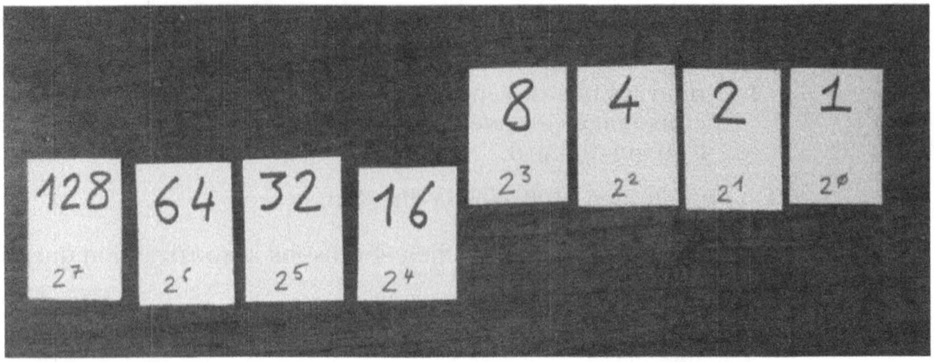

Figure 4.8 : Résultat de 16 décimal -1.

Pour l'instant, nous esquivons le cas d'un résultat négatif.

Exercice 6 : multiplication en base 2

Comme pour l'addition et la soustraction en base 2, il faut commencer par revoir les règles de mariage, c'est-à-dire la table de vérité de la multiplication binaire. Elle n'a rien de bizarre. Il faut 1 des deux côtés pour obtenir 10 :

Tableau 4.3 : Tableau de vérité de la multiplication binaire.

Entrée A	*Entrée B*	*Sortie*
0	0	0
0	1	0
1	0	0
1	1	1 mais attention !

Il y a un piège : 1 fois 1 donne bien 1, dans toutes les bases de l'univers, mais 10 fois 10 ne donne pas 10, dans aucune base, pas même en binaire.

10_b fois 10_b doit donner 100_b. Posons l'opération. Nous nous limitons à quatre bits et utilisons le symbole adopté en informatique pour la multiplication, l'astérisque :

```
  0010
* 0010
------
  0000
+0010
------
 00100
```

On prend d'abord tous les chiffres du premier nombre qu'on multiplie avec un seul chiffre du bas (0010 * 0 = 0000), puis de même avec le second chiffre du bas (0010 * 1 = 0010) mais en décalant comme en multiplication classique et on termine par une addition. (On évite les deux autres rangs qui sont nuls ici.)

Nous partons de la droite :

- Pour les bits de rang 1, 0 fois 0 donne 0. Tout va bien.
- Pour les bits de rang 2, 1 fois 1 donne 1. Mais ces deux 1 pèsent deux fois plus que dans le premier rang des unités. Au lieu d'écrire un 0 dans le rang 2 du résultat, on doit écrire 10 dans les rangs 3 et 2.

La valeur 0100 correspond bien à 4_d.

Un second essai pour voir. En général, mieux vaut poser le plus grand nombre en premier. Nous multiplions 7 décimal par 3 décimal :

```
  0111
* 0011
------
   111
+ 111
+000
------
 10101
```

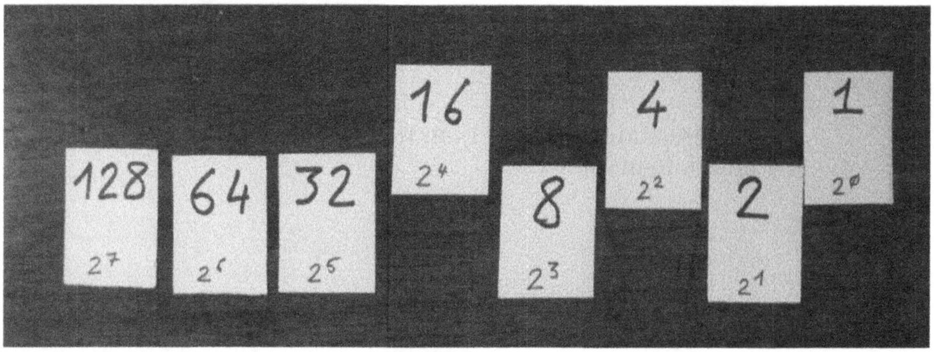

Figure 4.9 : Résultat de la multiplication de 0111 par 0011.

Comme en multiplication scolaire, nous multiplions toute la valeur du haut par un seul rang du bas à la fois.

- Avec le rang 1, 111 fois 1 donne 111.
- Avec le rang 2, 111 fois 1 donne aussi 111, mais avec décalage d'une puissance.
- Avec le rang 3, 111 fois 0 donne 000.

Il ne reste plus qu'à faire les additions :

- Avec le rang 1, 1 plus 0 donne 1.
- Avec le rang 2, 1 plus 1 donne 0, avec retenue.
- Avec le rang 3, 1 plus 1 donne 0 + retenue, mais il faut déposer l'ancienne retenue, donc 1.
- Avec le rang 4, 1 plus 0 + donne 1 plus retenue donne 0 + retenue, que nous propageons dans le nouveau rang 5. On obtient :

```
0001 0101
soit 16_d + 4_d + 1_d = 21_d.
```

Exercice 7 : division en base 2

La division est une série de soustractions. C'est donc plus long à réaliser pour les humains comme pour les ordinateurs.

Nous n'utilisons plus nos fiches ici. Il en faudrait une bonne poignée. Posons une division binaire entre 15_d et 5_d qui devrait donner 3_d.

```
 1111  | 101
 ----------
-101   | 11
 0101  |
 -101  |
   00  |
```

Première étape : dans 111, on trouve 101 qu'on soustrait, reste 010. On pose 1 en quotient.

```
 1111  | 101
 ----------
-101   | 1
 010 de reste
```

Deuxième étape : on descend le dernier 1 de 1111 à droite du reste pour obtenir 101 auquel on soustrait le diviseur et le reste est nul. On pose 1 en quotient.

```
 1111  | 101
 ----------
-101   | 11
 0101  |
 -101  |
    0 de reste
```

Le quotient est exactement égal à 11 binaire, donc 3_d.

Et si le résultat de la division ne tombe pas juste ?

Si une division entre deux entiers binaires ne tombe pas juste, il y aura un reste (modulo) qui sera perdu. Pour ne pas le perdre, il faut utiliser un format de codage des valeurs non naturel, le format flottant qui est présenté plus bas. Mais avant d'étudier ce problème de division non entière, voyons comment faire lorsque le résultat est inférieur à zéro.

TRUC

Arrivé en ce point du chapitre, vous aussi rirez de la boutade suivante : « Il n'y a que 10 sortes de personnes : celles qui savent compter en binaire et les autres. »

Les nombres binaires négatifs

Dans nos calculs humains, pour noter une valeur négative, nous ajoutons le signe moins à gauche. En général, il y a toujours une petite place à gauche du nombre pour ajouter un signe moins.

Mais les automates n'ont pas de place en trop, eux. Si nous repartons de notre paquet de huit fiches-bits, il nous faut faire de la place pour le signe. Par convention, nous dirons que le signe est négatif s'il vaut 1.

Nous devons sacrifier une fiche.

1. **Prenez la fiche la plus lourde, celle du 128.**
2. **Retournez-la et écrivez en gros en haut le signe moins puis reposez-la à gauche des autres.**

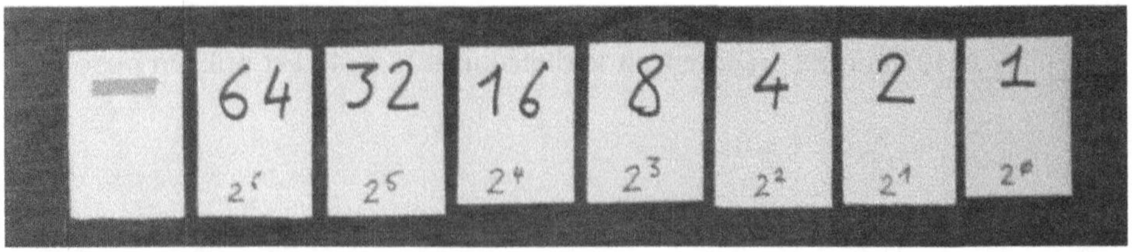

Figure 4.10 : La nouvelle fiche de signe.

Et voilà ! Nous savons gérer des valeurs négatives. Nous, oui, mais les circuits logiques d'un ordinateur doivent maintenant tester avant chaque opération si le signe est positif ou pas afin de réaliser l'opération de deux façons différentes, comme nous le savons naturellement. Ce n'est pas très efficace. Une autre solution a été trouvée.

Par manque de place, nous ne pouvons pas donner plus de détails, mais la parade consiste à stocker toutes les valeurs négatives par inversion de chaque bit puis ajout de 1. Cela s'appelle le **complément à deux**. La machine peut ensuite continuer à traiter additions et soustractions, positifs et négatifs, de la même manière.

Un exemple. Cherchons à calculer +4 - 6.

Pour obtenir - 6, nous inversons tous les bits de +6 (le NON logique) :

```
1111 1001
```

et nous ajoutons 1 :

```
1111 1010
```

Le résultat est bien négatif puisque le bit de gauche est à 1. Après cette conversion, il n'y a plus que des additions, puisque +4-6 est identique à +4 +(-6). Vérifions :

```
  0000 0100    // Valeur +4
+ 1111 1010    // Cette valeur est -6 en complément à 2
-----------
  1111 1110    // C'est -2 en complément à 2
```

Pour vérifier le résultat, nous faisons un nouveau complément à deux des sept chiffres (oublions le signe ici) : l'inversion de s111 1110 donne

```
s000 0001
```

et l'ajout du 1 donne la valeur absolue :

```
s000 0010
```

Il s'agit bien de 2 avec le signe moins, donc -2. Faisons un autre essai avec 6 - 4 :

```
+ 0000 0110    // Cette valeur est +6
  1111 1100    // Valeur -4
-----------
  0000 0010    // C'est bien +2
```

En complément à 2, le débordement de la retenue n'a pas d'importance.

Demi-bit et quart de bit ?

Tous les calculs binaires faits jusqu'ici donnent des résultats entiers. Les divisions « injustes » laissent perdre le reste, au point que 5 divisé par 2 donne 2, ce qui semble faux. Que faire du 0,5 ?

Dès les premiers calculateurs, il a fallu trouver une solution pour faire cohabiter les valeurs numériques binaires et le fait qu'il pouvait y avoir une partie fractionnaire, derrière la virgule, inférieure à 1. Après tout, les premiers travaux qui ont été confiés à des machines étaient les calculs de tir pour les armes balistiques, et il fallait taper dans le 1000 !

Un bit est comme un atome, on ne peut pas le couper en deux, ni en quatre. La solution, devenue universelle, consiste à représenter la valeur dans le format dit scientifique.

La suite de cette section est un peu touffue, mais elle va vous permettre de comprendre pourquoi dans un ordinateur les valeurs non entières ont souvent un petit mais réel manque de précision. Voici un nombre décimal écrit au format scientifique :

-0,62 s'écrit $-6,2 \times 10^{-1}$

Une telle écriture se compose d'un signe, d'un corps appelé *mantisse* et d'une puissance de dix appelée *exposant*. Le but est de n'avoir qu'un seul chiffre avant la virgule. C'est pourquoi on dit que la virgule flotte ; on la fait glisser vers la droite ou la gauche selon les besoins du nombre jusqu'à n'avoir qu'un chiffre dans la partie entière.

En binaire, on garde le même principe : un bit de signe, une mantisse (les chiffres significatifs ramenés après la virgule sauf un) et un exposant.

Pour le signe, pas de souci.

Après avoir converti la partie entière en binaire, on cherche les puissances négatives de deux qui composent la partie fractionnaire. En effet, tout doit être converti en base deux pour que le processeur sache faire des calculs avec la valeur.

Si 2^1 vaut deux en décimal et 2^0 vaut 1, quelque chose de plus petit que 1 vaut 2 puissance combien ?

Les puissances négatives de 2 !

Des tréfonds obscurs du cosmos, voilà qu'arrivent les astronefs blindés de la galaxie IEEE et leurs canons à puissance négative.

Fausse alerte. 2^{-1}, c'est tout bêtement 1/2 (0,5). Comme au comptoir. Et 2^{-2} ? C'est 1/2 de 1/2, donc 1/4 (0,25). Vous devinez la suite.

La Figure 4.11 propose un tableau des puissances négatives de deux. Nous avons sélectionné toute une série de valeurs (en gras). La somme est affichée en bas. Nous cherchions à obtenir 0,6 en additionnant des puissances, mais descendus jusqu'à 2^{-32}, nous ne tombons toujours pas juste. Ceci dit, la précision est déjà bonne.

Partons de la valeur décimale **`2,751`**. Nous écartons la partie entière après codage en binaire (qui donne **`0010`**). Intéressons-nous à la partie fractionnaire. Le jeu consiste à épuiser la valeur en cherchant à appliquer des puissances négatives de deux décroissantes (voir la Figure 4.11.). Nous partons de 0,751 :

```
0,751 * 2 = 1,502.
```

Le 1 avant la virgule signifie que 2^{-1} contribue à la valeur et le premier bit après la virgule sera à 1. On jette la partie entière pour garder 0,502.

`0,502 * 2 = 1,004`. Idem, 2^{-2} convient, deuxième bit à 1. Il reste 0,004.

```
0,004 * 2 = 0,008     // Pas de 2^-3
0,008 * 2 = 0,016     // Pas de 2^-4
0,016 * 2 = 0,032     // Pas de 2^-5
0,032 * 2 = 0,064     // Pas de 2^-6
0,064 * 2 = 0,128     // Pas de 2^-7
0,128 * 2 = 0,256     // Pas de 2^-8
```

```
0,256 * 2 = 0,512      // Pas de 2-9
0,512 * 2 = 1,024      // Le bit 2-10 sera armé (ouf)
0,024 * 2 = 0,048      // Pas de bit 2-11
0,048 * 2 = 0,096      // Pas de bit 2-12
0,096 * 2 = 0,192      // Pas de bit 2-13
0,192 * 2 = 0,384      // Pas de bit 2-14
0,384 * 2 = 0,768      // Pas de bit 2-15
0,768 * 2 = 1,536      // Le bit  2-16 sera armé
0,536 * 2 = 1,072      // Le bit  2-17 sera armé
... etc
```

N'allons pas plus loin. Nous avons déjà une valeur assez proche. Piochons dans le tableau de la Figure 4.11 :

```
2-1    + 2-2  + 2-10         + 2-16                  + 2-17
c'est-à-dire
0,5  + 0,25 + 0,0009765625 + 0,0000152587890625 + 0,0000762939453
```

Le total approché est égal à 0,750999450683594. Avec 23 chiffres binaires, on ne peut pas coder exactement une valeur aussi « simple » en décimal que 0,001. Notre partie fractionnaire est codée 11000000010000011.

Nous avions laissé la partie entière (2) donc 10. Pour qu'il n'y a ait qu'un chiffre avant la virgule, on divise par deux et on ajoute un à l'exposant. C'est de cette opération que provient l'expression virgule flottante puisque la virgule glisse jusqu'à n'avoir qu'un chiffre dans la partie entière.

La norme IEEE754 définit la convention de codage en virgule flottante sur 32 bits (simple précision ou `float`) ou 64 bits (`double` précision) en définissant 3 composantes :

- le signe S est le bit de poids fort (le plus à gauche) ;
- l'exposant E est codé sur 8 ou 11 bits. Il peut donc prendre une valeur entre -126 à +127 (simple) ou -1022 à +1023 (double) ;
- la mantisse M (bits après la virgule) est représentée sur 23 ou 52 bits.

n	2n		n	2n
-1	0,50000000000000000000	0,50000000000000000000	-1	0.5
-2	0,25000000000000000000	0,75000000000000000000	-2	0.25
-3	0,12500000000000000000	0,87500000000000000000	-3	0.125
-4	0,06250000000000000000	0,93750000000000000000	-4	0.0625
-5	0,03125000000000000000	0,96875000000000000000	-5	0.03125
-6	0,01562500000000000000	0,98437500000000000000	-6	0.015625
-7	0,00781250000000000000	0,99218750000000000000	-7	0.0078125
-8	0,00390625000000000000	0,99609375000000000000	-8	0.00390625
-9	0,00195312500000000000	0,99804687500000000000	-9	0.001953125
-10	0,00097656250000000000	0,99902343750000000000	-10	0.0009765625
-11	0,00048828125000000000	0,99951171875000000000	-11	0.00048828125
-12	0,00024414062500000000	0,99975585937500000000	-12	0.000244140625
-13	0,00012207031250000000	0,99987792968750000000	-13	0.0001220703125
-14	0,00006103515625000000	0,99993896484375000000	-14	0.00006103515625
-15	0,00003051757812500000	0,99996948242187500000	-15	0.000030517578125
-16	0,00001525878906250000	0,99998474121093800000	-16	0.0000152587890625
-17	0,00000762939453125000	0,99999237060546900000	-17	0.00000762939453125
-18	0,00000381469726562500	0,99999618530273400000	-18	0.000003814697265625
-19	0,00000190734863281250	0,99999809265136700000	-19	0.0000019073486328125
-20	0,00000095367431640625	0,99999904632568400000	-20	0.00000095367431640625
-21	0,00000047683715820313	0,99999952316284200000	-21	0.000000476837158203125
-22	0,00000023841857910156	0,99999976158142100000	-22	0.0000002384185791015625
-23	0,00000011920928955078	0,99999988079071000000	-23	0.00000011920928955078125
-24	0,00000005960464477539	0,99999994039535500000	-24	0.000000059604644775390625
-25	0,00000002980232238770	0,99999997019767800000	-25	0.0000000298023223876953125
-26	0,00000001490116119385	0,99999998509883900000	-26	0.00000001490116119384765625
-27	0,00000000745058059692	0,99999999254941900000	-27	0.000000007450580596923828125
-28	0,00000000372529029846	0,99999999627471000000	-28	0.0000000037252902984619140625
-29	0,00000000186264514923	0,99999999813735500000	-29	0.00000000186264514923095703125
-30	0,00000000093132257462	0,99999999906867700000	-30	0.000000000931322574615478515625
-31	0,00000000046566128731	0,99999999953433900000	-31	0.0000000004656612873077392578125
-32	0,00000000023283064365	0,99999999976716900000	-32	0.00000000023283064365386962890625
-33	0,00000000011641532183	0,99999999988358500000	-33	0.000000000116415321826934814453125
-34	0,00000000005820766091	0,99999999994179200000	-34	0.0000000000582076609134674072265625
[illegible]	[illegible]	[illegible]	[illegible]	[illegible]

Somme=0,59999999997671700000

Figure 4.11 : Quelques puissances négatives de 2.

Le codage sur un mot de 32 bits se fait sous la forme suivante:

```
S     8 bits pour E     23 bits pour M
```

Il y a toujours un 1 binaire avant la virgule une fois le nombre formaté, donc on ne perd pas une place à le mémoriser.

La représentation en virgule flottante a été normalisée (norme IEEE 754) afin que les programmes aient un comportement identique d'une machine à l'autre. Pour faire des essais, voyez par exemple la page anglaise suivante :

```
http://www.binaryconvert.com/convert _ float.html
```

N'oublions pas la base 16 (hexadécimale)

Pour conclure cette visite des nombres, il serait dommage de ne pas faire la connaissance de la base 16.

Comment ? Encore une base ? Oui, mais celle-ci est ultra-facile. C'est aussi simple que deux fois deux fois deux fois deux font seize.

La valeur seize est un multiple de deux. C'est même exactement 2^4 qui occupe un demi-octet (1111) ou quartet.

Autrement dit, pour désigner une valeur binaire sur huit bits, on peut se contenter de deux chiffres hexa.

Mais il faut plus de dessins de chiffres qu'en base 10. On a choisi les premières lettres de l'alphabet pour compléter. Comptons de 0 à 15 dans les deux bases :

Base 10 :

```
0 1 2 3 4 5 6 7 8 9 10 11 12 13 14 15
```

Base 16 (hexadécimale) :

```
0 1 2 3 4 5 6 7 8 9  A  B  C  D  E  F
```

Les conversions sont plus faciles. On traite les bits par paquets de quatre. Partons de la valeur décimale 195. En binaire :

```
1100 0011
```

En hexa, on sépare les deux quartets :

```
1100 vaut (8+4+0+0=12) donc C en hexa
0011 vaut (0+0+2+1=3) donc 3 en hexa
```

La valeur 195_d s'écrit C3h en hexa. De même, FFh vaut 255_d (1111 1111).

Pour les valeurs en base 16, on ajoute un h minuscule après la valeur (F28Ah). Dans plusieurs langages (C, C++, Java), on utilise aussi le préfixe 0x comme dans 0xF28A. En HTML, les valeurs hexadécimales s'écrivent avec un dièse en préfixe : #F28A.

La notation hexa fait gagner beaucoup de place tout en étant facile à convertir en binaire. Elle est bien plus compacte que la décimale. Comparez vous-même avec le plus grand entier binaire sur 32 bits qui représente un nombre à 10 chiffres en décimal :

```
Décimal : 4 294 967 295
Binaire : 11111111 11111111 11111111 11111111
Hexa    : FF       FF       FF       FF
```

Chacun des groupes de 2 chiffres de la valeur hexa correspond directement à un octet de la valeur binaire. C'est très pratique.

Récapitulons

Les automates du précédent chapitre possèdent avec la base deux présentée ici ce qui leur manquait pour produire l'enfant prodige : l'ordinateur.

Le prochain chapitre va nous permettre de faire confluer ces deux domaines.

Chapitre 5

Le sable qui pense

Dans ce chapitre :

- Jeux de Boole
- Une porte doit être ouverte ou fermée
- La CPU a une ALU

Dans le Chapitre 3, nous avons visité les grandes étapes de l'invention de machines en terminant avec les tubes et les transistors qui ont été d'abord exploités pour leur fonction analogique : produire un signal électrique de sortie plus puissant que le signal d'entrée en épousant plus ou moins fidèlement ses variations.

Dans le Chapitre 4, nous avons appris à compter en base 2 plutôt qu'en base 10. Cela peut constituer un divertissement au même titre que résoudre des grilles de sudoku, mais si nous y avons consacré un chapitre, c'est sans doute pour une raison plus lourde de conséquences.

L'éclosion de l'informatique, c'est la fusion du comptage en base 2 et du concept de commutation électrique pour simuler la logique (vrai ou faux), ce qui a été définitivement réalisé au milieu du XIXe siècle. Il ne restait ensuite plus qu'à combiner des circuits électriques se comportant comme des interrupteurs s'ouvrant ou se fermant selon l'une ou l'autre des règles de la logique binaire. Voyons donc ces règles.

Jeux de Boole !

S'appuyant sur les théories de la logique d'Aristote, l'Anglais George Boole a défini vers 1840 des opérations logiques (une algèbre) permettant de symboliser ce genre de raisonnement :

SI tous les animaux qui volent sont des oiseaux
ET SI je vois voler un animal
DONC cet animal est un oiseau.

Les deux conditions SI sont appelées des prémisses. Ces prémisses sont mariées par le mot ET. Elles doivent être vraies toutes les deux pour que la conclusion puisse en être déduite. Logique, non ? Des objections ?

On peut objecter que 1) est faux puisqu'il y a des écureuils volants et des chauve-souris et que 2) est faux parce qu'on peut voir voler des feuilles mortes. Bien sûr, avec les langages humains, on peut discuter de ce qui est un animal et de ce qu'est exactement l'action de voler. Par exemple, est-ce qu'un avion sait voler ?

Dans le monde physique, les situations incarnant correctement le ET logique sont courantes.

Supposons qu'une mission consiste à poser une valise sur une table (solide). La valise est trop lourde pour un seul homme. Deux hommes, messieurs Lunion et Félaforce, sont disponibles. Quatre cas sont possibles :

- Personne ne vient la soulever. La valise reste par terre. Succès = zéro.
- M. Félaforce vient essayer. La valise reste par terre. Succès = zéro.
- M. Lunion vient essayer. La valise reste par terre. Succès = zéro.
- Enfin, ils tentent le coup à deux. Ils soulèvent la valise. Succès = un.

Si on allège la valise pour la mission suivante, il suffit qu'un des deux se présente pour faire réussir la mission. C'est le OU logique. La valise est soulevée dès qu'au moins un des hommes se présente.

A ET B ou A OU B ?

Ce qui nous intéresse, c'est de voir comment les règles de la logique booléenne (hommage à Boole) vont pouvoir nous servir à créer une machine capable de faire des calculs en base deux.

Les deux chiffres 0 et 1 de la base deux correspondent directement aux deux notions Vrai et Faux. Surtout, ils y correspondent sans discussion possible. En mathématiques, il n'y a pas de valeur « presque vraie » ou « presque fausse ». Simplifions la formule précédente :

1) SI VRAI

ET

2) SI VRAI

R) DONC VRAI

Le ET est un opérateur (comme le signe plus de nos additions). Il produit une conséquence (la conclusion) en combinant des deux opérandes (les prémisses).

Le ET correspond à deux interrupteurs placés l'un après l'autre en série. Il faut que tous deux soient fermés pour que le courant passe.

Pour que la conclusion soit vraie, il faut que les deux prémisses soient vraies. Dans les trois autres cas (valise trop lourde), le résultat est faux.

Dans le cas où la valise peut être soulevée par un seul homme, la formule devient :

1) SI VRAI

OU

2) SI VRAI

R) DONC VRAI

Le OU correspond à deux interrupteurs placés l'un à côté de l'autre en parallèle. Il suffit que l'un des deux soit fermé pour que le courant passe.

Pour compléter cette paire fondamentale, nous ajoutons un raisonnement encore plus simple : dire le contraire. C'est la fonction NON qui n'a besoin que d'une entrée dont elle inverse la valeur.

Portes logiques

Le visionnaire Claude Shannon en a fait la preuve en 1938 : ces trois raisonnements élémentaires ET, OU et NON peuvent être simulés physiquement dans des circuits (pour une fois, le monde physique simule le monde mental). Ces circuits se nomment des portes logiques.

Des symboles graphiques ont été choisis pour chaque type de porte (nous prenons leur format anglo-saxon plus esthétique que le format carré).

L'opération logique ET (AND)

En fonction de la valeur de deux entrées (deux prémisses), on peut dresser la table de vérité du ET :

Tableau 5.1 : ET logique.

Entrée A	*Entrée B*	*Sortie*
0	0	0
0	1	0
1	0	0
1	1	1

Vous remarquez que c'est une sorte de table de multiplication.

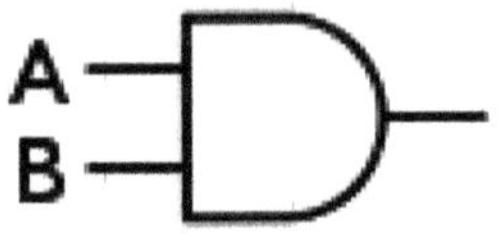

Figure 5.1 : Une porte logique ET (AND).

L'opération logique OU (OR)

Figure 5.2 : Une porte logique OU (OR).

De même, on peut dresser la table de vérité du OU logique.

Tableau 5.2 : OU logique.

Entrée A	*Entrée B*	*Sortie*
0	0	0
0	1	1
1	0	1
1	1	1

Vous remarquez que c'est une sorte de table d'addition, sauf que nous savons que 1+1 fait 10 et non 1. Dans cette version élémentaire, nous ne gérons pas l'apparition d'une retenue. Cela viendra.

L'opération logique NON (NOT)

La fonction NON est évidemment la plus simple qui soit, mais elle est indispensable. Si le signal d'entrée est à 1, la sortie est à 0.

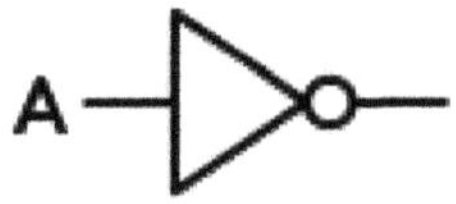

Figure 5.3 : Une porte logique NON (NOT).

NOTE TECHNIQUE

Dans les descriptions d'algèbre booléenne, une valeur inversée par un NON est écrite avec une barre horizontale au-dessus.

Autres opérations

En combinant ces trois fonctions logiques primordiales, il est facile de créer des variantes :

- Le ET-NON (en anglais NAND) qui ajoute un inverseur à la sortie du ET. Le résultat final est FAUX seulement si les deux valeurs d'entrée sont VRAIES.
- Le OU-NON (en anglais NOR) qui ajoute un inverseur à la sortie du OU. Le résultat final est VRAI seulement si les deux valeurs d'entrée sont FAUSSES.

Toutes sortes de combinaisons sont ensuite possibles dont une est considérée comme élémentaire : le OU exclusif. C'est un OU qui exclut le cas où les deux entrées sont VRAIES. Le résultat n'est VRAI que si une seule des deux entrées est VRAIE. Le circuit permet donc de tester une différence.

Le OU-EX porte un nom anglais digne d'un film de science-fiction : XOR. Voici son symbole :

Figure 5.4 : Une porte logique OU-exclusif (XOR).

Et voici sa table de vérité.

Tableau 5.3 : OU exclusif logique.

Entrée A	*Entrée B*	*Sortie*
0	0	0
0	1	1
1	0	1
1	1	0

La fonction OU exclusif ressemble plus que le OU normal à l'addition binaire vue dans le chapitre précédent, puisque 1+1 = 10, donc 0 dans l'unité. Le défaut est que la retenue est perdue. Il va falloir combiner.

Circuits combinatoires

La première opération utile que l'on va chercher à automatiser en combinant des portes logiques est l'addition exacte de deux valeurs binaires.

En reliant d'une certaine façon une porte OU exclusif et une porte ET, on arrive au résultat. C'est le demi-additionneur.

Le demi-additionneur

Ce circuit « sait » faire la somme de deux nombres binaires A et B. Puisqu'il réunit deux portes, il offre deux sorties, une pour la valeur des unités (S) et une seconde pour la retenue (C pour Carry).

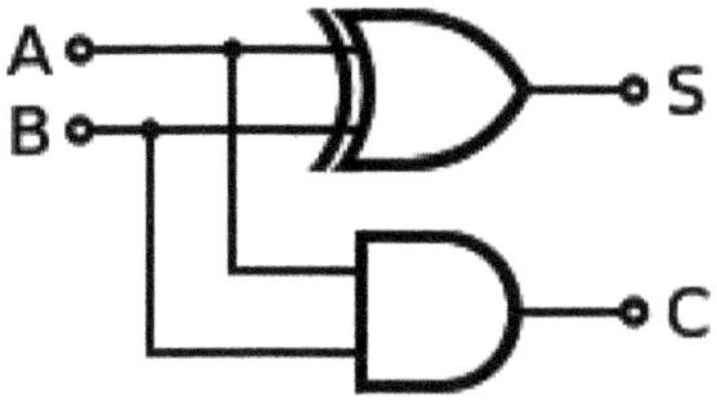

Figure 5.5 : Un demi-additionneur.

Arrêtons-nous un instant sur son fonctionnement :

- La sortie S est à 1 seulement si une des deux entrées est à 1, parce que c'est un circuit XOR. Il permet de répondre au cas 0+0 = 0 ; la retenue C reste à zéro.
- Quand A et B sont à 1, cela correspond à l'addition 1+1 qui donne 10. La sortie est bien à 0, ce qui correspond au calcul 1+1 = 0 plus retenue à 1.
- Justement, la sortie de retenue C ne peut passer à 1 que si A et B sont à 1, car c'est un circuit ET.

Ce circuit incarne donc physiquement une addition binaire. C'est le début d'une très grande histoire. Voici la table de vérité du circuit.

Tableau 5.4 : Demi-additionneur.

Entrée A	*Entrée B*	*Sortie S*	*Retenue C*
0	0	0	0
0	1	1	0
1	0	1	0
1	1	0	1 (car 1+1=10)

Ce circuit est un demi-additionneur parce qu'il ne prévoit pas de réutiliser en entrée la retenue d'un circuit précédent.

En injectant la sortie du demi-additionneur dans un autre demi-additionneur en même temps que la retenue, on obtient un vrai additionneur complet.

Additionneur complet

Un additionneur complet est un circuit capable de faire la somme de 3 bits : les bits A et B à additionner et le bit **Ci** qui est la retenue d'un calcul précédent. Le circuit possède une sortie **S** et une retenue à propager **Cs**.

En pratique, on enchaîne en cascade le nombre d'additionneurs qu'il faut pour traiter une valeur sur 8, 16, 32 ou 64 bits.

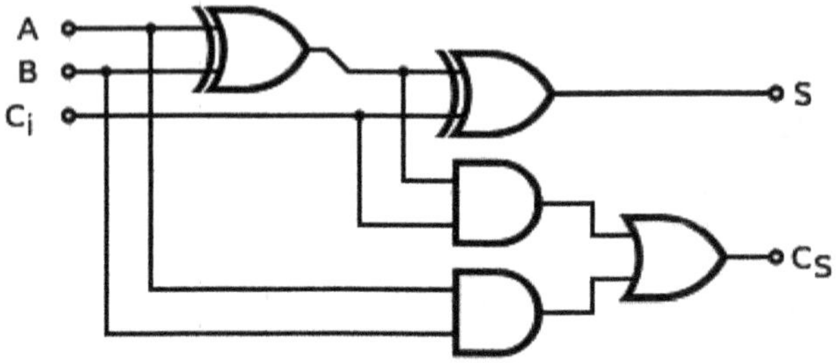

Figure 5.6 : Un additionneur complet (full-adder).

Voici la table de vérité de l'additionneur complet.

Tableau 5.5 : Additionneur complet.

Retenue Ci	*Entrée A*	*Entrée B*	*Sortie S*	*Retenue Cs*
Lorsqu'il n'y a pas de retenue entrante :				
0	0	0	0	0
0	0	1	1	0
0	1	0	1	0
0	1	1	0	0
Avec retenue entrante :				
1	0	0	1	0
1	0	1	0	1
1	1	0	0	1
1	1	1	1	1

Pour mémoire, sachez que les autres circuits combinatoires fondamentaux sont le registre à décalage et le multiplexeur.

Je me souviens... (circuits séquentiels)

Savoir compter, c'est bien, mais pour faire plus d'un unique calcul, il faut se souvenir du résultat précédent. Se souvenir, c'est gérer le temps. C'est décider à un moment précis que la valeur présente à l'entrée d'un circuit doit être maintenue en sortie du circuit jusqu'à nouvel ordre. Ce genre de circuit se nomme un verrou ou une bascule et permet de créer une cellule mémoire pour stocker une valeur binaire.

C'est un circuit séquentiel parce que son changement d'état dépend de l'état antérieur. Ce livre étant consacré à la programmation, nous n'avons pas besoin d'entrer dans les détails des fonctions mémoire. Contentons-nous de distinguer les mémoires statiques (SRAM) et les mémoires dynamiques (DRAM).

Mémoire statique S-RAM

Une cellule de mémoire statique (S-RAM) est basée sur un circuit bascule qui requiert une dizaine de portes logiques. Les accès sont très rapides mais les composants sont plus coûteux à produire que l'autre grande technologie, celle de la mémoire D-RAM.

L'approche S-RAM est réservée aux registres internes du processeur qui doivent être les plus rapides possibles car toutes les valeurs y transitent. La S-RAM sert aussi aux blocs mémoire intermédiaires entre la mémoire principale et le processeur, et notamment aux tampons caches du processeur qui alimentent son travail.

Mémoire dynamique D-RAM

La technologie D-RAM est beaucoup plus simple à fabriquer et occupe bien moins de place que sa collègue S-RAM. Chaque cellule se résume à un transistor et un condensateur. Mais tout avantage a ses inconvénients.

Le D dans D-RAM signifie Dynamique, ce qui est une manière d'avouer que la mémoire D-RAM est une mémoire qui perd la mémoire ! En effet, la donnée binaire est stockée sous forme d'une charge électrique dans un condensateur (un petit réservoir d'électricité), et cette charge disparaît peu à peu. Pour éviter qu'elle soit perdue, il faut récrire chaque cellule environ quinze fois par seconde. Oui, par seconde ! Il faut lui rafraîchir la mémoire, et c'est d'ailleurs le nom de cette opération de gymnastique cérébrale.

L'opération est jouable, puisqu'en une seconde, on peut réaliser au moins dix millions d'opérations de lecture ou d'écriture. En perdre quelques pourcents pour cause de rafraîchissement reste acceptable.

Le circuit D-RAM est devenu le composant quasi universel des mémoires de nos ordinateurs. En 1970, Intel fabriquait une puce de 1024 bits (128 octets). En 2015, on trouve à bas coût des « barrettes mémoire » D-RAM pouvant stocker 32 milliards de bits (4 Go).

Turing et Von Neumann

Nous avons vu que la machine de Babbage utilisait des jeux de cartes séparés pour les opérations et pour les valeurs. Vers 1945, deux théoriciens, John von Neumann et Alan Turing, sont arrivés à la même idée : stocker les opérations dans la même mémoire que les données et lire les opérations une par une pour les exécuter. C'est l'architecture Von Neumann. Ce n'est pas la seule approche possible, mais elle est devenue quasi universelle. L'architecture Harvard utilise deux canaux distincts (des bus) vers deux mémoires distinctes pour le code et les données.

Le processeur (CPU)

Des portes par centaines, par milliers, puis par milliards, voilà ce qu'est un processeur. Et au coeur du processeur, l'Unité Arithmétique et Logique (ALU) qui effectue toutes les opérations demandées par votre programme :

- des opérations logiques : ET, OU, NON, OU exclusif ;
- des opérations arithmétiques basées sur les précédentes : addition, soustraction, etc. ;
- des opérations de transfert depuis ou vers la mémoire ;
- des sauts et branchements vers une autre instruction que celle située à l'adresse suivante.

L'ALU avec ses assistants lit les prochaines instructions du programme en mémoire, ainsi que les données, modifie ces données, en génère d'autres et stocke le tout dans la mémoire. Une horloge (*clock*) donne la cadence et fait passer l'ensemble d'un état défini au suivant.

TRUC

Pour un être humain, multiplier deux nombres sur 10 chiffres prend cinq minutes. Avec une machine à relais, la même opération prend 2 secondes.

Avec des tubes à vide (ENIAC), un millième de seconde. Un processeur des années 2000 réalise cette opération dix millions de fois en une seconde.

La Figure 5.7 propose une vue d'ensemble d'un processeur déjà assez ancien (1980). C'est un Intel 8085 qui intègre 6 500 transistors. On parvient presque à les distinguer un par un. Montrer un processeur plus récent dans la place disponible sur cette page ne laisserait voir que des plages colorées. La densité des processeurs a été multipliée par un million en quarante ans.

Figure 5.7 : Microphotographie d'un processeur Intel 8085.

On dirait une ville, mieux, une mégapole avec ses quartiers. Effectivement, on parle d'architecture des processeurs.

Il existe des simulateurs de processeurs. Celui de Lajos Kintli est consacré au premier micro-processeur du monde, le 4004 Intel de 1971. Voici une vue générale de ce logiciel très instructif puisque l'on peut voir fonctionner le processeur grâce au mode Animation.

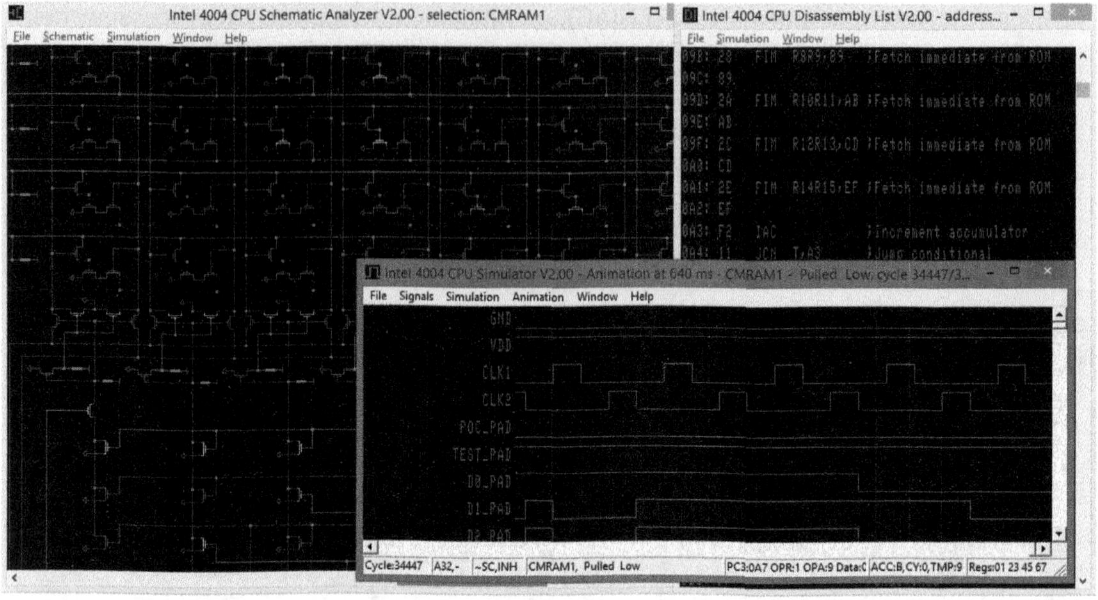

Figure 5.8 : Les entrailles d'un processeur en fonctionnement.

Pour trouver la page de cet outil, cherchez sur le web « Kintli 4004 simulator ».

Conclusion de la partie

Du sable astucieusement gravé pour incarner des opérations en logique booléenne : nous avons tout ce qu'il nous faut pour créer des mondes virtuels.

La prochaine partie, la plus importante du livre, est consacrée à l'exploitation des possibilités et des limites de cette machine par l'écriture de programmes.

Troisième partie

Fondamentaux

Dans cette partie

- Valeurs, données et mémoire
- Contrôler le flux d'exécution
- Distribuer le travail : les fonctions
- Groupes de données : tableaux et chaînes
- Construction de l'exécutable : compilez, liez, dégustez
- Profitez des autres : les librairies standard
- On monte en régime : structures et pointeurs

Chapitre 6

Dompter la bête

Dans ce chapitre

- Ecrivain de code source
- Analyse et raisonnement
- Conditions d'écriture
- Styles de langages
- Vue globale d'un texte source

电脑

En chinois, le mot *ordinateur* (*diàn nao*) signifie « cerveau électrique ». Dans la partie précédente, nous avons découvert la partie matérielle de ce cerveau électrique, dans sa version quasiment universelle de nos jours (l'architecture de Von Neumann). Cet « électro-cerveau » fait une action à la fois, petit pas par petit pas (mais il sait avancer de plus d'un milliard de pas par seconde).

« Votre mission, si vous l'acceptez, consiste à guider ses pas, du premier au dernier, sans jamais lui lâcher la main. »

Guider pas à pas est laborieux. Faire le tour du monde ainsi n'est pas envisageable. C'est ce que l'on désigne comme le niveau du langage assembleur.

Dès que la puissance des machines l'a rendu possible, on a décidé de créer des vocabulaires de symboles régis par une syntaxe afin de pouvoir formuler des sortes de phrases.

C'est pourquoi on parle de « langage » pour décrire les étapes de progression d'un traitement de valeurs. Un langage de plus haut niveau sera plus éloigné des contraintes et des détails du processeur et donc plus proche de la façon dont les humains réfléchissent.

Un écrivain électrique ?

Dans tous les cas, le programmeur écrit. Il écrit du code que l'on qualifie de code source, parce que c'est à cette source que puise l'outil de traduction pour générer une série illisible de valeurs numériques qui incarnent une image « congelée » du programme.

Ce n'est qu'au chargement/démarrage du programme qu'il est rendu actif, vivant, en occupant de l'espace en mémoire et du temps de processeur.

Les trois états physiques principaux dans lequel peut se rencontrer un programme sont donc :

- code source : une séquence de mots clés, de valeurs, de noms et de symboles qu'un outil d'analyse peut décortiquer pour générer le code exécutable ;
- code exécutable : une séquence de valeurs entières mélangeant les valeurs (données) et les actions (instructions) dans un état figé, conservé normalement dans un fichier dans une mémoire permanente ;
- programme actif : une configuration de valeurs dans la mémoire de l'ordinateur en cours de lecture par le processeur pour produire des modifications de certaines de ces valeurs. Le résultat est par exemple une fenêtre d'application.

Parmi ces trois formats, le premier est entièrement à votre charge et les deux autres sont totalement automatiques.

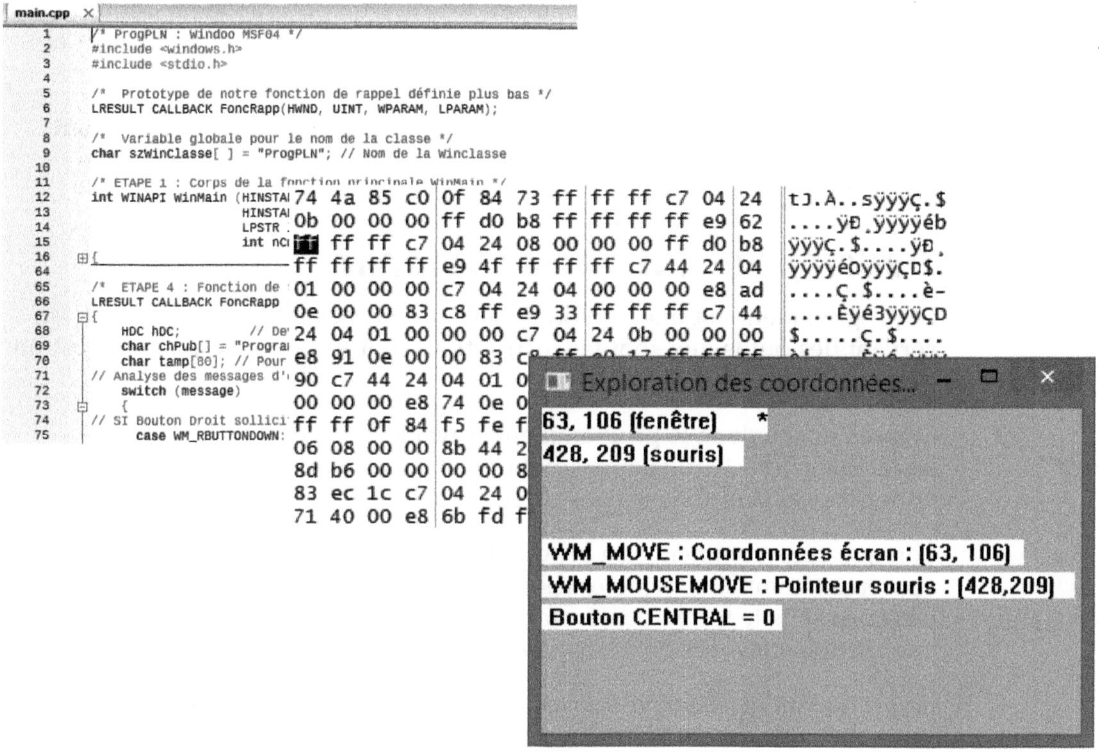

Figure 6.1 : Les trois visages d'un programme.

Tout se passe à l'intérieur !

Un programme est une œuvre de l'esprit, comme une œuvre musicale, picturale, chorégraphique, etc. Un romancier n'est pas une personne qui inscrit des lettres sur du papier. La trace écrite n'est que le témoin d'une activité mentale concentrée.

Le programmeur est le compositeur. Le code source est sa partition, le processeur avec sa cour est l'interprète. Le programmeur est en quelque sorte le Dieu du processeur : ce qu'il écrit dans le code source définit totalement le contenu de la « pensée » de la machine.

La responsabilité peut donc être énorme, par exemple quand l'œuvre a pour but de gérer les valeurs monétaires confiées par les gens à leur banque ou les paramètres de suivi des fonctions vitales à l'hôpital.

De fait, le résultat tangible, visible, du travail d'un programmeur est une série de lignes de texte source, mais ce n'est que le fruit d'un processus mental qui va s'incarner dans le fonctionnement du processeur.

C'est un peu comme un joueur d'échec qui pense les coups. La prochaine pièce qu'il déplace n'est que le résultat final d'un traitement mental.

Développer un raisonnement

Le programmeur est une personne qui sait jongler avec des données en se servant des outils que sont les instructions. Cette séance de jonglerie est un programme.

Comme un jongleur, le programmeur travaille beaucoup : il décompose ses actions, il teste plusieurs solutions, il tâtonne pour au final réunir harmonieusement tous les gestes en un spectacle qu'il va exécuter.

Lorsque vous commencez à programmer, vous écrivez du code source en apprenant comment formuler les choses. Les programmeurs sont souvent désignés sous le terme de développeurs, car ils partent d'une idée du fonctionnement, idée qu'ils développent.

En pratiquant cette activité, vous intériorisez de mieux en mieux la logique de contrôle du fonctionnement de votre interprète, le processeur.

Autrement dit, apprendre à écrire du code source vous sert à apprendre à penser, à préméditer le comportement futur d'une machine. Pour y parvenir, comme dans les autres activités de l'esprit, vous n'êtes pas seul devant la feuille blanche.

On écrit pour qui ?

Lorsque vous écrivez le code ou le texte source d'un programme, votre lecteur est bien sûr l'ordinateur, ou plus précisément l'analyseur du compilateur qui doit comprendre ce texte pour pouvoir générer le code machine correspondant. Mais ce n'est pas le seul destinataire de votre écriture !

Vous écrivez aussi pour vos collègues actuels ou futurs ainsi que pour vous-même. D'autres programmeurs auront (nous vous le souhaitons) envie ou besoin de comprendre comment vous avez résolu un problème, par exemple pour l'enrichir ou le réutiliser dans un autre projet.

Une fois que vous terminez un projet, vous passez à autre chose. Si vous revenez au premier projet après plusieurs mois, vous serez ravi d'avoir pris soin de bien présenter le texte source et d'y ajouter des commentaires.

Conditions d'écriture

En débutant en programmation, vous héritez sans régler de droits de succession du travail des chercheurs, des ingénieurs et des autres programmeurs, et ceci dans de nombreux domaines :

- normes d'analyse ;
- normes de syntaxe ;
- normes de présentation et de commentaires ;
- normes de contrôle qualité.

Normes d'analyse et de conception

Dès que votre projet prend une certaine importance, vous aurez avantage à utiliser une technique pour décomposer le problème et pour exprimer les étapes de la solution.

Vous réutiliserez des algorithmes, qui sont des décompositions en tâches élémentaires de la solution à un problème universel :

- convertir d'une unité vers une autre ;
- trier une liste d'éléments ;
- trouver la plus grande valeur numérique parmi plusieurs ;
- calculer une factorielle ;
- vérifier la solidité d'un mot de passe, compresser des données, etc.

ATTENTION !

Certains livres de programmation insistent sur la maîtrise des algorithmes fondamentaux. Mais puisque des programmeurs très compétents ont déjà formulé ces algorithmes génériques, autant s'en servir. Il y a tellement d'autres concepts à apprendre.

Vous pourrez adopter une méthode de conception structurée qui vous aidera à délimiter les sous-ensembles de traitement. Voici quelques termes concernant ce sujet :

POO	(Programmation Orientée Objets). Cette approche consiste à créer des entités autonomes nommées objets qui correspondent au réel
UML	Convention d'analyse pour modéliser les relations entre processus et objets basée sur des formes graphiques standard
TDD	*(Test-Driven Development)* pour écrire les programmes de test avant les programmes à tester

Client/ Serveur	Pour répartir la solution entre une machine qui fournit des traitements et des données et une autre qui les consomme
MVC	(Modèle/Vue/Contrôleur) pour séparer le stockage des données, les dialogues avec l'extérieur et la logique de traitement
Patrons de conception	(*Design Patterns*). Permettent de capitaliser sur les réussites passées pour constituer une palette de modèles de solutions génériques réutilisables et personnalisables

Il en existe beaucoup d'autres et cette liste regroupe des techniques normalement séparées ou complémentaires.

Ces outils de conception deviennent indispensables dans les grands projets. Vous imaginez la quantité de programmes d'un système tel que l'informatisation de tous les services de l'Etat. Ce sont les programmes qui dialoguent entre eux. On parle alors d'urbanisme du système d'information.

Normes de syntaxe

Ce niveau de normes est totalement défini par le langage que vous choisissez. Toute la suite de cette partie a pour effet de vous présenter la syntaxe du langage C.

Considérez pour débuter que dans le texte source, l'alphabet est celui de la langue anglaise. Pas de lettres accentuées, ni de symboles autres que ceux que nous indiquerons.

Normes de présentation et de commentaires

Pour quasiment tous les langages, le texte source est une suite ininterrompue d'éléments séparés par au moins un espace ou ce qui équivaut à un espace (tabulation, saut de ligne).

Voici un exemple extrême à ne pas suivre. Ce texte source en langage Perl est fonctionnel, mais inconfortable à relire !

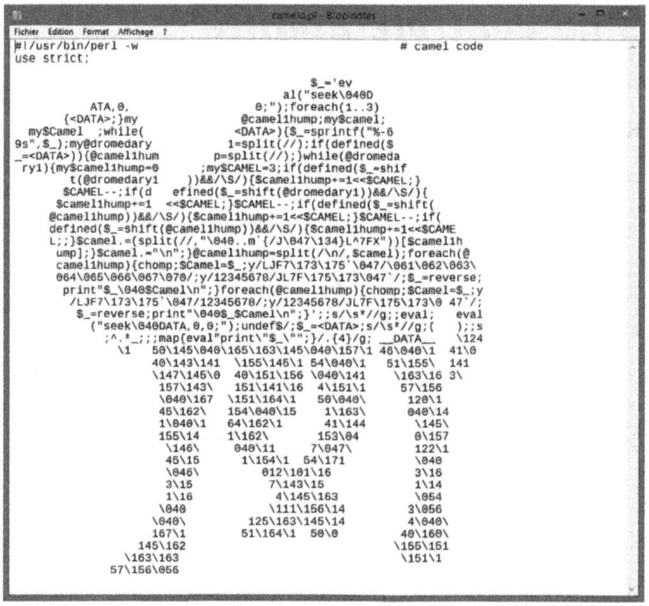

Figure 6.2 : Un texte source ornementé.

Les / / ne sont pas barbares

Il est important et beaucoup plus agréable d'adopter une façon de présenter les éléments et de s'y tenir, autrement dit d'apprendre à coder proprement !

Les commentaires sont précieux. Certains programmeurs vont jusqu'à écrire d'abord tous les commentaires dans le code source, puis ajoutent le vrai code source dans un deuxième temps.

Puisque cette partie se concentre sur le langage C, voici à quoi ressemblent quelques commentaires dans les deux formats possibles :

```
// Je commente sur une ligne
// Ceci et jusqu'en fin de ligne n'existe pas pour l'analyseur.

/* Le couple ouvrant "barre oblique astérisque"
définit un début de zone de commentaires qui peut se poursuivre
sur plusieurs lignes sans devoir répéter l'ouvrant, mais
il faut penser à refermer la zone avec son collègue fermant
*/
```

Normes de contrôle qualité

Un code source peut contenir deux types d'erreurs :

- les erreurs de syntaxe ;
- les erreurs de logique.

Les fautes de syntaxe sont détectées par l'outil analyseur qui fait partie de la chaîne d'outils. Elles sont donc nécessairement corrigées, parce que le code source ne peut pas être traduit en programme tant qu'il reste une seule erreur de syntaxe.

En revanche, les erreurs de logique que l'analyseur ne sait pas détecter deviennent votre problème, et parfois celui de l'utilisateur du programme. Ce sont les fameux bogues, des coquilles du raisonnement.

Bogue est le nom de la coquille des châtaignes. Et les coquilles sont au sens typographique des fautes de composition chez les éditeurs et imprimeurs.

Des outils nommés débogueurs peuvent vous aider à traquer ces erreurs. Vous pouvez aussi concevoir des tests pour valider le projet : des tests unitaires pour chaque fonction de chaque fichier source et des tests d'intégration pour valider l'ensemble.

Styles de langage

Les contraintes, la logique et la façon la plus efficace d'exprimer la solution à un problème ont donné naissance à plusieurs styles d'infolangages (des « paradigmes »). Chaque style est plus adapté à certains domaines : calcul scientifique, gestion d'entreprise, création graphique, jeux, traitement du signal, contrôle industriel, etc.

On peut distinguer trois catégories principales d'infolangages :

- Les **langages impératifs**, qui sont constitués d'ordres pour appliquer une action à une valeur (additionner, soustraire, copier, comparer, ...).
- Les **langages déclaratifs/fonctionnels**, qui sont plus abstraits, plus indépendants de la machine, car ils n'indiquent pas directement comment faire le prochain pas. Ils déclarent l'état qu'une valeur doit prendre en partant d'un autre état. (Nous simplifions.)
- Les **langages orientés objets**, qui combinent les deux précédents en proposant de décrire la solution d'un problème sous forme d'éléments autonomes (les objets) qui constituent des lignées hiérarchiques et dialoguent pour se demander des services les uns aux autres, comme une petite société. A l'intérieur de chaque objet, on retrouve de l'impératif.

Dans toute la présente partie, nous allons nous intéresser au langage impératif par excellence : le langage C. Nous évoquerons les autres catégories dans la partie suivante, lorsque nous aurons acquis des bases solides.

Conditions matérielles de création

Un crayon et du papier pourraient suffire au départ, mais pour concrétiser votre idée et la communiquer, il vous faut deux outils principaux (d'autres viendront faciliter votre travail, mais ils ne sont pas indispensables) :

- Un programme pour créer et modifier le fichier numérique contenant le code source (un logiciel d'édition de texte). Le Bloc-notes de Windows, TextEdit sous MacOS ou Geany sous Linux suffisent pour commencer.
- Un programme pour générer le fichier exécutable du programme en partant de votre code source. En fait, c'est une série d'outils souvent désignée sous le nom de l'un d'entre eux : le compilateur. Nous expliquons dans un chapitre ultérieur comment fonctionne cette chaîne de traitement.

En annexe, nous montrons comment trouver et mettre en place un environnement de rédaction et de compilation.

Pour résumer, il vous faut deux logiciels pour créer un logiciel. Nous supposons évident que tout cela se déroule sur un ordinateur fonctionnant grâce à un système d'exploitation (Windows, Linux, MacOS).

Vue globale d'un texte source en C

Comme les textes des langues humaines, un texte source est destiné a priori à être lu de façon linéaire, de la première à la dernière ligne.

La seule différence d'importance est qu'un code source ressemble plutôt à ces « livres dont vous êtes le héros ». Arrivé à certaines étapes, le lecteur peut choisir de poursuivre la lecture ailleurs qu'à la ligne suivante si une condition lui semble satisfaite.

De même, dans un code source, la lecture séquentielle est de temps à autre interrompue par des indications spéciales pour :

- demander de sauter plusieurs lignes ou ;
- relire le même groupe de lignes plusieurs fois ou ;
- aller lire un autre groupe de lignes puis revenir poursuivre au marque-page.

Parmi les mots et symboles, certains sont figés. Ce sont des invariants qu'il faut écrire tels quels. Ce sont quasiment toujours des mots en anglais comme `while`, `printf()`, `case` ou des symboles d'opérateurs comme + et /. On les appelle des mots réservés ou mots clés.

Vous allez rapidement connaître les mots réservés du langage choisi car ils sont peu nombreux (de l'ordre d'une trentaine).

D'autres mots sont définis par vous, en tenant compte de quelques règles de nommage. Ce sont des identifiants pour les variables et les sous-programmes.

Certaines portions sont réservées à votre usage exclusif. Ce sont les commentaires qui commencent pas une double barre oblique // ou les blocs /* */.

```
// NOMPROJ 2_fonc_retK.c
#include <stdio.h>

long laTete = 100;

long Cuber()
{
  long nombre = laTete;
  printf("\n// Dans Cuber() ***");
  nombre = nombre * nombre * nombre;
  printf("\n// Devient return(%ld)\n", nombre);
  return(nombre);
}

int main()
{
  long laTetokub = 0;
  printf("// 2_fonc_retK.c : Appel de Cuber()\n");

  laTetokub = Cuber();

  if (Cuber() > 10000) printf("\n// Trop gourmand\n");

  printf("\n// Le cube de %d est %ld.\n\n", laTete, laTetokub);
  return 0;
}
```

Figure 6.3 : Vue globale d'un texte source.

Il y a enfin des signes de ponctuation. Ils ont une importance extrême. Ils sont les amis du programmeur, s'il les respecte :

- ; le point-virgule,
- ( ) les parenthèses,

{ } les accolades,

, la virgule,

[ ] les crochets droits,

et quelques autres moins usités comme &, |, !.

En avant toute !

Rédiger le code source a pour but de produire un flux de 0 et de 1 dans un fichier exécutable. Ce flux ne représente que deux espèces d'éléments :

- des valeurs numériques inertes, les données ;
- des valeurs numériques « actives », c'est-à-dire reconnues par le processeur comme des actions, des instructions.

Les données peuvent être de deux sortes :

- des valeurs numériques littérales (nous abrégerons par VNL). Ce sont des données au sens strict,.
- des adresses mémoire symbolisées par des noms de variables.

Ces valeurs et ces noms vont pouvoir être combinés dans le texte source sous forme d'expressions grâce à des opérateurs.

C'est selon cette approche que nous allons découvrir les éléments du langage de programmation C.

TRUC

Vous pouvez lire toute cette partie à l'écart d'un ordinateur. Lorsque quelque chose doit s'afficher, nous reproduisons le résultat dans le livre.

Votre conteneur à code source (main)

Dans tous les exemples et extraits de code source des premiers chapitres de la partie, nous ne proposons pas de programme entier. Du fait que les exemples sont très simples, chacun d'eux peut être testé en insérant les lignes présentées dans une ébauche de texte source qui est toujours la même.

Listing 6.1 : Ebauche de programme source C pour y coller les lignes d'exemple.

```
int  main()  {

// ICI VOS LIGNES

}
```

Vous saisissez le groupe de lignes à tester à la place ou après la ligne de commentaire commençant par //.

Il est trop tôt pour expliquer à quoi correspondent les deux lignes qui encadrent le tout. Le mot `main()` n'a aucun rapport avec un membre humain. Pour le moment, tenez ces lignes pour acquises.

Chapitre 7

Des valeurs aux données

Dans ce chapitre

- Valeurs et données entières
- Affectations
- Les opérels et les opélogs
- Tournures et rebouclages

Ce qui intéresse l'utilisateur d'un programme, ce sont les valeurs que le programme crée, triture, stocke, lit, envoie, reçoit. Ces valeurs incarnent des données : texte d'une page Web, pixels d'une image, échantillon d'un son, montant d'un salaire net, vitesse d'un avion, etc. Elles sont extrêmement précieuses, et dans certains domaines vitales, comme en médecine ou en aéronautique.

Programmer suppose donc de bien savoir interpréter les valeurs pour pouvoir les surveiller et les faire évoluer intelligemment.

Valeur : vient du latin *valere*, être puissant, une notion positive, sur quoi on peut compter (dans tous les sens). Un nombre l'est par définition. C'est donc une valeur.

Donnée : représentation numérique d'une information selon des conventions qui permettent de traiter cette information de façon sensée.

Dans le début de ce chapitre, nous allons voir comment passer des simples signaux électriques binaires que sont les valeurs à de véritables données qui ont du sens pour les humains (et pour les autres ordinateurs qui veulent dialoguer avec le vôtre !).

Le mode d'écriture de ce premier chapitre est linéaire : nous écrivons des lignes comme pour nos textes humains et le programme réalisera les actions dans le même ordre, de la première ligne à la dernière. Dans le chapitre suivant, nous découvrirons comment briser cette monotonie.

Valeurs et espace mémoire

Nous avons vu dans la partie précédente que le processeur ne connaissait que des suites de valeurs binaires 0 et 1. Ce flux est découpé en unités de huit bits, que l'on nomme des octets.

Tout processeur se caractérise par une largeur de mot machine, qui est sa largeur naturelle. Elle détermine le plus grand nombre entier positif (sans signe) qui peut être lu, écrit ou produit par calcul en une seule opération élémentaire.

Le peintre franco-polonais Roman Opalka (1931-2011) avait décidé d'écrire des nombres de plus en plus grands sur ses toiles successives. Il savait que la suite des nombres entiers était infinie alors que sa vie ne l'était pas.

Dans la décennie 2010, la plupart des ordinateurs utilisent un processeur 32 ou 64 bits. Autrement dit, ils gèrent en une seule opération un paquet de quatre fois huit ou de huit fois huit bits. C'est la largeur « naturelle ». Néanmoins, tous les processeurs savent traiter individuellement des paquets de taille inférieure à cette largeur, jusqu'à l'octet.

Les largeurs de valeurs numériques binaires qui peuvent être manipulées dans un programme sont toujours des multiples de l'octet et des multiples les uns des autres :

- un octet (8 bits) ;
- deux octets (16 bits) ;
- quatre octets (32 bits) ;
- huit octets (64 bits) ;
- (plus rarement) seize octets (128 bits).

Le seul cas particulier, mais nous n'en parlerons pas plus, est le format scientifique étendu qui correspond à 80 bits, soit dix octets. Il n'est utilisé que par le coprocesseur arithmétique pour les calculs scientifiques.

1 octet	11111111
2 octets	11111111 11111111
4 octets	11111111 11111111 11111111 11111111
8 octets	11111111 11111111 11111111 11111111 11111111 11111111 11111111 11111111

Figure 7.1 : Formats de valeurs binaires.

Ces « récipients à valeur » sont tout ce dont dispose matériellement le programmeur pour travailler. Il va déployer des trésors d'invention pour, au final, déplacer, dupliquer et modifier des valeurs binaires dans l'un de ces quelques formats.

Les valeurs sont donc stockées dans la mémoire de travail de l'ordinateur pour être lues, modifiées dans le processeur puis écrites dans la mémoire. Pour réussir ces opérations, le processeur doit connaître trois éléments :

- l'adresse mémoire de la valeur à lire ou à écrire. C'est aussi une valeur numérique binaire, mais qui circule sur un canal électrique séparé des données (le bus d'adresses) ;
- le nombre d'unités dont est constitué chaque paquet qu'il manipule : un octet, deux, quatre ou huit. Il faut donc une convention pour la taille de la valeur ;
- la nature du contenu parmi les trois représentations possibles (entier naturel positif, entier relatif positif/négatif ou bien nombre décimal à virgule flottante, comme indiqué dans la partie précédente).

Pour être exact, le processeur n'a aucun moyen de savoir si vous vous trompez sur la nature du contenu. C'est à vous lorsque vous écrivez vos lignes de code source de ne pas vous tromper. Pour le processeur, toutes les suites de 0 et de 1 se valent.

Pour répondre à ce triple besoin, deux concepts ont été inventés : celui de variable et celui de type. Ils sont intimement liés.

- Le concept de variable répond au besoin de localiser efficacement chaque valeur en mémoire, c'est-à-dire de l'identifier. C'est pourquoi on parle aussi d'identifiant pour une variable.
- Le concept de type répond aux deux autres besoins. Il détermine la longueur en octets de la valeur et la nature de la valeur qui détermine à quoi elle correspond dans le monde humain en base décimale.

Dans le processeur, les instructions machine gèrent les largeurs de données en multiples de l'octet. Pour des raisons historiques, l'expression WORD a été consacrée chez Intel pour le groupe de deux octets (16 bits). Les autres tailles en sont déduites : DW (Double Word) pour le double mot, soit 32 bits, et QW pour le quadruple mot (64 bits).

Puisque les deux concepts vont de pair, commençons par celui de type. Nous verrons les variables très vite après.

Le concept de type de données

Nous parlons ici des types élémentaires, car vous verrez dans un autre chapitre des types complexes qui permettent de grouper des variables.

Les types élémentaires (ou atomiques) du langage C sont :

- les types entiers, dont le chef de file se nomme `int` (abréviation de integer ou entier) ;
- les types décimaux, dits flottants, dont le chef de file se nomme `float`.

Les types pour les valeurs entières (int)

Les valeurs entières correspondent à nos nombres entiers naturels (sans signe) et relatifs (positifs ou négatifs).

Les types entiers existent en deux variantes : signée et non signée. Les entiers naturels sont la série 0, 1, 2, 3 jusqu'à l'infini. Les entiers relatifs possèdent un signe positif ou négatif indiquant leur position par rapport au zéro. Les relatifs négatifs sont -1, -2, -3, etc.

Les types entiers sont en général signés si vous ne spécifiez pas le contraire en ajoutant `unsigned` avant le nom de type. Cela peut varier selon le modèle de système d'exploitation et d'outil de programmation. En cas de doute, vous pouvez préciser avec le terme `signed` avant le nom de type.

Une des responsabilités du programmeur est de bien choisir ses types de données. S'il choisit systématiquement le type le plus spacieux, il consomme de l'espace mémoire et ralentit les opérations. S'il est trop avare, il prend le risque de faire déborder une variable qui contiendra alors une valeur fausse (nous verrons des exemples plus loin).

Voyons donc les possibilités des types entiers signés dans la configuration standard (PC à processeur Intel série i, compilateur GNU C 32 bits) :

Tableau 7.1 : Types entiers du langage C.

Nom du type	*Occupation*	*Valeur minimale*	*Valeur maximale*
`char`	1 octet	-128	+127
`short`	2 octets	-32 768	+32 767
`int`	4 octets	-2 147 483 648	+2 147 483 647
`long`	4 octets	-2 147 483 648	+2 147 483 647
`long long`	8 octets	Environ -9 milliards de milliards	Environ +9 milliards de milliards

Non, ce n'est pas une erreur : le type `long` équivaut en général au type `int`, mais pas sur tous les processeurs et compilateurs. Sous Mac OSX par exemple dans la configuration standard de l'outil de création XCode, le type `long` offre 8 octets au lieu de 4, comme son grand frère `long long`.

Et voici les possibilités des types entiers non signés (`unsigned`) :

Tableau 7.2 : Types entiers non signés du langage C.

Nom du type	*Occupation*	*Valeur minimale*	*Valeur maximale*
`unsigned char`	1 octet	0	255
`unsigned short`	2 octets	0	65 535
`unsigned int`	4 octets	0	4 294 967 295
`unsigned long`	4 octets	0	4 294 967 295
`unsigned long long`	8 octets	0	Environ +18 milliards de milliards

Vous constatez que les variantes non signées offrent une plage de valeurs positives deux fois plus élevée, ce qui est logique.

ATTENTION !

Certains types sont à géométrie variable. Leur largeur n'est pas la même sur toutes les machines, en fonction du processeur et du compilateur. C'est surtout le cas de `long` qui peut occuper soit 4, soit 8 octets.

Ordre de stockage des octets (« endianness »)

Imaginez que certaines personnes lisent les nombres à l'envers. Quand vous écrivez 931 euros, la personne comprend 139. Heureusement, tout le monde « sait » que dans un nombre à plusieurs chiffres, les unités sont écrites en dernier, avec les dizaines plus à gauche, puis les centaines, etc.

Mais vous savez peut-être qu'en allemand par exemple on dit l'unité avant la dizaine : 39 se dit « neuf-et-trente ».

Dans un ordinateur, lorsqu'il faut stocker les différents octets qui constituent une valeur, il faut décider dans quel sens on les place dans les cases mémoire successives. Les concepteurs des premiers ordinateurs travaillant pour des sociétés concurrentes, ils n'ont pas cherché à se concerter. Certains ont choisi un ordre de stockage et d'autres l'ordre inverse.

Supposons la valeur positive entière 258 sur deux octets :

00000001 00000010 (l'espace est ajouté pour rendre le tout lisible)

Les deux octets n'ont pas le même poids (tout comme le 3 dans 35 vaut dix fois plus que le 5). Si on les comprend à l'envers, la valeur décimale n'est pas 258 mais 513 (vérifiez !).

Il y a un octet au « gros bout » et un au « petit bout ». Les Anglais parlent de *big endian* et de *little endian*. C'est le fabricant du processeur (le fondeur) qui décide dans quel sens la puce stocke les octets des valeurs.

NOTE TECHNIQUE

Nous verrons les fichiers d'en-tête dans un prochain chapitre. Celui nommé *limits.h* contient les valeurs maximales utilisées par votre outil de construction (votre compilateur).

Sauf mention spéciale « `unsigned` », les types numériques entiers sont toujours signés.

Le type entier de base int

Avec un processeur 32 ou 64 bits, le type `int` consomme 32 bits, soit quatre octets :

```
11111111 11111111 11111111 11111111
12345678 12345678 12345678 12345678
```

Le plus grand nombre (entier positif !) pouvant être représenté avec 32 bits est égale à la somme de toutes les puissances de deux jusqu'à 31 (on commence à deux puissance zéro, soit un).

Voici les valeurs de chaque puissance de deux, exprimées dans notre base décimale :

Premier octet :

```
1 +2 +4 +8 +16 +32 +64 +128
```

Deuxième octet :

```
+256 +512 +1024 +2048 +4096 +8192 +16384 +32768
```

Troisième octet :

```
+65 536 +131 072 +262 144 +524 288
+1 048 576 +2 097 152 +4 194 304 +8 388 608
```

Quatrième octet :

```
+  16 777 216 +  33 554 432 +   67 108 864 +   134 217 728
+268 435 456 +536 870 912 +1 073 741 824 +2 147 483 648
```

La somme de toutes ces valeurs donne 4 294 967 295, soit un peu plus de 4 milliards. Vous remarquez que ce plafond est toujours impair. C'est normal puisque le bit ayant le moins de poids (les unités binaires) est soit zéro, soit 1. Tous les autres bits étant des valeurs paires (multiples de deux), en ajoutant l'unité, on obtient un nombre impair.

Cette somme de 4 milliards suffit pour stocker le nombre de milliardaires sur Terre, mais pas pour mémoriser leur richesse; ni pour compter le nombre de neurones de l'humain le plus pauvre (20 milliards de neurones en moyenne dans le cortex et 80 milliards en tout).

Ce type entier de base est très utilisé, mais il n'est pas le plus adapté dans certains cas.

Les variantes de int (char, short, long, long long)

La largeur « naturelle » est imposée par le matériel de la machine, mais les programmeurs ont besoin de pouvoir réduire l'occupation mémoire dès que possible.

Supposez un programme qui produit la série des mille nombres entiers de 0 à 999. Avec la taille normale d'un processeur 32 bits, le stockage va réclamer 1 000 fois 4, soit 4 000 octets.

Le langage C propose un type prédéfini plus compact nommé `short` (largeur de 16 bits). En déclarant vos variables avec ce type (abréviation de `short int`, entier court), votre série de nombres va occuper moitié moins de mémoire.

Inversement, pour stocker des valeurs numériques plus grandes que 4 294 967 296, vous disposez d'un type entier très long qui s'écrit `long long` en C. Sa taille est le double de celle de l'entier de base, donc 64 bits.

S'il y a un type `long long`, il existe bien sûr un type `long` (non redoublé). En théorie, il doit avoir une taille double de celle de `int`, mais en pratique il est souvent de même taille (32 bits). Il n'est utile que lorsque le type `int` ne fait que 2 octets (16 bits), car `long` correspond à 4 octets.

Modèles de données matériels

Sur une machine avec processeur 64 bits, le type de valeur `int` est la plupart du temps maintenu à 32 bits pour que le programmeur ait toute la panoplie à sa disposition (8, 16, 32, 64). C'est le modèle de données LLP64. Il y a en effet plusieurs conventions de modèles de données :

LLP64 : les types `int` et `long` sur 32 bits. Le « LL » désigne le type `long long` qui est sur 64 bits dans tous les cas. C'est le modèle courant et celui sur lequel nous nous basons. Le P signifie pointeur, le type spécial pour stocker une adresse mémoire.

LP64 : le type `long` et le type spécial pointeur sont sur 64 bits.

ILP64 : le type `int` est aussi sur 64 bits.

SILP64 : même le type `short` est sur 64 bits en plus des trois autres.

Trois types pour les valeurs rationnelles (float)

Les valeurs rationnelles correspondent à peu près à nos nombres fractionnaires (revoir la partie précédente). Ce sont les nombres à virgule, mais apprenez tout de suite qu'en informatique, on utilise le point car c'est la convention anglaise pour le séparateur décimal.

Les rationnels sont gérés avec les types flottants qui sont toujours signés.

Tableau 7.3 : Types flottants du langage C.

Nom du type	*Empreinte*	*Valeur minimale*	*Valeur maximale*	*Précision*
`float`	4 octets	$1.2E^{-38}$	$3.4E^{+38}$	6 chiffres
`double`	8 octets	$2.3E^{-308}$	$1.7E^{+308}$	15 chiffres
`long double`	10 octets	$3.4E^{-4932}$	$1.1E^{+4932}$	19 chiffres

Il n'existe en langage C que ces huit formats de données physiques, cinq entiers et trois flottants.

Votre première variable

Quel que soit le type d'une valeur, il faut pouvoir la stocker en mémoire de façon à la retrouver. Ceci suppose de lui associer une variable. Le concept de variable est fondamental. Rappelons ses raisons d'être :

1. Le nom de la variable permet de désigner de façon textuelle plutôt que numérique l'adresse en mémoire où est stockée une valeur numérique. Il est plus facile d'employer un nom que d'indiquer une adresse numérique (du style FF3A 28C1, car c'est souvent indiqué en hexadécimal). Cette désignation symbolique permet en outre de laisser l'adresse réelle varier d'une exécution à l'autre.

2. Dans presque tous les langages de programmation, et notamment en langage C, lorsque vous baptisez une variable (cela s'appelle la déclaration de la variable), vous devez en même temps décider de son type (pour que le système sache combien de place il doit réserver pour la variable).

Variable : nom unique suggérant au programmeur et à ses collègues le contenu d'un espace mémoire lié à ce nom et contenant une valeur pouvant varier au cours de l'exécution du programme.

Le schéma suivant illustre le concept de variable.

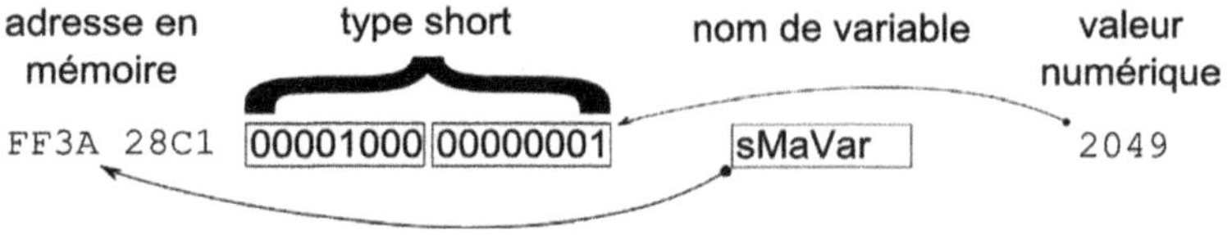

Figure 7.2 : Le concept de variable.

Voyons d'abord les règles à suivre pour donner des noms à vos variables. Nous disons bien **vos** variables, car c'est vous qui décidez. Nous verrons ensuite d'où peut provenir le contenu de la variable, sa valeur.

Je veux des noms !

À partir de combien de chèvres le berger ne peut plus donner un prénom à chacune ? Voici un domaine où l'informatique est plus humaine que nos grands éleveurs : quelle que soit la taille de votre troupeau de variables, chacune devra avoir un nom.

Parmi les mots et symboles, certains sont figés. Il faut les écrire tels quels. Ce sont quasiment toujours des mots en anglais comme `while`, `printf()`, `case`. On les appelle des mots réservés ou mots clés.

Pour tous les autres mots, c'est vous qui décidez. Les deux principaux types de mots dont le nom est choisi (presque) librement par l'auteur du programme sont les noms des variables et les noms des fonctions (nous verrons le concept de fonction le moment venu).

Noms de variable et orthographe

Un nom de variable est un mot ; comme dans nos langages humains, un mot ne contient pas d'espace. Compre nezvo uscet tephra se ?

Dans vos noms de variables, vous pouvez déployer votre créativité, mais tout dépend des conditions dans lesquelles vous programmez :

- Si vous travaillez en équipe, dans une entreprise ou un groupe de programmeurs sur un projet de logiciel libre, il est conseillé de se mettre d'accord sur des conventions de nommage.
- Si vous travaillez seul, vous pouvez dans le feu de l'action choisir vos noms à la volée, mais vous serez ravi plus tard d'avoir appliqué un principe.

Voici des noms de variables acceptés dans la majorité des langages :

```
x
mavar2
trucbidule
num_Secu
VitesseMaxLumi
```

Les contraintes de nommage

Pour choisir vos noms de variables, vous avez des devoirs et des pouvoirs :

- Vous devez respecter des règles propres au langage.
- Vous pouvez adopter des conventions de meilleure lisibilité.

Selon les règles du langage C et de nombreux autres, vous pouvez utiliser seulement :

- les 26 lettres de l'alphabet anglais en minuscules (a à z) ;
- les 26 lettres de l'alphabet anglais en majuscules (A à Z) ;
- les dix chiffres 0 à 9 et ;
- le caractère de soulignement (_).

Le nom ne doit jamais commencer par un chiffre et il est fortement déconseillé de le faire commencer par le souligné.

En première approche, considérez qu'il est impossible de donner le même nom à deux variables.

En conséquence de ces règles, les programmeurs francophones (et tous ceux qui préfèrent ne pas donner des noms anglais à leurs identifiants) doivent museler leur ardeur, car les lettres accentuées sont interdites.

Bien choisir ses noms

Pour que les noms restent suggestifs lorsque vous serez à la tête de tout un cheptel de variables, il est conseillé de les construire à partir des termes significatifs.

Si nous avons par exemple besoin d'une variable destinée à contenir le salaire brut mensuel d'un salarié et d'une autre pour le salaire net à payer, nous pourrons les nommer :

```
SalaireBrut
SalaireNetAP
```

Cette technique rend les noms plus lisibles qu'en écrivant `salairebrut` et `salairenetap`. Certains préfèrent utiliser le souligné, comme dans `salaire_brut` et `salaire_net_ap`, mais la majorité des programmeurs privilégient l'écriture en dos de chameau. Les anglais parlent d'écriture *CamelCase* :

```
DosDeChameau
```

Déclarez vos variables

Pourquoi faut-il déclarer une variable ? Pour que le programme exécutable réserve un espace mémoire pour stocker la valeur.

Prenons le cas d'une variable pour mémoriser le nombre d'heures travaillées dans une semaine. Même dans un cas aussi simple, le programmeur doit imaginer quelle sera à peu près la valeur maximale qu'il faudra pouvoir stocker dans la variable qui recevra le résultat.

Dans l'exemple, le plus petit type entier conviendra, car peu de personnes sont autorisées à travailler plus de 127 heures par semaine. (Nous nous interdisons les fractions d'heures pour l'instant.)

Choisissons donc le type `char`. Variante signée ou non signée ? Quand on ne précise pas, c'est en général **signé** pour tous les types entiers, sauf justement le petit `char` qui est souvent non signé, sans doute pour donner un peu d'ouverture à l'international du langage C.

NOTE TECHNIQUE

L'alphabet (lettres majuscules et minuscules) dont on dispose lorsque seuls 7 bits servent à coder les caractères est limité aux vingt-six lettres de l'anglais. Nos accents et cédilles requièrent l'utilisation du huitième bit qui ne peut donc pas servir en même temps de signe négatif.

C'est étonnant, mais à la différence de la plupart des livres de programmation, nous osons utiliser le petit type `char` pour des nombres. Il aurait pu s'appeler *byte* (octet), mais comme il sert surtout pour les messages dans les programmes anglais, il a été baptisé `char`. Nous reviendrons sur cet important sujet à la fin du Chapitre 10.

Pour le nom, nous tenons compte des règles indiquées un peu plus haut. Voici plusieurs possibilités :

```
h
heurestravailleessemaine
heures_par_ssemaine
hSem
```

Le nom doit être suggestif. Quand vous aurez vingt variables, chacune devra rester facile à distinguer. Il faut donc une certaine longueur, mais pas trop. Un nom de variable inutilement long a deux inconvénients :

- C'est plus long à saisir (un programmeur est un écrivain pour des lecteurs automates, mais il faut bien écrire les « mots »).
- Cela fait déborder plus de lignes de la largeur d'affichage à l'écran et à l'impression, ce qui n'est pas grave mais joyeusement évitable.

Pourquoi pas **cHeuresHebdo** ? La lettre **c** en préfixe est pratique pour suggérer le type de donnée.

Nous avons le type et le nom, voici donc notre première déclaration de variable officielle et reconnue comme valide par tous les programmeurs C du monde :

```
char  cHeuresHebdo;
```

Et voilà, c'est déjà fini. Une fois cette ligne passée dans le texte source, la variable peut être utilisée. Elle est en quelque sorte « vivante » et le restera jusqu'à la fin du programme ou sous-programme dans laquelle nous avons placé sa déclaration.

Si la variable existe, c'est qu'elle va être associée à une valeur (c'était le but de sa mise au monde). Pour l'instant, ce qu'elle contient est soit la valeur zéro, soit sans aucune signification. Considérez que le contenu ne vaut rien dans cet état initial.

En revanche, la variable correspond déjà à une adresse mémoire qui est celle du premier octet où la valeur sera stockée (ici, c'est le seul octet, puisque nous avons choisi `char`).

Si nous ajoutons des actions à un minuscule programme déclarant cette variable, nous pouvons afficher à l'écran la valeur et l'adresse. Il est bien trop tôt pour présenter la fonction d'affichage (c'est `printf()`). Voici donc des pseudo-instructions :

```
ActionAffichage( cHeuresHebdo );
ActionAffichage( &cHeuresHebdo );
```

Une fois que l'ordinateur a exécuté ces deux actions, on voit ceci à l'écran :

```
0
28FF1F
```

Le premier nombre est la valeur qui est ici 0. Certains outils de génération de l'exécutable (« compilateurs ») écrivent d'office la valeur 0 dans toutes les variables lorsqu'ils les implantent ; d'autres ne le font pas et laissent au départ la valeur qui se trouvait à cet endroit à ce moment.

Rappelons que l'espace mémoire est sans cesse recyclé : un programme en utilise une portion puis se termine et restitue l'espace. Quand un autre programme le réutilise, les valeurs de l'ancien programme sont toujours présentes en attendant d'être « écrasées ». Certains pirates se servent de ces traces.

Le second nombre est l'adresse mémoire. Nous l'avons fait afficher en base 16 ou hexadécimal (en décimal cela correspond à 2686751).

& pour épier l'adresse

La possibilité de connaître l'adresse de stockage d'une variable est en général considérée comme un concept bien trop difficile pour les débutants. Nous ne sommes pas de cet avis. En stockant cette adresse dans une variable d'un genre spécial (un pointeur), on peut ensuite accéder à la valeur sans connaître le nom de la variable. C'est très pratique et indispensable dans certains cas, comme nous le verrons dans d'autres chapitres.

L'utilisation impropre des pointeurs est effectivement fatale, un peu comme un cariste complètement ivre promenant son engin dans un entrepôt. Imposez l'alcootest à la prise de service !

Retenez que le & collé avant le nom d'une variable permet d'obtenir son adresse au lieu de son contenu.

Variables non entières

L'exemple suivant calcule une température en degrés Fahrenheit à partir de celle indiquée en degrés Celsius :

Listing 7.1 : Extrait du texte source CelsFahr.c

```
//CelsFahr.c

  float cels = 37.2;
  float fahr = 0.0;

// Variable celsius initiale = 37.200001
  fahr = cels * 1.8;
// Variable fahr apres * 1.8 = 66.959999
  fahr = fahr + 32;
// Variable fahr apres ajout de 32 = 98.959999
```

Les imprécisions du résultat découlent de la façon dont sont codées les valeurs à virgule. En dehors de cette remarque, les valeurs non entières s'utilisent comme les valeurs entières.

Nous avons vu dans la partie précédente que ce qui se trouve après la virgule était décomposé en puissance négatives de deux.

La valeur 1.25 peut être stockée sans perte, car .25 vaut 1/8 de deux, mais 1.24 ne peut pas l'être. La valeur la plus proche en simple précision (`float`) est 1.2400000095367431640625.

Origines possibles d'une valeur

D'où peut provenir la valeur que nous voulons stocker dans notre variable ?

1. Vous pouvez indiquer dans le code source une Valeur Numérique Littérale (nous abrégerons en VNL), comme 35, 48900 ou 37.2.
2. La valeur peut être le résultat de l'évaluation d'une expression comme `(2+(3*12))`.
3. Elle peut être le résultat du travail d'un sous-programme qui renvoie cette valeur par `return`. Ce sous-programme peut l'avoir obtenue de nombreuses manières :
   - en demandant à l'utilisateur de la saisir au clavier ;
   - en la réceptionnant dans un flux de données depuis un fichier sur disque ou un serveur Web ;
   - en la générant à partir d'autres valeurs.

Un opérateur est un symbole court qui représente une action, une fonction. L'opérateur d'affectation fait une copie d'une valeur vers un lieu de stockage.

Dans ce chapitre, nous nous limitons aux deux premières origines : les VNL et les expressions.

Les valeurs numériques littérales (VNLe)

Comme son nom le suggère, la valeur est dans ce cas littéralement fixée. Elle ne peut varier. Si on l'écrit dans une variable qui a priori devrait varier, c'est en général pour lui donner une valeur de départ, initiale.

Bases de notation

Il est fort pratique que l'on puisse indiquer les valeurs numériques en notation humaine habituelle, c'est-à-dire en base 10. Rappelons les trois autres bases possibles :

- La base 2 ; très rarement utilisée, car il est malcommode d'écrire des suites de 0 et de 1. Certaines opérations concernant les masques de bits s'en servent.

- La base 16 ou hexadécimale ; cette base est très pratique et sert souvent à indiquer des valeurs dans les projets très techniques. Elle utilise les chiffres de 0 à 9 puis les lettres de A à F.
- La base 8 ou octale ; peu utilisée de nos jours, elle n'utilise que les chiffres de 0 à 7.

Pour exprimer une VNL en hexadécimal, il faut ajouter le préfixe `0x` (zéro x) comme ceci :

```
0xFF14
```

Vous n'utiliserez sans doute jamais les VNL en octal, mais il est essentiel de savoir que si vous faites commencer votre valeur par le chiffre 0, il est considéré comme exprimé en octal, car le 0 sert de préfixe à la base octale :

```
0322
```

Par exemple, écrire 0849 est refusé, puisqu'en octal il n'y a pas de chiffre 8 et 9. La leçon à en tirer est qu'il ne faut jamais commencer vos VNL entières par le chiffre zéro (il est d'ailleurs inutile dans ce cas).

Nous verrons plus loin que dès qu'un point séparateur est détecté, le problème ne se pose plus. Dans ce cas, c'est une valeur numérique non entière (avec des chiffres derrière la virgule) et ce genre de valeur ne s'écrit jamais en octal.

En base 10, vous pouvez écrire des VNL positives sans indiquer le signe, mais il faut le signe pour les valeurs négatives :

```
3690
-47
```

Valeurs numériques littérales flottantes

Pour écrire une valeur numérique littérale flottante dans le code source, vous avez le choix entre deux formats :

- Soit vous écrivez la valeur avec au minimum un point :

```
1.30
0.45
.45
990.50
12.
-2.0098
```

Si la valeur est non entière, on utilise le point, pas la virgule.

Si vous indiquez une virgule, le code source sera refusé, car la virgule sert de séparateur entre éléments.

- Soit vous utilisez la notation scientifique, mais nous n'en abuserons pas dans ce livre d'initiation. Le E correspond à l'exposant :

```
1.175494E-38
3.402823E+38
```

Ces deux valeurs sont positives ! La première est très petite, car c'est l'exposant qui est négatif ici.

Voici deux nombres flottants négatifs :

```
-1.175494E-38
-3.402823E+38
```

Voyons maintenant comment stocker la valeur désirée dans la variable. Il suffit d'écrire une instruction citant le nom de la variable.

Le concept d'instruction

En langage C, une instruction est un ou plusieurs mots correctement agencés comportant en dernier un signe point-virgule qui marque la fin de l'instruction. Une instruction représente une action réelle. Voici le format schématique (le nombre d'éléments et la nature de chacun peuvent varier) :

```
element1 element2 element3;
```

Une instruction se termine (presque) toujours par un signe point-virgule qui sert de marqueur de fin d'instruction.

L'oubli du marqueur de fin est une étourderie classique des débutants en programmation. Un des rares langages parmi les plus usités qui ne réclame pas de marqueur de fin d'instruction se nomme Python.

Une instruction pour stocker la valeur (=)

La première instruction qu'il faut découvrir est celle qui sert à écrire (stocker) une valeur dans une variable, c'est-à-dire à lui affecter une valeur.

C'est l'instruction dite d'affectation. Elle se fonde sur un symbole d'égalité = qui est l'opérateur d'affectation. Elle réalise une action (c'est une instruction) : copier dans la variable indiquée sur sa gauche la valeur indiquée sur sa droite (ou la valeur qui résulte de l'évaluation de l'expression sur sa droite).

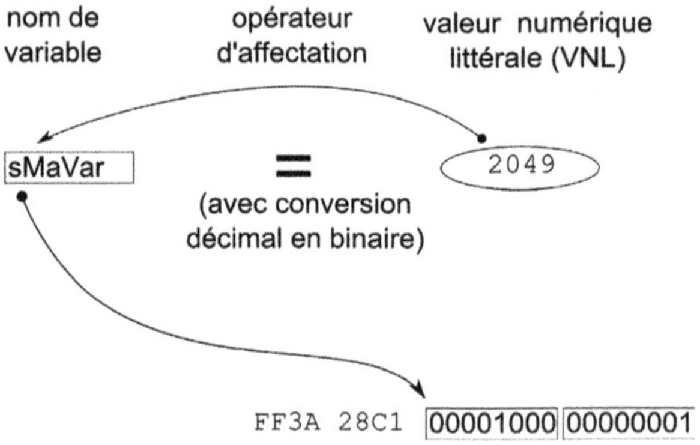

Figure 7.3 : Schéma de stockage d'une valeur entière.

Un opérateur est un symbole court qui représente une action, une fonction. L'opérateur d'affectation fait une copie d'une valeur vers un lieu de stockage.

Tous les langages n'utilisent pas le symbole = pour l'opérateur d'affectation, car il entraîne des confusions, même chez les programmeurs C expérimentés. En effet, pour comparer deux valeurs, il faut utiliser le symbole redoublé (==). Nous verrons cela dans le chapitre sur les expressions conditionnelles.

Pourquoi un signe d'égalité ?

Dans les années 1960, le prédécesseur du langage C, le langage BCPL, avait choisi le couple de signes := pour l'opérateur d'affectation. Pour une raison mystérieuse, le C l'a abrégé en signe égal isolé. Bien des programmeurs se trompent tous les jours en écrivant des expressions de comparaison avec ce signe, car c'est ainsi que l'on écrit en langue humaine (`SI maVar = 5`). Mais pour comparer en C, il faut utiliser deux signes égal à la suite : `SI maVar == 3`. Les langages inspirés du C comme Java et C# ont repris ce choix étrange.

Exemples d'affectations

Reprenons notre variable `cHeuresHebdo` et attribuons-lui une VNL qui servira de valeur initiale :

```
cHeuresHebdo = 39;
```

Remarquez que nous n'indiquons plus le type en préfixe du nom. Une fois suffit.

Que se passe-t-il si nous nous trompons dans l'écriture de la VNL ? Essayons avec une VNLf (flottant ou nombre rationnel) comme 39.99 :

```
cHeuresHebdo = 39.99;
```

C'est étrangement accepté, ou plutôt, c'est ignoré par l'implacable vérificateur qui génère le code exécutable. La valeur stockée reste 39. Il n'y a pas d'arrondi. Les chiffres inconvenants pour une valeur entière sont ignorés. Il n'y a pas non plus changement d'office du type de la variable de `int` vers `float`. Et surtout, il n'y a aucun message d'avertissement pendant la compilation qui se déroule sans problème apparent.

Ce n'est pas grave, puisque c'est vous qui êtes incohérent : vous déclarez une variable de type entier, puis vous proposez d'y stocker une valeur non entière ! Tant pis pour vous.

Sachez qu'il existe des troncatures automatiques de types entiers : nous verrons plus loin que ce genre de changement de type se produit dans certains cas et que c'est parfois souhaité. Cela s'appelle un transtypage.

Une tentative de débordement

Essayons maintenant de faire craquer notre variable ou plutôt la case mémoire qui reçoit sa valeur :

```
  cHeuresHebdo = 260;
```

Puisque nous avons choisi la variante non signée du type `char`, nous pouvons y stocker une valeur entre 0 et 255. Il y a donc un petit problème. Nous avons 8 bits pour coder la valeur et on nous demande d'y stocker une valeur qui requiert 9 bits.

Analysons la situation sur papier libre (pas dans le code source). Nous regroupons les bits par 4 pour améliorer la lisibilité :

Pour la valeur 256, le bit 9 à 1 et tous les autres à 0 soit :

```
1   0000 0000
```

Mais on ne peut pas gérer une portion d'octet. Comme chez les loueurs, tout octet commencé est dû ! Nous écrivons donc :

```
0000 0001   0000 0000
```

Notre valeur 260 vaut 256+4, donc nous codons la valeur décimale 4 dans l'octet de droite :

```
0000 0001   0000 0100
```

Comment le compilateur va-t-il s'en sortir ? Il va se plaindre en affichant ceci :

```
Numéro de ligne source: warning: overflow in implicit constant conversion
```

Les messages de compilation sont rarement traduits. Celui-ci signifie :

```
Attention! Débordement dans une conversion implicite de constante.
```

Votre valeur numérique littérale est figée. C'est donc une valeur constante. La cible de la copie est de type `char` alors que la VNL, au vu de sa valeur, est au minimum du type correspondant à la taille immédiatement supérieure (le type `short` sur deux octets). Mais on l'oblige à tenir dans un seul octet !

En fait, le compilateur fait ce qu'il peut. Voici la valeur qu'il va demander de stocker dans votre variable :

```
4
```

Oui, seulement 4, le contenu de l'octet de poids faible. Ce n'était pas votre intention. On aurait pu imaginer que le compilateur décide de stocker la valeur maximale possible (255) ou d'arrêter sur une erreur. Non, il accepte de vous trahir, pour vous punir d'écrire une bêtise.

De nombreux programmeurs sont trop impatients de faire marcher leurs programmes. Ils résolvent les erreurs de compilation, parce qu'ils sont bien obligés (en cas d'erreur, le programme exécutable n'est pas généré, donc il n'y a rien à tester). Par impatience, ils négligent les avertissements, ce qui peut entraîner des erreurs de logique difficiles à détecter et corriger. Vous aurez compris qu'il ne faut pas les imiter.

Ce raisonnement est applicable aux autres types entiers et flottants.

sizeof() pour faire le point

Vous disposez d'un opérateur spécial nommé `sizeof` qui permet de connaître le nombre d'octets occupés par une variable. Il s'utilise en préfixe du nom du type ou du nom de variable :

```
sizeof (int)
sizeof(nomVariable)
```

Puisque c'est une expression, il faut en récupérer la valeur dans une variable, comme ceci :

```
laTaille = sizeof(nomVariable);
```

Voici les réponses données avec un processeur i7 et le compilateur GNU C 32 bits sous Windows :

```
// Empreinte memoire d'un char      : 1
// Empreinte memoire d'un short     : 2
// Empreinte memoire d'un int       : 4
// Empreinte memoire d'un long      : 4
// Empreinte memoire d'un long long : 8
// Empreinte memoire d'un float     : 4
// Empreinte memoire d'un double    : 8
// Empreinte memoire d'un pointeur  : 4
```

Elle existe ? Utilisez-la !

Une fois qu'une variable est déclarée, le simple fait de citer son nom équivaut à indiquer la valeur qu'elle possède à ce moment. Bien sûr, cela n'a d'intérêt qu'une fois que la variable a reçu une première valeur.

Voici un exemple de déclaration suivie de deux utilisations :

```
char cHeuresHebdo;
int iNouvelle;

cHeuresHebdo = 10;
iNouvelle = cHeuresHebdo;
cHeuresHebdo = 25;
```

Une fois la quatrième ligne (instruction) exécutée, la nouvelle variable contient la même valeur que l'autre (10). Le contenu de `cHeuresHebdo` est modifié juste après.

Vous remarquez que nous stockons dans une variable de type `int` une valeur lue dans une variable de plus petite taille. Dans ce sens, cela ne pose pas problème, sauf si c'est une erreur et que vous voulez ensuite écrire le contenu de `iNouvelle` dans une variable moins spacieuse comme `cHeuresHebdo`. Cela ne sera correct que si la valeur reste dans les limites acceptables par la destination. Il faut respecter les types !

Des types qui se respectent

Comme l'a montré l'exemple précédent, il faut rester cohérent dans l'utilisation des variables. Demandons de stocker une variable `float` dans une variable entière :

```
unsigned char cu = 0;
float f = 39.9999;

cu = f;
```

Le résultat sera égal à :

```
39
```

Il n'y a pas d'arrondi, mais troncature. Seule la partie entière est prise en compte.

Le cas du type char

Non, le nom du type `char` n'a rien à voir avec le mot utilisé par les Québécois pour « voiture ». C'est l'abréviation du mot anglais *character* qui signifie acteur, mais aussi plus simplement caractère. Et nous savons tous ce qu'est un caractère. Ou pas ?

Un caractère est une représentation visuelle, un dessin, d'un élément d'écriture (lettre, chiffre, accent, symbole). On parle aussi de glyphe. Le processeur n'a aucune idée de ce que c'est. En revanche, le circuit vidéo qui gère les affichages dispose d'une mémoire dans laquelle un tableau assure les correspondances entre les dessins et les valeurs numériques binaires.

Comme les pionniers en informatique sont de langue anglaise, ils ont pu se suffire d'une centaine de valeurs numériques pour écrire dans leur langue. Et pour une centaine de valeurs (jeu de caractères ASCII de base), la plus petite unité de stockage suffit largement, même dans sa variante signée (de 0 à 127, il n'y a pas de valeurs négatives pour les caractères).

Voilà pourquoi ce qui aurait dû s'appeler octet ou à la rigueur *byte* (l'équivalent anglais pour un groupe de huit bits) est devenu `char`.

Dans ce qui précède, nous avons volontairement utilisé ce type pour des valeurs numériques aptes à servir dans des calculs en ignorant la relation avec les caractères affichés. En effet, cette relation intime est évidente pour un Américain, mais beaucoup moins pour un Français et absolument plus pour un Oriental qui connaît ses 4 000 idéogrammes sur le bout des doigts. Ce vaste sujet sera débattu en fin de Chapitre 10. Souvenez-vous de deux mots magiques : Unicode et UTF-8.

Pour plus de confort, les lettres de la langue anglaise peuvent être indiquées naturellement dans le code source en tant que valeurs littérales (et littéraires, pour le coup !). Voici une affectation valable pour notre variable. Nous avons choisi le `a` minuscule qui correspond au code numérique 97 (en décimal) :

```
cHeuresHebdo = 'a';
```

Si vous êtes étonné par ce qui est réellement stocké dans la variable, veuillez relire lentement les paragraphes précédents. Voici ce qui est stocké :

```
97
```

Et rien d'autre. Il se trouve qu'il existe dans la fonction d'affichage un mode particulier (il s'écrit `%c`, mais nous verrons cela plus tard) qui au lieu d'afficher successivement les deux dessins des chiffres de la valeur (ici, 9 et 7) affiche le caractère dont 97 est le code. Cela permet de retrouver notre a minuscule à l'écran.

Rien n'empêche de demander d'afficher avec cette technique une valeur sans aucun rapport avec l'alphabet anglais, comme 8192. L'affichage n'a aucun sens, mais l'ordinateur n'en est pas gêné. Ce sont des octets, et c'est ce qu'il aime.

Vous connaissez l'expression « Arrête ton char ! ». Elle pourra servir de moyen mnémotechnique pour ne jamais oublier que lorsque vous définissez une série de caractères (une chaîne), il faut ajouter à la fin un caractère d'arrêt de valeur zéro (c'est le zéro terminal). Nous y reviendrons dans le Chapitre 10 consacré aux tableaux.

Après les valeurs littérales, montons en puissance en abordant le concept d'expression.

Expressions libres

Après la variable et l'opération d'affectation, l'expression est le troisième concept essentiel en programmation. C'est une importante origine possible pour une valeur.

Voici une expression très simple en langage C :

```
5+2;
```

La plupart des langages ne tiennent pas compte du passage à la ligne suivante. Nous aurions pu écrire ceci, qui aurait été accepté :

```
5
+
2
;
```

Note : Dans cet exemple, cette répartition n'a qu'un intérêt pédagogique, mais dans certaines instructions complexes, il est parfois utile d'augmenter la lisibilité en répartissant ses éléments sur plusieurs lignes.

Notre équation 5+2 est suffisamment simple pour pouvoir être exécutée directement par la partie matérielle de l'ordinateur. Nous avons vu dans la partie précédente que le processeur (CPU) avait des capacités de calcul élémentaires. Il sait notamment faire l'addition de deux nombres entiers grâce à son instruction machine ADD.

Dans cette opération, nous distinguons :

- un opérateur (le signe +) ;
- deux opérandes (les deux nombres).

L'ensemble forme un tout qui doit être cohérent : c'est une expression valide.

Expressions invalides

L'expression suivante n'est pas valide (ni pour une machine, ni pour un humain) :

```
5+;
```

Il manque quelque chose ! Par principe, l'opérateur d'addition + combine deux opérandes, un à gauche et l'autre à droite.

Toute expression est faite pour être évaluée. Ce travail d'évaluation donne un résultat, et ce résultat prend effet à l'endroit où est écrite l'expression.

Expression ⇨ Évaluation ⇨ Résultat numérique

Opérateurs arithmétiques

Les opérateurs sont des symboles sur lesquels tout le monde s'est mis d'accord. Dans les info-langages, une famille d'opérateurs très utilisée est celle qui correspond à peu près à ceux de l'arithmétique classique : addition, multiplication, soustraction, division et reste.

Opérateur : symbole sur un ou deux caractères d'une action qui s'applique à un, deux ou trois opérandes.

Voici les cinq opérateurs arithmétiques :

Tableau 7.4 : Opérateurs arithmétiques du langage C (opériths).

Opérateur	*Effet*
+	Addition
*	Multiplication (le symbole croix habituel n'était pas prévu dans le jeu de caractères des premiers ordinateurs)
-	Soustraction (ce signe sert aussi à marquer les valeurs négatives)
/	Division (d'autres symboles existent, mais ils n'étaient pas prévus non plus sur les premiers ordinateurs)
%	Une expression centrée autour de l'opérateur « modulo » donne comme résultat le reste entier d'une division entre deux nombres entiers

Opérateurs à double usage

Plusieurs de ces symboles servent à deux usages très différents. C'est le contexte qui permet de distinguer entre une signification et l'autre.

- L'opérateur d'addition + peut être indiqué devant une valeur isolée pour servir de signe positif (rare).
- L'opérateur de soustraction - peut être indiqué devant une valeur isolée pour servir de signe négatif.
- L'opérateur de multiplication * est souvent utilisé dans un tout autre sens pour déclarer une variable pointeur (nous en parlerons dans un autre chapitre) et pour récupérer la valeur pointée par un pointeur.
- Enfin, l'opérateur modulo % sert de préfixe de format pour les fonctions standard de lecture et d'écriture `printf()` et `scanf()` présentées elles aussi bien plus loin.

C'est en fonction de ce que l'analyseur détecte à gauche et à droite de l'opérateur qu'il décide du sens qu'il doit lui donner. Par exemple, s'il y a un opérande à gauche et à droite du signe *, c'est une multiplication. Sinon, c'est l'usage en rapport avec un pointeur.

Le code machine d'une expression

Voici une version schématique du code machine (en réalité, c'est plus complexe, car les valeurs sont d'abord stockées dans deux registres du processeur puis l'instruction ADD s'applique au contenu des registres).

```
ADD  5,  2
```

Chaque instruction machine correspond à un code numérique sur 8 bits, son Opcode. Supposons que celui de ADD soit 21 (en base 16 !). Nous avons appris dans la partie précédente à convertir entre bases numériques :

- 21 en base 16, c'est deux seizaines + un, donc 33 en base 10 ;
- 33 en base 10, c'est 32 +1, donc 2 puissance 5 (soit 32) + 2 puissance 0 (soit 1) ;
- sur un octet, ne sont à 1 que les bits 6 et 1 (le bit 1 est celui le plus à droite), ce qui donne 00100001.
- Procédons de même pour les deux nombres :
- 5 en décimal s'écrit 00000101 et
- 2 en décimal s'écrit 00000010.

Le code exécutable de notre équation comporterait trois octets et pourrait ressembler à ceci :

```
00100001  00000101  00000010
```

Une fois que le processeur aura exécuté cette instruction, il contiendra le résultat (7) quelque part sous forme d'états électriques dans du silicium... Mais comment capter la valeur résultante pour la réutiliser ?

Expressions et affectation

Nous avons dit que l'expression était une source de valeur. Il est donc autorisé d'indiquer l'expression comme membre droit d'une instruction d'affectation à une variable. Nous savons déjà comment faire :

```
cHeuresHebdo = (5+2);
```

(Pour que la lecture soit aisée, nous ajoutons des parenthèses autour de l'expression.)

Il n'y a qu'une ligne, mais deux opérations :

1. L'expression 5+2 est évaluée. Le résultat vient « prendre sa place ».
2. Ce résultat (7) est copié dans la cible, notre variable grâce à l'opérateur de copie de valeur = que nous connaissons déjà.

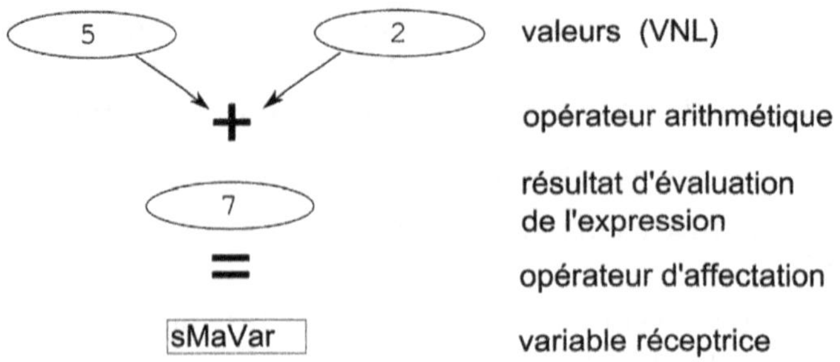

Figure 7.4 : Évaluation d'une expression puis stockage du résultat.

Expressions complexes

Les cinq opérateurs arithmétiques fonctionnent avec un opérande à gauche et un autre à droite :

```
valeur1 OP valeur 2
```

Rien ne vous interdit de combiner des opérateurs, ce qui aboutit à deux sous-expressions :

```
30 + 4 * 3
```

Cette écriture peut poser problème. Le résultat de l'expression est-il 112 (34 * 3) ou bien 42 (30 +12) ?

Le langage s'en sort en imposant des priorités différentes selon les opérateurs. La multiplication est prioritaire sur l'addition, donc le résultat sera ici 42.

Mais il est toujours préférable d'éviter ce genre de jeu de devinette. Pour ne pas devoir mémoriser les règles de priorité (il y a beaucoup d'opérateurs !), la solution est radicale : ajoutez des parenthèses.

Des parenthèses pour clarifier

En délimitant les sous-expressions par des couples de parenthèses, vous indiquez exactement ce que vous voulez faire calculer :

```
(30 + 4) *3
```

donnera 112 et non 42, en contrecarrant la compréhension par défaut de l'analyseur de code. Ce qui est entre parenthèses est évalué d'abord. Un autre exemple :

```
30 + 4 * 4 + 3 * 2
```

est difficile à interpréter. Voici comment tout clarifier :

```
(30 + 4) * (4 + (3 * 2))
```

Il y a quatre évaluation successives :

```
(3 * 2)
```

devient 6. La suite devient :

```
(30 + 4) * (4 + 6)
```

Les deux sous-expressions donnent 34 et 10. L'étape finale s'écrit :

```
34 * 10
```

L'évaluation finale aboutit à la valeur 340. Sans parenthèses, les multiplications étant prioritaires, c'est ceci qui aurait été compris et calculé :

```
30 + (4 * 4) + (3 * 2))
```

Ce qui donne 52 et non 340. Ce n'est pas un détail. Ne soyez donc pas avare de parenthèses dans les expressions.

Quand la division ne tombe pas juste

Quand vous divisez un entier par un autre, si le résultat ne tombe pas juste, il est faux (sans jeu de mots) :

```
(3 / 2)
```

donne :

```
1 (avec un reste de 1)
```

Partons de l'exemple plus complet suivant :

Listing 7.2 : Extrait du texte source divisent.c

```
// divisent.c
  char dividende, diviseur, quotient;

  dividende = 9;
  diviseur  = 5;
  quotient  = dividende / diviseur;
```

La variable quotient contiendra la valeur entière 4, alors que 9 divisé par 5 est égal à 1.8.

Une solution serait-elle de demander de stocker le résultat dans un nombre décimal de type `float` :

```
  char dividende, diviseur, quotient;
  float fquot;

  dividende = 9;
  diviseur  = 5;
  fquot     = dividende / diviseur;
```

Peine perdue. Bien que le récepteur accepte une valeur fractionnaire, la valeur fquot va recevoir 1.000000, pas 1.80000.

La solution radicale consiste à adopter dès le départ le type `float` pour tous les calculs qui supposent des divisions.

Parfois, vous devez travailler à partir de valeurs que vous recevez en l'état. Vous n'avez donc pas pu décider de leur type. Une technique d'appoint consiste alors à forcer le changement de type (transtypage).

Dans notre exemple, il suffit d'ajouter un nom de type en préfixe entre parenthèses avant au moins une des deux valeurs entières pour que tout le calcul bascule vers le nouveau type. De ce fait, le résultat sera correct :

```
fquot = (float)dividende / diviseur;
```

Cette fois-ci, le résultat sera bien égal à 1.800000.

Transtypages

Lorsque vous combinez des variables de types différents, des changements de type sont appliqués sans votre consentement. Vous devez en être conscient.

Si vous écrivez (stockez) le résultat d'une expression combinant un entier et un flottant, le résultat sera différent selon le type de la variable réceptrice :

Listing 7.3 : Extrait du texte source affectest.c

```
// affectest.c

  unsigned char cu = 1;
  float flottant = 39.99;
  float fres;

  cu = flottant;
// cu vaut 39
```

Ici, nous stockons un flottant dans un entier. Le résultat est 39 et non 39,99. C'est logique, puisque les chiffres après la virgule (pardon, le point décimal) sont perdus en route.

```
  cu = 1;
  cu = cu + flottant;
// cu vaut 40
```

En additionnant une valeur entière et une flottante, on obtient 40, et non 40.99, pour les mêmes raisons que précédemment.

```
  cu = 1;
  fres = cu + flottant;
// fres vaut 40.999902
```

Si on prend la peine de stocker le résultat dans un flottant (`fres`), on obtient la valeur 40,999902, beaucoup plus satisfaisante.

Vous pouvez dans certaines conditions forcer le type en mentionnant un nom de type entre parenthèses juste avant le nom de la variable ou avant la valeur concernée. En repartant des mêmes variables et valeurs initiales que ci-dessus :

```
  cu = 1;
  fres = cu + (int)flottant;
```

Cette fois-ci, le résultat stocké dans `fres` sera 40,000000 et non 40,999902 parce que seule la partie entière (39) de `flottant` a été prise en compte.

Pour résumer :

- Une copie de `float` vers `int` entraîne une troncature.
- Une copie de `double` vers `float` entraîne un arrondi.
- Une copie de `long long` vers `int` fait perdre tous les bits de la partie excédentaire. Le résultat n'a plus aucun sens.
- Forcer le type n'a d'intérêt que si la valeur de départ est dans les limites du type d'arrivée.

Grande promotion sur les entiers !

Lorsque le processeur travaille avec des données sur quatre octets, modifier une valeur codée sur un ou deux octets lui coûte autant d'efforts que sur quatre. Du fait que les processeurs actuels des ordinateurs polyvalents (nos PC et Mac) sont dotés au minimum d'un tel processeur, une optimisation est appliquée d'office par le compilateur.

Les valeurs des types `char` et `short` sont promues (converties avec remplissage par des zéros à gauche) vers le type de base `int` pour les calculs. Le résultat est reconverti vers la largeur de départ pour le stockage. C'est à vous de vous assurer qu'il ne déborde pas.

GMP (*Multiple Precision Arithmetic*) : Lorsque vous aurez à réaliser des calculs sur de grandes valeurs sans aucune perte de précision, il suffira d'ajouter à la panoplie d'outils la librairie nommée GMP disponible à l'adresse `https://gmplib.org/`. Elle permet par exemple des multiplications justes entre deux nombres de 15 chiffres.

Tournures de confort

Dans le domaine des opérateurs, il existe certaines tournures qui ne sont pas des nouvelles possibilités, mais des façons d'écrire qui font gagner du temps.

Déclaration et initialisation combinées

La première astuce permet d'économiser une instruction lorsque vous déclarez et préparez une variable. Si vous connaissez sa valeur initiale, vous pouvez l'indiquer dans la déclaration. Au lieu d'écrire :

```
char maVar;
maVar = 12;
```

vous combinez les deux :

```
char maVar = 12;
```

Très simple et très pratique. La seule contrainte est que la valeur que vous voulez donner dès le départ (valeur d'initialisation) doit pouvoir être connue avant exécution du programme. Vous ne pouvez donc pas citer une autre variable.

Déclarations en rafale

Une autre tournure sert à déclarer plusieurs variables du même type d'un même geste. Au lieu d'écrire :

```
float iTauxRemise;
float iTVA2;
float iPrixHT;
```

vous combinez les trois en séparant les noms par une virgule :

```
float iTauxRemise, iTVA2, iPrixHT;
```

Incrémentation et décrémentation

Pour faire appliquer un traitement identique à toute une série d'éléments, il faut en général définir une variable qui va servir de compteur du nombre de répétitions du traitement.

Imaginez que vous deviez avancer de dix pas pour trouver un trésor. Vous avancez d'un pas, vous comptez « un », vous avancez d'un autre pas et vous dites « deux ». Vous gardez un décompte en mémoire pour faire dix pas, pas neuf, ni onze.

En informatique, ce genre de compteur est réalisé avec une variable. Vous lui donnez la valeur 0 puis vous augmentez de 1 jusqu'à la valeur butée :

```
int monCompteur = 0;
Action_Traitement sur Element désigné par valeur du compteur
monCompteur = monCompteur +1;
Action_Traitement sur Element désigné par valeur du compteur
monCompteur = monCompteur +1;
Action_Traitement sur Element désigné par valeur du compteur
monCompteur = monCompteur +1;
etc.
```

Cette manière d'écrire est une sorte d'auto-référence : lire la valeur d'une variable, y ajouter 1 et écrire la nouvelle valeur dans la même variable. Mais c'est un peu long.

Quand vous avez besoin d'augmenter ou de diminuer une valeur de une seule unité, vous pouvez utiliser ces deux opérateurs :

`++`	opérateur d'incrémentation
`--`	opérateur de décrémentation

Vous pouvez ainsi remplacer l'instruction :

```
monCompteur = monCompteur +1;
```

par celle-ci :

```
monCompteur++;
```

Le même principe s'applique pour décrémenter avec `--`.

```
monCompteur--;
```

Avant ou après ?

Les instructions précédentes ont utilisé les opérateurs dans leur version suffixe, mais vous pouvez aussi placer l'opérateur avant (sans espace). La différence est toute en nuance, mais il faut la connaître, car cela peut parfois tout changer. Voyons un exemple :

Listing 7.4 : Extrait du texte source incravap.c

```
// incravap.c
  char csa;
  char csb;
```

```
csa = 1;
csb = 5;
csa = csb++;
```

Après la dernière opération, la variable csa contient la valeur 5, parce que l'opérateur ++ étant placé après (en suffixe ou postfixe), la valeur de la variable source csb n'augmente de 1 qu'après sa lecture pour copie dans csa.

```
csa = 1;
csb = 5;
csa = ++csb;
```

En plaçant l'opérateur ++ en préfixe, la valeur de csb est augmentée avant d'être copiée dans csa.

Auto-références abrégées (+=, -=, *=, /=)

On a souvent besoin de modifier la valeur d'une variable en la combinant par un opérateur avec une valeur littérale ou la valeur d'une autre variable. Cela oblige à répéter le nom de la variable réceptrice du côté droit de l'expression, comme ceci :

```
maVariableDontLeNomEstLong = maVariableDontLeNomEstLong + 5;
```

Une tournure permet d'éviter cette répétition du nom. Dans l'exemple suivant, la variable csa vaut 1 au départ.

```
char csa = 1;
csa += 9;
```

Elle vaut maintenant 10. Poursuivons :

```
csa *= 2;
```

Elle vaut 20. Poursuivons :

```
csa /= 5;
```

Elle vaut maintenant 4. Encore une étape :

```
csa -= 3;
```

La variable a retrouvé sa valeur initiale, 1.

Toutes ces tournures sont des astuces d'écriture. Ne pas les connaître ne diminue en rien ce que vous pouvez faire avec le langage, mais elles font gagner du temps d'écriture et allègent la lecture du code source.

Pour les variables boudeuses : const

Voici un cas particulier de variable : la variable dont la valeur ne peut pas varier. Il suffit d'écrire une déclaration normale de variable en ajoutant en préfixe le mot réservé `const`. Paradoxal, mais bien utile :

```
const  int  COUREURS = 10;
```

Une fois cette déclaration faite, la variable COUREURS possède la valeur numérique littérale 10 et toute tentative de la modifier sera refusée à la compilation. L'analyseur va surveiller la façon dont vous utilisez la constante dans la suite du code source. Si vous tentez de changer sa valeur, vous obtenez une erreur :

```
error: assignment of read-only variable 'nom'
```

Autrement dit, vous tentez d'affecter une valeur à une variable en lecture seule. Ce ne peut être qu'une bourde.

Quel est l'intérêt de définir une variable figée ? Cela permet de centraliser une valeur littérale en la stockant dans un emplacement mémoire lié à un nom pour citer cette valeur, donc une variable. En pratique, on va par exemple utiliser des constantes pour des taux de TVA qui varient assez lentement. En citant le nom de la « variable », il suffit ensuite de modifier la valeur dans sa ligne de déclaration pour propager la nouvelle valeur partout où la « variable » est citée.

Il existe une autre technique pour aboutir quasiment au même résultat. Elle suppose d'écrire une directive en tout début du fichier source.

```
#define  COUREURS  10
```

Ce genre de définition doit être placé avant les déclarations des variables et des sous-programmes (notamment l'indispensable fonction `main()`).

Par convention, et pour bien les distinguer, les noms des éléments constants sont écrits en MAJUSCULES.

La différence avec la constante déclarée est que `#define` provoque comme dans un traitement de texte une recherche de toutes les occurrences du mot EPREUVES pour les remplacer par la valeur littérale 3, comme si vous aviez saisi la valeur 3 partout à la place du pseudo.

En pratique, les deux techniques sont quasi équivalentes.

Le booléen existe, oui ou non ?

Il nous reste un type de valeur particulier à découvrir. Dans quasiment tous les infolangages d'aujourd'hui, il existe un type dédié à la logique pure. Il ne permet que deux valeurs : soit 0, soit 1. Autrement dit, Oui et Non ou Vrai et Faux.

Pourtant, en langage C, père de la plupart des langages, ce type logique n'existe pas. Il n'existe pas de mot clé `boolean`. Pour savoir si quelque chose est vrai ou faux, oui ou non, on utilise en C un type entier. Si la valeur est égale à zéro, cela signifie Faux. Dès qu'elle est différente de zéro, cela signifie Vrai. Voici un exemple en pseudo-code :

```
si (VariableTest != 0) Action;
```

Cette instruction teste si la variable est différente de zéro. Si c'est le cas, l'action est réalisée.

Nous aurons besoin des valeurs logiques Oui/Non dans les instructions conditionnelles qui font l'objet du prochain chapitre.

Retour sur les rebouclages et débordements

Une bonne appréciation des limites des types donne confiance au programmeur, car cela lui évite toute une catégorie d'erreurs.

Revoyons pour clore ce chapitre comment se passent les choses lorsque nous allons volontairement plus loin que la valeur maximale ou minimale d'un type de donnée.

Les extraits d'affichage suivants montrent l'évolution des valeurs lorsque nous les augmentons de 1, en commençant juste avant le plafond, d'abord pou les entiers positifs (unsigned), puis pour les entiers relatifs (signés).

Tests de rebouclage sur entiers positifs (non signés)

```
// (debord_intpos.c)
Test de rebouclage des entiers sans signe
+1 dans unsigned char: 254
+1 dans unsigned char: 255
+1 dans unsigned char: 0
+1 dans unsigned char: 1
+1 dans unsigned char: 2

+1 dans unsigned short : 65534
+1 dans unsigned short : 65535
+1 dans unsigned short : 0
+1 dans unsigned short : 1
+1 dans unsigned short : 2

+1 dans unsigned int: 4294967294
+1 dans unsigned int: 4294967295
+1 dans unsigned int: 0
+1 dans unsigned int: 1
+1 dans unsigned int: 2

+1 dans unsigned long : 4294967294
+1 dans unsigned long : 4294967295
+1 dans unsigned long : 0
+1 dans unsigned long : 1
+1 dans unsigned long : 2

+1 dans unsigned long long : 18446744073709551614
+1 dans unsigned long long : 18446744073709551615
+1 dans unsigned long long : 0
+1 dans unsigned long long : 1
+1 dans unsigned long long : 2

Addition rebouclante de deux uchar : 200 + 64 = 8
```

Vous constatez qu'au-delà du maximum on retombe à zéro. La dernière ligne donne un exemple d'addition défectueuse.

Voici le même test mais avec des entiers signés :

Tests de rebouclage sur entiers relatifs (signés)

```
Test de rebouclage des entiers avec signe
+1 dans (signed) char: 126
+1 dans (signed) char: 127
+1 dans (signed) char: -128
+1 dans (signed) char: -127
+1 dans (signed) char: -126

+1 dans (signed) short : 32766
+1 dans (signed) short : 32767
+1 dans (signed) short : -32768
+1 dans (signed) short : -32767
+1 dans (signed) short : -32766

+1 dans (signed) int : 2147483646
+1 dans (signed) int : 2147483647
+1 dans (signed) int : -2147483648
+1 dans (signed) int : -2147483647
+1 dans (signed) int : -2147483646

+1 dans (signed) long : 2147483646
+1 dans (signed) long : 2147483647
+1 dans (signed) long : -2147483648
+1 dans (signed) long : -2147483647
+1 dans (signed) long : -2147483646

+1 dans (signed) long long : 9223372036854775806
+1 dans (signed) long long : 9223372036854775807
+1 dans (signed) long long : -9223372036854775808
+1 dans (signed) long long : -9223372036854775807
+1 dans (signed) long long : -9223372036854775806

Addition rebouclante de deux schar : 100 + 30 = -126
```

Vous constatez que la valeur augmente, puis atteint le maximum pour redescendre ensuite parmi les nombres négatifs.

Vous utiliserez de préférence les variantes signées des types entiers. Normalement, sauf mention contraire les types entiers sont toujours signés. Vous pouvez vérifier avec un petit test tel que le précédent (voir les exemples *debord_intpos.c* et *debord_intsig.c*).

Enfin, si vous prévoyez d'utiliser une variable en dividende d'une division, vous adopterez un type rationnel à point décimal `float` ou `double`.

Récapitulatif

Voici les points qui devraient vous être devenus moins mystérieux :

- Les valeurs numériques littérales VNL.
- Les types de données et leurs correspondances avec les capacité de stockage des ordinateurs en octets.
- Les déclarations de variables pour symboliser les cellules de stockage des valeurs en mémoire.
- Une première instruction, celle d'affectation, pour réaliser un travail de copie d'une valeur numérique vers un emplacement identifié en mémoire. Elle utilise l'opérateur =.
- Une première catégorie d'expressions, les expressions arithmétiques qui se fondent sur cinq opérateurs (`+ - * / %`) pour générer des valeurs à partir d'autres valeurs, littérales ou symbolisées par des noms de variables. Le processus de génération se nomme l'évaluation de l'expression.
- Les tournures de confort pour alléger la saisie du code (++, +=, etc.).
- Les problèmes de débordement et de rebouclage de valeurs lorsque l'espace récepteur est trop petit ou de nature différente.

Fonctionnement linéaire

Pour l'instant, toutes les lignes de code source que vous pouvez écrire sont considérées par l'analyseur comme une suite linéaire de lignes. Il les analyse de façon rigide de la première à la dernière. C'est un fonctionnement linéaire.

Dans le prochain chapitre, nous allons briser le ronronnement linéaire du programme en créant des situations conditionnelles pour le rendre capable de faire varier son fonctionnement en réagissant à un changement de ses conditions de travail.

Chapitre 8

Tests, fourches et redites

Dans ce chapitre

- J'exécute si je veux : `if` et `switch`
- Et je me répète : `while` et `for`

Au départ, comme dans les automates tels que les métiers Jacquard et les limonaires, une fois que le « programme » est lancé, il se poursuit étape après étape jusqu'à la dernière et s'arrête, content de lui.

Ce mode de fonctionnement linéaire est sans surprise. Rien ne peut le faire dévier de son unique objectif : arriver à exécuter la dernière instruction et retourner dormir.

Certaines personnes sont plutôt fonceuses ; elles enchaînent les actions en perdant le minimum de temps à réfléchir. D'autres agissent puis marquent une pause pour évaluer la situation et décider entre deux suites possibles. C'est ce qui permet de s'adapter à un environnement changeant.

Cette capacité d'interrompre l'action a pu être intégrée dans le silicium. C'est un concept majeur des ordinateurs actuels. Les actions normales de la machine qui consistent à déplacer et à modifier des valeurs peuvent laisser place à un moment exceptionnel où la machine semble dire : « Voyons, mon créateur m'a dit d'arrêter de compter une fois arrivé à 10. J'en suis à combien ? »

Ce concept capital est le test. Il consiste à vérifier une condition et à décider entre deux suites possibles selon que cette condition soit vraie ou pas :

```
"Si je gagne au loto, je me rachète un vélo."
(Sous-entendu "Sinon, je continue avec l'ancien.")
```

```
"Si la jauge d'essence s'allume, je passe à la station."
(Sous-entendu "Sinon, je ne m'y arrête pas.")
```

On bascule du mode verbal impératif (Additionne !, Copie d'ici à là !) au mode conditionnel (Si la valeur dépasse 9, alors la ramener à 1).

En quelque sorte, le programme s'arrête d'agir pour réfléchir. Ce n'est plus directement vous qui décidez de la prochaine étape, mais lui, selon la valeur que possède à ce moment-là une variable ou une expression.

Logigrammes (organigrammes)

Dès que l'exécution n'est plus un long fleuve tranquille, l'analyse et la décomposition du problème en étapes de traitement profitent d'une représentation sous forme d'organigramme de programmation appelé logigramme (*flowchart*).

Un logigramme sert à visualiser le flux d'exécution du programme. En voici un exemple :

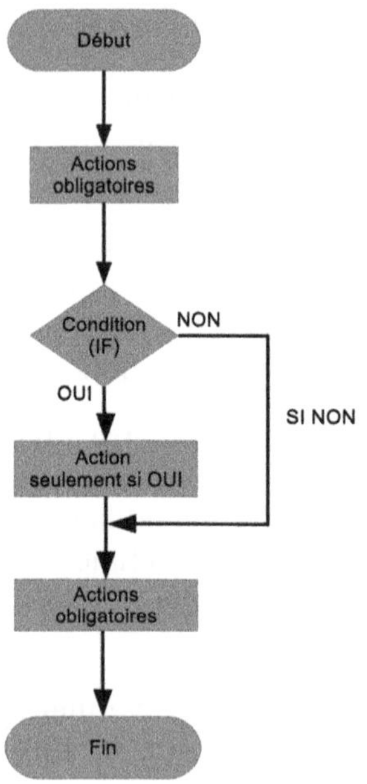

Figure 8.1 : Logigramme avec une condition.

Le losange correspond au test. Vous remarquez que lorsque la condition est satisfaite, une action supplémentaire est effectuée alors que dans le cas contraire, le flux la contourne. Autrement dit, la branche du NON va à droite. Cette convention peut sembler illogique (ce qui est un comble).

En effet, le bon sens nous dicte que c'est SI une condition spéciale est rencontrée, on fait un détour par une action spéciale puis on reprend le flux vertical principal.

Ici, c'est l'inverse. Mais il y a une vraie raison : dans la branche du NON, on peut prévoir un autre test (un test imbriqué ou un SINON). Il faut donc qu'il y ait de la place pour le dessiner.

Si j'avais un marteau : exécution conditionnelle

L'instruction conditionnelle existe dans quasiment tous les infolangages. Elle porte presque toujours le même nom d'arbre : `if` (*Taxus baccata*, un arbre devenu rare). En réalité, `if` signifie si en anglais.

Etymologie : L'anglais « `if` » vient du vieux norrois scandinave « doute, hésitation ». À rapprocher de dubitatif qui laisse retrouver le latin `duohabe`, « avoir à choisir entre deux voies ».

Comment ? Mon ordinateur va douter ? Non, rassurez-vous, les ordinateurs actuels sont encore loin de pouvoir douter comme un humain. Ils vont d'abord devenir des animaux cybernétiques pour nous aider au quotidien (et qui seront leurs dresseurs ?). Il y a une différence entre douter et choisir.

Une phrase française au conditionnel s'écrit comme ceci :

```
SI       condition        ALORS action_spéciale.
SI le métro est fermé, ALORS j'y vais à pieds.
```

Comment tester en C

Le langage C n'a pas prévu de mot ALORS (mais d'autres langages obligent à ajouter `then` entre la condition et l'action).

Votre programme C va donc pouvoir contenir ce genre d'instruction :

```
if   (expression_condition)   action;
```

- `if` est le mot magique, le mot réservé. Apprenez-le par cœur.
- `expression_condition` est une expression acceptable pour le langage C. Nous en avons déjà vu quelques-unes dans le chapitre précédent. L'essentiel est le résultat de l'évaluation de cette expression.
- L'expression est considérée comme vraie si son résultat est vrai. En théorie binaire, est faux ce qui vaut zéro, mais n'est vrai que ce qui vaut un. En langage C, la règle est moins stricte : est vrai tout ce qui n'est pas égal à zéro.
- L'action est une instruction unique ou un {bloc d'instructions}. Pour regrouper des instructions dans un bloc, il suffit de le marquer par une accolade ouvrante au début et une accolade fermante à la fin.

Alors, c'est vrai ou c'est faux ?

Passons en mode ralenti :

- La condition du test doit être une expression.
- Une expression est quelque chose qui peut être évalué.
- Le résultat de l'évaluation est numérique et prend la place de l'expression.

Alors tentons ceci :

Listing 8.1 : Inspiré de l'exemple if_expression.c

```
    if (5+2) ActionConditionnelle;
```

Notre expression est une addition dont le résultat est 7. C'est donc différent de zéro. L'action associée sera exécutée.

Et si l'on ne veut pas qu'elle le soit ? Nous utilisons un opérateur spécial et très utile qui est incarné par un point d'exclamation.

L'opérateur inverseur !

L'inverseur `!` s'applique au seul élément auquel il sert de préfixe.

Quel est le résultat si l'on applique cet opérateur à l'expression prise dans son ensemble ? Il faut dans ce cas rajouter une paire de parenthèses pour délimiter la nouvelle « non-expression ». Les espaces améliorent la lisibilité :

```
    if ( !(5+2) )  ActionConditionnelle;
```

Avec l'inverseur logique, tout ce qui est différent de zéro devient nul une fois inversé. Voici le résultat :

```
// Valeur de !(5 + 2) = 0
// Expression !(5 + 2) FAUSSE.
```

Si nous forçons à zéro un seul opérande (la valeur 5) :

```
    if ( (!5+2) )  ActionConditionnelle;
```

L'expression reste vraie, car 2 est différent de 0 :

```
// Valeur de (!5 + 2) = 2
// Expression !5 + 2 VRAIE.
```

Est-ce que l'expression suivante est vraie ou fausse, compte tenu du fait que la variable x vaut -2 au départ ?

```
((!x-2) - (x-!2))
```

Voici l'extrait de code source :

```
    char x = -2;
    // ActionAffichage de la valeur de ((!x-2) - (x-!2))
    if ((!x-2) - (x-!2))   ActionSiVrai;
    else       ActionSiFaux;
```

Et voici le résultat :

```
// Valeur de ((!x-2) - (x-!2)) = 0
// Expression ((!x-2) - (x-!2)) FAUSSE.
```

Il suffit de décomposer :

- `(!x-2)` devient 0-2 donc -2 ;
- `(x-!2)` devient -2-0 donc -2 ;
- Enfin, -2 -(-2) donne -2+2 donc 0.

Avec des valeurs littérales, ces exemples pourraient sembler sans grand intérêt. En réalité, lorsque vous utiliserez non pas des VNL ou des variables simples, mais des appels de fonctions (chapitre suivant), ces évaluation en cascade devront être bien maîtrisées.

(Ces tests se trouvent dans l'exemple *if_expression.c*.)

else pour tout contrôler

Lorsque la condition n'est pas satisfaite, le bloc conditionnel est purement et simplement ignoré et le flux reprend après l'accolade fermante.

Vous êtes devant votre tiroir à chaussettes. Des noires pour le travail et des blanches pour les loisirs. Vous en prenez une. On peut supposer que vous en vouliez deux de la même couleur. Schématisons la logique :

```
Ouvrir_tiroir;
ChercherChaussette;
Si (ChaussetteNoire) ChercherChaussetteNoire2;
Chercher_ChaussetteBlanche2;
JugerDuRésultat;
```

Qu'est-ce qui ne va pas ?

- Si la première chaussette est blanche, nous n'irons jamais chercher la seconde chaussette noire, puisque nous n'avons pas la première. Tout va bien.
- Si la première chaussette est noire, le test réussit et nous allons chercher la seconde, puis nous reprenons le cours des choses... et cherchons inutilement la seconde chaussette blanche sans même avoir la première.

La solution consiste à prévoir deux blocs conditionnels, un pour le cas Oui et un autre pour le cas Non. Seul un des deux sera exécuté. L'ouverture de cette seconde branche conditionnelle se fonde sur le mot clé `else` suivi d'une instruction unique ou d'un bloc.

```
if    (expression_condition) {
  ActionSiVrai; }
else  { ActionSiFaux; }
```

Vous remarquez que dans la nouvelle extension du `else`, nous ne répétons pas la condition. Voici un exemple concret :

Listing 8.2 : Extrait de l'exemple if_chaussettes.c

```
char chNoire;

// Indiquer ici 0 ou 1
chNoire = 0;

if (chNoire)
```

```
  // J'ai une chaussette noire. J'en prends une autre.
else
  // La premiere était blanche. Je prends une autre blanche.
```

Pour tester les deux cas possibles, il suffit de donner à la variable `chNoire` la valeur initiale 1.

Rappelons que nous ne montrons pas encore les véritables actions d'affichage parce que nous n'avons pas encore découvert les fonctions, et celle d'affichage, `printf()`, est assez complexe.

Pour l'instant, nous avons testé une valeur unique qui pouvait être soit nulle, soit non nulle. Pour écrire des tests plus intéressants, nous disposons d'une famille d'opérateurs pour comparer deux valeurs (ou plus).

Les opérateurs relationnels (opérels)

Les opérateurs relationnels se distinguent des opérateurs d'action déjà découverts (additionner, soustraire, etc.) par deux aspects très importants :

- Ils servent à établir une **relation** entre deux termes qui sont appelés membre gauche et membre droit, l'opérateur relationnel se plaçant entre les deux (nous dirons pour abréger « opérel » dans la suite).
- Ils n'ont aucun effet sur les données ; ils servent à produire un résultat « à consommer sur place ».

Voici le prototype d'une expression relationnelle :

```
( membre_gauche  OPEREL  membre_droit )
```

Les deux membres doivent se résoudre en une valeur numérique. Ce sont donc soit des valeurs littérales (VNL), soit des expressions. Autrement dit, en général, il y a trois expressions dans ce genre de construction :

- les deux expressions à confronter ;
- la sur-expression qui résulte de la mise en relation des deux expressions.

Cet emboîtage peut être répété. L'évaluation de la sur-expression produit bien sûr un résultat numérique. En C, ce qui nous intéresse, c'est de savoir si ce résultat est égal à zéro ou pas.

Voici les opérels (opérateurs relationnels) du langage C :

Tableau 8.1 : Opérateurs relationnels du langage C (opérels).

Opérel	*Nom*	*Condition vérifiée si ?*
==	égale	les deux membres ont exactement la même valeur
!=	différent de	les deux membres n'ont pas la même valeur
>	supérieur à	la valeur du membre gauche est strictement supérieure à celle du membre droit
<	inférieur à	inverse du précédent
>=	supérieur ou égal à	la valeur du membre gauche est supérieure ou bien égale à celle du membre droit
<=	inférieur ou égal à	inverse du précédent

On aurait pu économiser deux opérateurs d'inégalité en inversant les opérandes. En effet, l'expression (x > y) est absolument équivalente à (y < x). De même, (x >= y) équivaut à (y <= x).

Rédigeons une expression conditionnelle en langage C :

Listing 8.3 : Inspiré de l'exemple if_exprela.c

```
int varA = 1;
int varB = 2;
int temoin = 12;
if (varA < varB)
  ACTION EVENTUELLE;

temoin = (varA < varB);
SUITE DES ACTIONS;
```

Dans cet exemple, nous créons deux variables et leur donnons une valeur initiale différente. Nous créons aussi une variable de contrôle `temoin` (sans accent !) sur laquelle nous reviendrons.

Remarquez à nouveau les parenthèses autour de l'expression relationnelle. Non seulement, c'est obligatoire, mais plus lisible. Voyons d'abord le résultat de l'exécution de ce bloc :

```
...
Expression (varA < varB) reconnue vraie !
temoin vaut 1
...
```

Le test a réussi ! (Un rien m'émeut.) Effectivement, monsieur le processeur, le nombre 1 est plus petit, et même strictement plus petit que son collègue le nombre 2.

Mais que signifie la seconde ligne avec la variable `temoin` ? En ligne 3, nous avons bien créé la variable en lui donnant la valeur 12. En ligne 7, nous lui donnons une nouvelle valeur qui est celle qui résulte de l'évaluation de la condition constituée autour de l'opérateur relationnel <. Tout simplement. C'est bien la preuve que l'expression est évaluée et « remplacée » par le résultat numérique (0 ou 1).

Problème : lorsque la condition est vérifiée, nous ne pouvons faire qu'une seule action. Comment faire un tir groupé ?

{ Je forme un bloc }

Nous l'avons rapidement évoqué plus haut : le concept de bloc sert à regrouper plusieurs actions grâce à un couple de délimiteurs réservés à cet usage. En langage C, ce sont des accolades.

Vous pouvez en mettre où vous voulez. Si nous reprenons l'extrait de code source précédent, nous pourrions écrire :

```
{
  int varA = 1;
  int varB = 2;
  int temoin = 12;
}

if (varA < varB) { ACTION EVENTUELLE 1; }
```

Nous avons ajouté deux paires d'accolades. La première paire n'a aucun effet sur le programme, sauf un effet visuel. Celui qui lit le programme comprend que les trois déclarations de variables forment un tout. Vous ne ferez jamais ce genre de regroupement puisqu'il ne sert à rien, mais ici, cela permet de voir que cela forme un bloc, avec les trois lignes de contenu légèrement décalées vers la droite (indentées).

La seconde paire d'accolades est moins visible mais bien plus intéressante puisqu'elle permet d'implanter un groupe d'instructions autonome à la place d'une instruction unique. Dans ce cas, des conventions de présentation sont à adopter pour maintenir une bonne lisibilité :

```
  if (varA < varB) {
    ACTION EVENTUELLE 1;
    ACTION EVENTUELLE 2;
    ACTION EVENTUELLE 3;
    ACTION EVENTUELLE 4;
    ACTION EVENTUELLE 5;
  }
```

Certains indentent de quatre espaces par niveau. Ici, nous nous limitons à deux. Notez bien la position des deux accolades. L'ouvrante est sur la ligne du test.

L'accolade fermante est à part sur sa ligne en alignement avec le mot clé `if`. On voit immédiatement l'étendue du bloc.

Les accolades sortent toujours par deux.

Une bourde fréquente

Il ne doit y avoir aucun point-virgule isolé à la fin de la ligne du mot clé !

Lorsque le test suivant réussit, il ne se passe rien de plus. ActionSiOK est exécutée dans tous les cas, puisque l'instruction se trouve après la fin du bloc conditionnel marqué par le signe point-virgule :

```
if (reponse == OK)    ;   ActionSiOK;
ActionNormaleSuivante;
```

Cette catastrophe de logique difficile à corriger découle de la simple présence inutile du signe point-virgule juste après l'expression. Le C accepte ceci comme instruction :

```
;
```

Elle est vide, mais elle possède son signe de ponctuation, donc l'analyseur est content.

Voyons comment combiner plusieurs conditions.

Expressions complexes

Nous sommes dans un parc d'attraction. Supposons un panneau à l'entrée d'un grand huit qui dirait ceci :

> *Tu as 12 ans ou plus.*
>
> *Tu mesures au moins 1,20 m.*
>
> *Si tu réponds à ces deux conditions,*
> *tu peux monter dans le grand Hooplaboom.*
>
> *Sinon, mange de la soupe et reviens plus tard !*

La première solution pour automatiser ce filtrage d'entrée consiste à imbriquer un second bloc conditionnel dans le premier.

Si Si l'impératif : conditions imbriquées

Si la condition est satisfaite, rien ne vous interdit d'implanter un autre bloc conditionnel, « enchâssé » dans le premier pour imposer une seconde condition. Notez bien la position et le nombre d'accolades de bloc :

Listing 8.4 : Extrait de l'exemple if_ifhoopla.c

```
int age;
float taille;
int ageYves      = 10;
int ageAnnie     = 14;
float tailleYves  = 1.30;
float tailleAnnie = 1.35;

// Yves veut entrer
age    = ageYves;
taille = tailleYves;

if  ( age > 11 ) {          // B1a
  if ( taille >= 1.20 ) {    // B2a
//  ActionValiderBillet;
  }                          // B2a
  else {                     // B2b
//  ActionInterdireCarTropPetit;
  }                          // B2b
}                           // B1a
else {                      // B1b
//  ActionInterdireCarTropJeune_Taille_inconnue;
}                           // B1b

// Annie veut entrer
age    = ageAnnie;
taille = tailleAnnie;

if  ( age > 11 ) {          // B1
  if ( taille >= 1.20 ) {    // B2a
//    ActionValiderBillet;
  }                          // B2a
  else {                     // B2b
//    ActionInterdire (trop petit);
  }                          // B2b
}                           // B1
```

Lorsque vous imbriquez des blocs conditionnels, il est essentiel de bien repérer les couples d'accolades.

Pour la seconde candidate, nous avons économisé le `else` de niveau 1 puisqu'il est inutile (l'autre aussi d'ailleurs). Dès qu'une condition est fausse, il n'y a pas validation du billet.

Pour envisager des conditions de test plus sophistiquées, nous disposons d'une autre espèce d'opérateurs qui permettent de relier deux à deux des expressions basées sur des opérels.

Les opérateurs logiques (opélogs)

Un opérateur logique permet de relier deux expressions de test pour construire une sur-expression.

Les opélogs && et ||

Pour tester deux conditions simultanément, il suffit de combiner les deux expressions avec un opérateur logique (opélog). Il n'y en a que deux ainsi que le négateur :

Tableau 8.2 : Opérateurs logiques du langage C (opélogs).

Opélog	*Nom*		*Résultat*
&&	ET logique	(condi1) && (condi2)	Vrai seulement si les deux conditions sont vraies.
||	OU logique	(condi1) || (condi2)	Faux seulement si les deux conditions sont fausses.
!	NON		Faus si Vrai et Vrai si Faux

Voyons comment reformuler le test d'accès au manège avec chacun des deux opélogs.

Listing 8.5 : Extrait de l'exemple if_hooplaboom.c

```
  int age = 13;
  float taille = 1.10;

// Ici, actions de lecture des valeurs
```

```
  if ( (age > 11) && (taille >= 1.20) )
    // Tu peux faire un tour !
  else
    // Une autre fois.

//  Idem mais avec le OU
  if ( (age < 12) || (taille < 1.20) )
    // Une autre fois.
  else
    // Tu peux faire un tour !
```

Le fichier exemple téléchargeable (*if_hooplaboom.c*) contient des appels à une fonction de lecture de données au clavier `scanf()` qui permet de tester tous les cas. Ici, il suffit d'imaginer deux valeurs pour l'âge et la taille.

Quatre cas sont possibles :

- trop jeune et trop petit ;
- trop jeune et assez grand ;
- assez âgé mais trop petit ;
- assez âgé ET assez grand (seule configuration qui nous intéresse).

Penchons-nous sur le premier test basé sur le ET logique, l'opélog **&&** :

```
  if ( (age > 11) && (taille >= 1.20) )
```

La condition d'accès est remplie si l'âge est strictement supérieur à `11` ET si la taille est au moins égale à `1.20`. Il suffit qu'une des deux sous-expressions soit fausse (égale à zéro) pour que l'action associée soit ignorée. C'est bien ainsi que nous raisonnons au quotidien.

La touche du ET commercial **&** est assez facile à trouver en haut à gauche. En revanche, le OU logique symbolisé par deux barres verticales **||** est un caractère que les non-programmeurs utilisent rarement. Voici où le trouver sur le clavier :

- Sur PC, c'est la touche du tiret - et du **6** mais en maintenant la touche **Alt Gr**.
- Sur Mac, c'est en combinant les trois touches **Maj Alt L**.

Voyons donc maintenant l'utilisation du OU logique :

```
  if ( (age < 12) || (taille < 1.20) )
```

L'expression globale est vraie dès qu'une des sous-expressions l'est. Il suffit donc d'inverser la logique par rapport au ET. Il suffit que l'âge OU que la taille ne convienne pas pour refuser l'entrée.

Si vous utilisez l'inverseur `!`, pensez aux parenthèses. En guise d'exercice, cherchez dans quel cas cette expression sera vraie, cela fait autant de bien aux neurones qu'un sudoku :

```
   if ( !(age > 11) || !(taille >= 1.20) )
```

Il suffit qu'une des deux sous-expressions soit vraie pour que le visiteur soit reconduit à la sortie.

La première est vraie si le visiteur n'a PAS plus de onze ans.

La seconde est vraie si sa taille n'est PAS supérieure ou égale à 1,20 m.

NOTE TECHNIQUE

Vous ne pouvez pas abréger l'exécution d'un bloc conditionnel sauf à installer un label au point de chute et à y sauter avec un `goto`, ce que la plupart des programmeurs abhorrent. Le chapitre suivant aborde ces sauts impératifs.

Ni oui, ni non ?

Lorsqu'il s'agit de tester plusieurs valeurs d'une même variable, vous pouvez accumuler les tests `if` simples jusqu'à trouver la bonne valeur :

Listing 8.6 : Extrait de l'exemple if_else_ventilo.c

```
   int commande = 0;
// Saisie de la vitesse entre 1 et 4

   if (commande == 1) printf("Vitesse 1 choisie\n");
   if (commande == 2) printf("Vitesse 2 choisie\n");
   if (commande == 3) printf("Vitesse 3 choisie\n");
   if (commande == 4) printf("Vitesse 4 choisie\n");
```

Mais cela devient assez malcommode, surtout s'il y a un bloc conditionnel avec accolades au lieu d'une instruction unique comme ici.

La solution existe : c'est l'instruction `switch`, un véritable poste d'aiguillage.

En guise de récréation avant de découvrir cet autre mot clé fondamental, allons voir comment les grains de sable se débrouillent pour exécuter un test conditionnel.

Dans la salle des machines

Nous partons d'un très court exemple complet. Nous laissons cette fois-ci les éléments encore inconnus, mais en italiques.

Ne vous intéressez qu'aux lignes en gras. Celle avec `printf()` est un appel à la fonction d'affichage de tout ce qui est placé entre les guillemets.

Listing 8.7 : Exemple if_jumpasm.c

```
// if_jumpasm.c
#include <stdio.h>

int main()
{
  int varA = 7;
  char monchar = 'd';    // Soit 0x64

  printf("##### EDITIONS FIRST ####\n");

  if (varA == 7) {
    monchar = 'A';      // Soit 0x41
  }
  else monchar = 66;    // Soit 0x42

  return 0;
}
```

Nous déclarons une variable pour l'expression de test et une autre dans laquelle nous stockons la valeur numérique de la lettre **d** minuscule (100 en décimal, soit 64 en hexadécimal).

Nous affichons un message (**##### EDITIONS FIRST ####**) suivi d'un saut de ligne (`\n`) et nous entrons dans le bloc de test. Le test réussit puisque nous avons écrit la valeur 7 dans **`varA`** en la déclarant. Donc, nous écrasons le contenu de `monchar` en y stockant la valeur 65 en décimal (41 en hexadécimal). La dernière instruction fait quitter le programme.

Voici l'aspect général d'un outil d'étude du fonctionnement du programme (le débogueur *OllyDbg*).

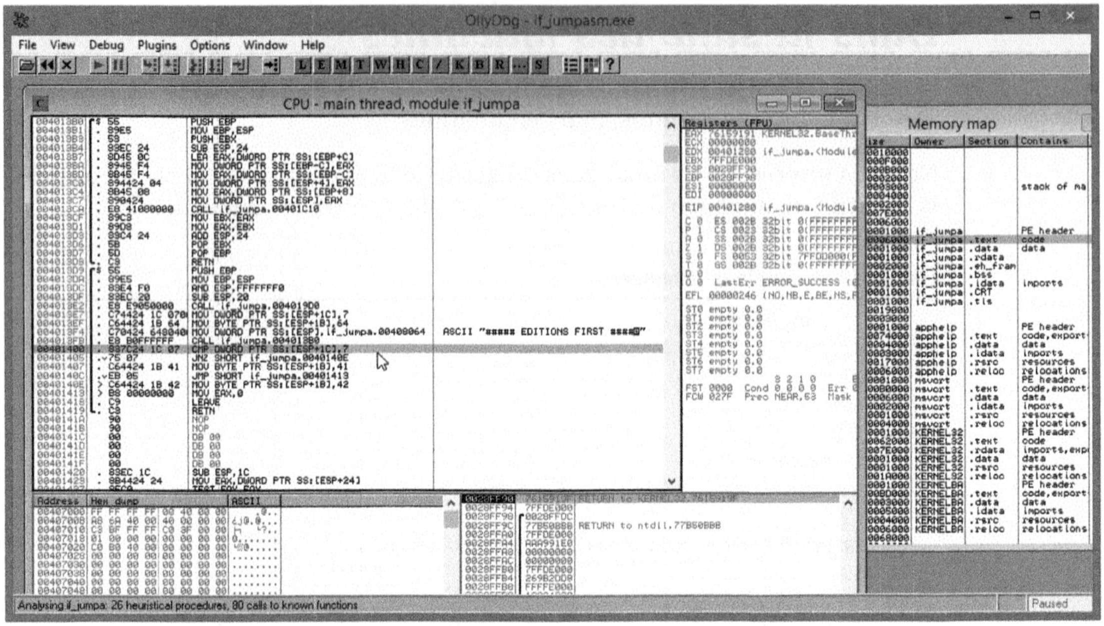

Figure 8.2 : Vue générale d'une session d'étude du code machine.

Voici l'affichage de la portion correspondante du programme en cours d'exécution dans le débogueur.

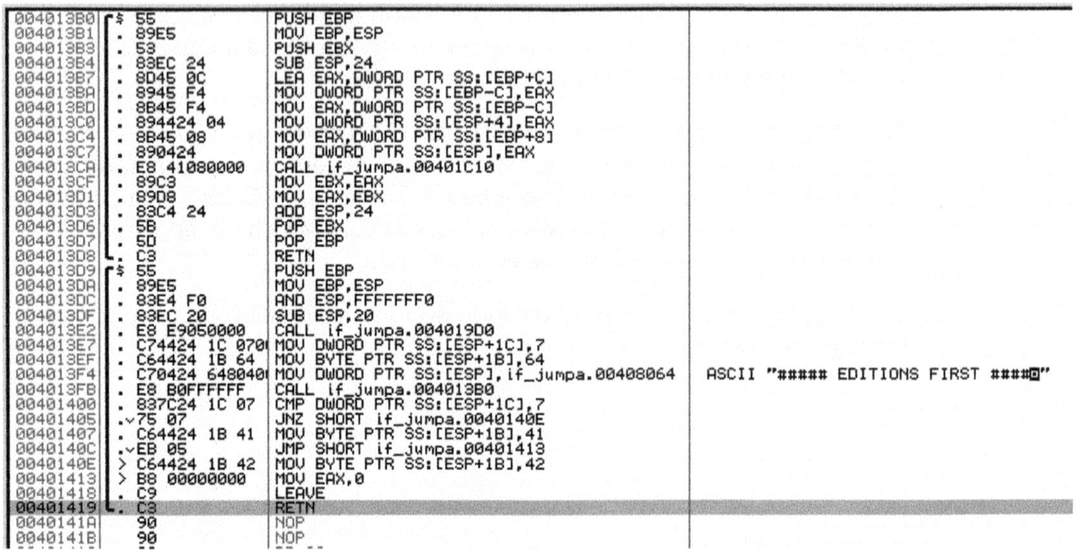

Figure 8.3 : Zoom sur le code machine du test if.

La colonne de gauche indique les adresses mémoire. Prenez comme repère la ligne avec le texte du message (nous l'avons inséré pour aider à nous y retrouver).

Remontez de deux lignes et lisez une ligne après l'autre dans la troisième colonne :

- À l'adresse 004013E7, nous trouvons une action de copie MOV DWORD... (déplacer quatre octets) dans la variable **varA** (le nom a disparu) de la valeur 7 (le chiffre 7 termine l'instruction). C'est cohérent puisque nous avons déclaré la variable de type `int`, donc ici sur quatre octets.
- La ligne suivante fait de même en stockant dans l'autre variable moins spacieuse (MOV BYTE...) la valeur numérique de la lettre d minuscule (64 en hexadécimal). Nous avions choisi une taille `char`, sur un octet (BYTE).
- Nous retombons ensuite sur la copie du message. C'est un MOV DWORD parce que nous stockons l'adresse mémoire du premier caractère du message et les adresses dans cet exemple occupent quatre octets (32 bits). Nous verrons les pointeurs dans un autre chapitre.
- L'instruction suivante en 004013FB appelle (CALL) un sous-programme qui par chance est visible dans le haut de la figure, jusqu'en 004013D8. Le RETN fait retourner à la ligne qui suit l'appel, donc en 00401400. C'est la partie qui nous intéresse.

```
CMP DWORD (à ignorer....),7
```

- Nous comparons (CMP) le contenu d'une adresse mémoire avec la valeur littérale 7. C'est bien la traduction de notre instruction de test **`if (varA == 7)`**. Cette comparaison modifie des indicateurs internes du processeur (les *flags*). L'instruction suivante est la plus importante de toutes. Elle exploite le résultat de la comparaison en sautant (Jump if Not Zero) ou pas vers une adresse peu éloignée (`short`) où se trouve la prochaine instruction.

```
JNZ SHORT if_jumpa.0040140E
```

- Si la comparaison n'a pas armé l'indicateur de zéro (si l'évaluation de l'expression n'a pas été fausse), nous sautons à l'adresse indiquée pour effectuer l'action suivante :

```
MOV BYTE PTR (à ignorer....),42
```

C'est bien notre seconde instruction d'affectation (**`monchar = 66;`**) puisque la valeur 42 en hexadécimal correspond à 66 en décimal ! Les instructions suivantes provoquent la fin du programme (RETN).

Mais si l'expression est fausse (la variable n'est pas égale à 7), le saut n'est pas fait et on poursuit avec l'instruction qui suit le JNZ. C'est une autre instruction d'affectation.

```
MOV BYTE PTR (à ignorer....),41
```

C'est notre première instruction d'affectation (**monchar = 'A';**) puisque la valeur 41 en hexadécimal correspond à 65 en décimal qui désigne le A majuscule.

Pour éviter d'exécuter les instructions de l'autre branche conditionnelle, il ne reste plus qu'à sauter sans condition (JMP) au-dessus pour rejoindre les instructions de fin de programme en 00401413 :

```
JMP SHORT if_jumpa.00401413
```

Et c'est tout.

Vous venez de décortiquer le fonctionnement d'un programme au niveau élémentaire des impulsions électriques dans la matière ! Dans un livre d'initiation, c'est remarquable. Quelques essais rapides montrent que tout cet ensemble d'instructions peut être exécuté environ deux cent millions de fois en une seconde.

Le poste de branchement : switch

L'instruction conditionnelle **switch** est pratique mais son domaine d'emploi est plus limité. Elle n'est pas aussi fondamentale que le `if` universel.

Le mot **switch** signifie commutateur. Son origine est la notion de bâton pour modifier un mécanisme.

Dès que vous devez scruter une variable pour la confronter tour à tour à plusieurs valeurs obligatoirement connues à l'avance et de type entier (deux contraintes), vous pouvez adopter `switch` à la place d'un enchevêtrement de `if.. else if else` peu digeste.

Citons quelques domaines d'applications de `switch` :

- le choix d'une option dans un menu ;
- la sélection d'un plat dans un restaurant ;
- la sélection d'un mode de fonctionnement d'un appareil.

Les cas attendus doivent tous être connus à l'avance, car toutes les valeurs non considérées finissent dans un récipient commun marqué par le mot clé `default`.

Voici ce que l'on appelle la syntaxe formelle de `switch` :

```
switch  (expression_condition) {
  case VNL1 :  Action;
               break;
  case VNL2 :
  case VNL3 :  Action;
               break;
  default   :  Action;
}
```

Observez bien les articulations :

```
switch  ( )  {
  case  : ;
  case  : ;
  case  : ;
  case  : ;
}
```

Il n'y a pas de point-virgule après l'accolade fermante. L'instruction possède un corps délimité par son jeu d'accolades. Dans ce corps, il y a des cas, mais la charge utile (la série d'actions) de chaque cas n'est pas délimitée par des accolades. C'est inutile et risque de vous induire dans l'erreur. Pourquoi ?

La lecture d'une structure `switch` est linéaire, de la première à la dernière ligne. Lorsqu'un cas est détecté, tous les tests de cas suivants (dans l'ordre de lecture) sont comme ignorés mais toutes leurs instructions, jusqu'à l'accolade fermante du `switch`, sont exécutées, même celles des cas qui ne sont pas satisfaits !

Il n'y a qu'une exception : la branche du cas poubelle marquée par le mot clé **`default`**. Elle n'est exécutée que si aucun cas ne l'est.

C'est vicieux, mais parfois très pratique. Pour éviter cet enchaînement par gravité, la solution est de le rompre avec le mot clé **`break`**.

Du fait que vous aurez bien moins souvent besoin d'enchaîner plusieurs cas que de les distinguer, voici une règle d'or :

Terminez chaque case par une instruction de sortie break;.

Passons à un exemple. Vous vous souvenez du projet de commande de ventilateur quelques pages plus haut ? Nous allons le reformuler avec un `switch`.

Listing 8.8 : Extrait de l'exemple switch_ventilo.c

```
int commande = 0; // Changer cette valeur pour tester

switch (commande)
{
  case 1  : // ActionVitesse1;
            break;
  case 2  : // ActionVitesse2;
            break;
  case 3  : // ActionVitesse3;
            break;
  case 4  : // ActionVitesse4;
            break;
  case 0  : // ActionStop;
  default : // ActionCommandeInconnue;
}
```

Il y a un default

Sans branche **`default`**, si aucun cas ne convient, la totalité du bloc de `switch` est ignorée, comme s'il n'existait pas. La prochaine action est ce qui se trouve juste après l'accolade fermante du bloc. Mais il est souvent utile d'intercepter cet imprévu. Justement, tout est prévu en C grâce au mot clé `default`.

Conservons l'exemple de la commande d'un ventilateur. Si l'utilisateur indique une vitesse non prévue, par exemple 5 (peut-être a-t-il vraiment très chaud), rien ne se passe. La branche **`default`** permet par exemple de l'informer qu'il a choisi une vitesse inexistante.

Dans l'exemple, il y a une instruction **`break`** pour clore chaque cas, sauf celui de la valeur zéro. Elle est inutile pour le dernier cas avant **`default`**, car `default` n'est visité que si aucun autre ne l'est. Il est donc ignoré dans les cinq cas.

Ce que switch sait lire

Pour l'expression à tester, vous pouvez formuler une expression aussi complexe que désiré, mais le résultat final de l'évaluation doit être entier. Vous pouvez donc indiquer un nom de variable (sinon tout cela ne servirait à rien), mais l'évaluation de cette expression doit aboutir à une valeur entière, puisque ce sont des valeurs entières qui vont lui être confrontées tour à tour.

Si vous tentez :

```
float nivocuve = 12.30;
switch (nivocuve) {
...
```

vous recevez un courrier de rappel :

```
error : switch quantity not an integer
pardon, mais la valeur à comparer par switch n'est pas entière
```

Votre case m'intéresse

Chaque cas de test doit être une valeur constante, connue au moment de l'analyse pendant la compilation. Si vous tentez d'indiquer un nom de variable, vous obtenez ce message de compilation :

```
error : case label does not reduce to an integer constant
erreur : la valeur de case n'est pas un entier invariable
```

#define pour un monde plus agréable

Pour rendre plus digestes et plus parlants les différents cas, vous pouvez profiter de la technique de définition de valeurs littérales par pseudos. Ce sont ces directives qu'il faut ajouter tout au début du texte source :

```
#define MAGRETCANARD  1
#define POULOPOT      2
#define STEAKPOIVRE   3
```

Notez qu'il n'y a PAS de point-virgule à la fin d'une définition de constante.

Une fois ces pseudo définis, nous pouvons, plus bas dans le texte, écrire un bloc **switch** ainsi :

```
switch (commande)
{
  case MAGRETCANARD  : // Servir1;
                          break;
  case POULOPOT      : // Servir2;
                          break;
  case STEAKPOIVRE   : // Servir3;
                          break;
  default : // ActionSiPasDansMenu;
```

Si vous omettez les instructions **`break;`**, il se produit ceci :

- tous les clients qui ont commandé un magret mangent trois plats ;
- tous ceux qui ont commandé une poule au pot mangent aussi un steak au poivre.

Une transition sans condition

Après cette visite des deux structures conditionnelles **`if`** et **`switch`**, voyons l'autre technique fondamentale qui permet de rompre le flux normal de l'exécution de la première à la dernière ligne : les répétitions ou boucles.

Répétition d'instructions : séquence itérative

On le dit assez : un ordinateur, cela répète bêtement sans jamais se lasser. Pas d'accord !

1. Tout d'abord, le processeur ne sait pas qu'il répète la même action (des outils logiciels permettent de mesurer le temps passé dans les boucles, mais le processeur n'a qu'une idée fixe : exécuter la prochaine instruction qu'on lui donne).
2. Répéter une action est une stratégie intelligente lorsque cette répétition amène pas à pas à un but, comme lorsque vous rentrez chez vous à pied :

```
TANT QUE (PasMaison)
{
  AvancerPiedDroit;
  AvancerPiedGauche;
}
EnfilerCharentaises;
```

En langage C, et dans de nombreux descendants du C, vous disposez de deux manières de créer une boucle de répétition :

- la boucle `while` qui répète tant que son expression conditionnelle est vraie ;
- la boucle `for` qui lui ressemble mais en regroupant deux opérations avec son expression conditionnelle.

Nous verrons aussi la variante de `while` qui s'écrit `do ... while`. Elle ne s'en distingue que du fait qu'elle agit avant de réfléchir.

Tant qu'il y aura de l'amour : while

La construction `while` est la reine des boucles. Tant que son expression de rebouclage entre parenthèses est vraie, elle reboucle, et reboucle, et reboucle.

Elle exécute dans ce cas soit une unique instruction (accolades facultatives dans ce cas), soit tout le bloc délimité par les accolades.

La syntaxe formelle de `while` est minimale :

```
while  (expression_condition) {
  ActionSiVrai; }
}
```

Ne conservons que les articulations :

```
while  ( )  {
  ;
}
```

Le non ; du while

Ici non plus, pas de point-virgule après l'accolade fermante ! Et comme pour les autres constructions, s'il n'y a qu'une instruction à répéter, on peut omettre le couple d'accolades.

Du fait que nous avons déjà beaucoup pratiqué les expressions conditionnelles, l'étude des boucles sera rapide.

Stop ou encore ?

Le point essentiel des boucles est que l'expression associée doit être vraie. C'est une condition d'entrée et de maintien dans la boucle, c'est-à-dire de poursuite de la répétition. Mais d'abord, un peu de sport.

Au bord du précipice

Vous voulez ressentir le frisson de l'infini sans périr ? Voyez ceci :

```
while ( 1 ) {
  break;
}
```

Ouf ! Nous l'avons échappé belle. La condition sera vraie tant que un sera différent de zéro, ce qui nous laisse du temps. Mais c'est ce que l'on appelle une boucle infernale dont on ne sort qu'en arrachant la prise électrique.

Heureusement, le programmeur s'est juste fait peur, puisqu'il a prévu un moyen de s'éloigner du vide par un coup de `break` dès le premier tour.

La condition doit donc être vraie au moins la première fois, car sinon, on passe à la suite. Mais elle doit devenir fausse une fois entré dans la boucle, au bout d'un certain nombre de tours, même si ce nombre de tours est incertain.

La fin de la dernière phrase prouve que le français est tout de même plus nuancé que le C.

Un nombre de tours variable, mais n'est-ce pas le domaine d'excellence de notre petit animal nommé variable ?

Une fois entré dans la boucle, et mis à part la sortie à la hussarde par `break`, la seule sortie propre consiste à rendre fausse l'expression de boucle.

La condition de boucle doit basculer de vrai à faux dans la boucle.

Il n'y a que while qui vaille

Une fusée part parfois après l'heure, mais jamais avant. Elle doit attendre le signal du départ et tout le monde s'y prépare au moyen d'un compte-à-rebours.

Listing 8.9 : Extrait de l'exemple while_kontarbour.c

```
int kontarbour = 400;

while (kontarbour != 0)
{
  // AfficherLeDécompte;
  kontarbour--;
}
// Lancement;
```

Nous avons bien une action qui permet d'arriver à la mise à feu, puisque nous utilisons la tournure de décrémentation :

```
kontarbour--;
```

qui diminue de un la valeur de la variable à chaque passage.

Pour un cas d'application plus fouillé, repartons de l'exemple des plats au restaurant que nous avions géré avec un `switch`. Insérons toute la structure de choix de plat dans une boucle `while` qui teste une variable pour savoir si le service est fini ou pas. Au début du programme, nous forçons la variable à 0, puisqu'en début de service la condition de fin de service est fausse.

Nous testons comme condition de boucle le fait que ce n'est PAS la fin de service. Dans l'exemple, nous redemandons à chaque fin de tour si c'est l'heure de fermer. Dans la pratique, le changement de valeur pourra être réalisé par une fonction externe qui renvoie la valeur (nous verrons les fonctions au prochain chapitre).

Listing 8.10 : Extrait de l'exemple while_switch_magret.c

```
int commande = 0;
int finService = 0;

while (!finService) {
  switch (commande)   {
    case MAGRETCANARD  : // Servir1;
                         break;
    case POULOPOT      : // Servir2;
                         break;
    case STEAKPOIVRE   : // Servir3;
                         break;
    default : // ActionSiPasDansMenu;
  }  // Fin du bloc switch
  // Saisie 1 pour Magret, 2 pour Poule, 3 pour Steak
  // DemanderSiFermeture 1 si Oui, 0 si Non
}    // Fin du bloc while
```

La condition de boucle inverse la valeur logique de la variable : si pas fin de service, servir la dernière commande.

Dans le premier tour, nous cherchons quoi servir alors que nous ne sommes encore jamais allé prendre la commande. La variable étant initialisée à zéro, nous tombons sur default puis prenons la commande. Pour les plats (tours) suivants, on prend la commande puis on vérifie que ce n'est pas la dernière.

La logique réelle n'est pas parfaitement modélisée, car si on vérifie que le service n'est pas fini avant de prendre la prochaine commande, on va la prendre sans pouvoir la servir, puisqu'au prochain retour en tête de boucle, l'expression sera fausse.

La solution consiste à ajouter un test après la demande si fermeture pour sortir de la boucle par `break`, donc avant de prendre une commande de trop. Il reste encore un inconvénient : la question de la fermeture est inutilement posée avant la première prise de commande.

Ce genre de raisonnement vous donne une idée de la recherche d'un algorithme pour modéliser un processus métier, une activité importante de l'analyste/programmeur.

Voyons maintenant la petite soeur de `while` qui prend les choses à l'envers.

L'avoir fait au moins une fois : do...while

Certaines activités peuvent être décrites ainsi : « Parfois, il faut s'y reprendre plusieurs fois, mais en général, c'est bon du premier coup. »

La boucle `do...while` exécute son bloc conditionnel une première fois AVANT d'effectuer une première fois son test pour savoir s'il faut répéter.

Si l'expression est fausse et le reste dans le premier tour, il n'y aura eu qu'un tour, ce qui revient à écrire les instructions de façon purement linéaire en dehors de tout bloc conditionnel, et la boucle n'aura servi à rien. En voici une illustration :

Listing 8.11 : Extrait de l'exemple do_unefois.c

```
int toujoursFaux = 0;

do {
  // ActionFaiteAuMoinsUneFois;
}
while (toujoursFaux) ;
```

La condition a beau être toujours fausse, le bloc du `do` est exécuté une fois.

L'extrait suivant produit une boucle infinie dont nous sortons par `break`. Ajoutez le couple de `//` de commentaires en début de la ligne `break` si vous voulez rendre l'exécution éternelle (vous en sortez par **Ctrl C**) :

```
int toujoursVrai = 1;

do {
  // Action;
  break;
}
while (toujoursVrai) ;
```

Voyons la syntaxe formelle de la variante do..while :

```
do {
  ActionSiVrai; }
}
while (expression_condition) ;
```

Ne conservons que les articulations :

```
do {
  ;
}
while ( ) ;
```

Le ; du do

Cette syntaxe est piégeuse, puisqu'il faut ajouter un point-virgule tout à la fin, après l'expression conditionnelle du `while`. C'est une source d'erreur parce qu'il n'y a pas un tel signe dans le `while` normal, sauf lorsque vous ne lui attribuez qu'une instruction unique sans accolades, mais dans ce cas, le point-virgule est celui de l'instruction. La raison d'être de cette anomalie est peu claire.

Vous pouvez essayer de glisser une instruction avant ce signe bizarre. Elle sera refusée. Il faut donc s'en souvenir.

do..while se termine par un point-virgule.

Voyons un exemple du monde réel, celui d'un basketteur qui s'entraîne à réussir au moins un panier.

Listing 8.12 : Extrait de l'exemple do_basket.c

```
int panier  = 0;
char essais = 3;

do {
  panier = LancerBallon();    // Fonction qui renvoie 0 ou 1
  essais--;
  if (essais == 0)
     panier = 1;
}
while (!panier) ;  // Attention au ;

// AfficherBravo;
```

Nous démarrons à trois essais, et réduisons le nombre après chaque lancer de ballon, ce qui permet de sortir de la boucle.

`LancerBallon()` sera une fonction appelée à cet endroit et renvoyant soit 0 si raté, soit 1 si panier. Les fonctions sont au menu du prochain chapitre.

Voyons pour clore ce chapitre la turbo-boucle `for`.

Je sais for bien compter : for

La boucle `for` est dans la pratique spécialisée lorsqu'il s'agit d'appliquer un traitement un certain nombre de fois en se basant sur un compteur qui est incrémenté ou décrémenté.

Cette construction embarque tout ce dont elle a besoin dans son couple de parenthèses qui jouent le rôle de lot de paramétrage. Voici d'abord la syntaxe formelle de `for` :

```
for  (init; condition; action) {
  ActionSiVrai; }
}
```

Uniquement avec les articulations :

```
for (  ;  ;  )  {
  ;
}
```

Le bloc de paramétrage mérite de s'y arrêter.

```
( init; condition; action )
```

Les trois membres sont facultatifs, mais les deux points-virgule non. Notez un piège possible ici : contrairement à la logique, il n'y a pas de point-virgule après le troisième membre, action.

for n'a que deux points-virgules dans ses parenthèses.

Pour illustrer la capacité de `for` à embarquer tout le nécessaire pour faire son travail, étudions les quatre boucles `for` suivantes. Les explications sont situées après chaque extrait.

Listing 8.13 : Extrait de l'exemple for_test.c

```
  int  cpt = 0;

// Version 1 : tout est vide, boucle infinie !
  for ( ; ; ) {
    // Action;
    cpt++;
    if (cpt == 10) break; // Pour sortir !
  }
```

Version 1. Nous déclarons d'abord notre variable de travail `cpt` (un compteur). Si nous laissons vides les paramètres de `for`, nous obtenons une boucle infinie. Nous devons donc ajouter un test pour en sortir.

```
// Version 2 : condition insérée, if inutile
  cpt = 0;
  for ( ; cpt < 10 ; ) {
    // Action;
    cpt++;
  }
```

Version 2. Si nous insérons la condition de rebouclage à sa place attendue (en deuxième), l'animal est dressé. Nous sortons au bout de dix tours. Nous pouvons enlever l'issue de secours. Cependant, nous devons encore ramener le compteur à 0 avant d'entrer dans la boucle (puisque le test précédent l'a laissé à 10).

```
// Version 3 : init et condition insérées
  for (cpt = 0; cpt < 10 ; ) {
    // Action;
    cpt++;
  }
```

Version 3. Nous injectons aussi l'instruction de préparation et n'avons plus besoin de préparer le compteur avant la boucle.

```
// Version 4 : init, condition et incrémentation
  for (cpt = 0; cpt < 10 ; cpt++ ) { // Action; }
```

Version 4. Et voici la version complète de la boucle `for`. Nous avons injecté en troisième membre une instruction pour faire varier le compteur afin de pouvoir sortir de la boucle. C'est ici que bien des programmeurs se trompent, et ce n'est pas sans raison.

Le non ; du for

Le troisième membre est une instruction (`cpt++` ici), mais exceptionnellement, il ne faut pas de point-virgule de fin d'instruction à cet endroit précis.

Pas de point-virgule au troisième membre de for

Puisqu'il ne reste plus qu'une instruction dans le corps de boucle, nous en profitons pour la remonter en fin de première ligne. Vous pouvez juger de la compacité du résultat : tout tient sur une ligne.

Le for aime l'effort

Pour illustrer l'utilisation classique de la boucle `for`, demandons de calculer quelques puissances de deux.

Le lot de paramètres de `for` autorise plusieurs instructions pour chaque membre. Il suffit de les séparer par des virgules (une des rares utilisations de ce symbole).

Listing 8.14 : Extrait de l'exemple for_deux.c

```
#define MAX 32768*32768

int main()
{
  long long valor;
  int p;

  for ( valor = 2, p = 1; valor <= MAX; valor*=2, p++) {
  // AfficherValeurDe_p;
  // AfficherValeurDe_valor;
  }

  return 0;
}
```

Nous définissons une butée haute MAX puis déclarons une variable de grande contenance (sur 8 octets) et une plus petite pour mémoriser la puissance de deux.

Puis arrive la boucle. Elle comporte deux initialisations, une expression de boucle et deux instructions de traitement exécutées à chaque tour.

Notez bien les virgules et points-virgules.

```
  for ( valor = 2, p = 1; valor <= MAX; valor*=2, p++) {
```

Les instructions du premier membre ne sont exécutées qu'avant le premier tour de boucle (vous vous en doutiez), mais celles du troisième membre ne sont exécutées qu'en fin de boucle, pas au début !

Le membre de traitement du for est exécuté en fin de boucle.

Le for idéal

La possibilité d'injecter des instructions « normales » dans les paramètres de `for` permet parfois de faire disparaître entièrement son bloc conditionnel.

Voici un exemple qui simule un rendez-vous entre les deux nombres 0 et 100. Ils se rejoignent à mi-chemin dans une convergence amoureuse.

Listing 8.15 : Extrait de l'exemple for_conver.c

```
int a, b;
for (a = 0, b = 100; a != b; a++, b--) ;
// a et b se sont rejointes à 50 !
```

Admirez la compacité :

```
for (a = 0, b = 100; a != b; a++, b--) ;
```

Double initialisation, condition de bouclage et double traitement. Tout le travail dont nous voulons confier le contrôle à `for` est dans le troisième membre de ses parenthèses. Rien à ajouter (sauf bien sûr un affichage des valeurs ou une utilisation selon les besoins).

Avec certains compilateurs C, vous pouvez même oublier le point-virgule unique qui suit la parenthèse fermante des paramètres de boucle.

Comparer et sauter, voilà tout !

Les mots clés des blocs conditionnels et répétitifs sont tous des parents proches. Comme l'a montré notre petite plongée dans le code machine, tout cela se termine en comparaisons (CMP) suivies de sauts impératifs (JMP) ou pas (JNZ et autres).

En guise de révision, voyez comme on peut obtenir les effets d'une technique à partir d'une autre.

Exercice 1 : Créez une boucle `for` avec une boucle `while`.

Exercice 2 : Créez un test `if` avec une boucle `while`.

Exercice 3 : Créez un test `if` avec une boucle `for`.

TRUC

Cherchez un peu avant de regarder les solutions.

Réponse à l'exercice 1. Une boucle `for` avec une boucle `while` :

```
int i = 0;
while (i < 10) { ACTION; i++; }
```

est équivalent à :

```
for (i = 0; i < 10; i++;) { ACTION; }
```

Réponse à l'exercice 2. Un test `if` avec une boucle `while` :

```
int i = 0;
while ( i == 0 ) { ACTION; i = 1; } // UN SEUL TOUR
```

Réponse à l'exercice 3. Un test `if` avec une boucle for :

```
int i = 0;
for ( ; i == 0; ) { ACTION; i = 1; } // UN SEUL TOUR
```

On présente généralement les blocs conditionnels et les boucles de répétition comme deux concepts distincts. En réalité, il s'agit de variantes du même grand principe : celui de branchement, c'est-à-dire de saut à une autre instruction que celle située naturellement après celle en cours.

Et ensuite ?

Un énorme concept nous attend dans le prochain chapitre : celui de sous-programme. Il centuple la puissance de tous ceux découverts jusqu'ici.

Chapitre 9

En fonction de vous()

Dans ce chapitre :

- Le bloc d'instructions privatisé
- Le roi et ses vassaux
- Les quatre modes
- Variables locales et globales
- if (fonk())   fonk(); (récursion)

Valeurs, variables, expressions, opérateurs, boucles et conditions suffisent à concevoir quelques traitements utiles. Mais il arrive un moment où vous avez écrit une série de lignes qui effectuent un traitement que vous avez besoin de réutiliser.

Nous avons appris que le couple d'accolades { } servait à regrouper plusieurs actions. Cela nous a été utile dans les instructions de test et de boucle pour pouvoir faire plus d'une action lorsque la condition était vraie. Comment faire pour rendre ce bloc de lignes indépendant du reste afin de pouvoir en demander l'exécution depuis n'importe quelle autre ligne du programme ?

Une première solution consiste à utiliser le mécanisme qui anime les boucles de répétition : le saut.

Au loup ! Au loup ! goto

Et si l'on pouvait donner un nom à un bloc pour en marquer le début ? Cela s'appelle une étiquette ou un label (remarquez le signe deux-points).

```
ActionX;
NomDeMonBloc:
{
  Action1;
  Action2;
  Action3;
}
```

Supposons que quelques lignes plus loin dans la suite du programme, on ait besoin d'exécuter à nouveau les trois actions de notre bloc nommé. C'est très facile : il suffit de demander de faire un saut vers la première des actions du bloc.

En langage C, le mot clé approprié s'écrit `goto` (aller vers, sauter).Vous le faites suivre du nom du bloc (sans le signe deux-points, mais avec un point-virgule, puisque c'est une instruction).

TRUC

Les programmeurs chevronnés qui se sont perdus dans ce livre d'initiation vont s'exclamer : « Bouh le vilain auteur ! Il parle du maudit mot `goto`. » Tenez bon, nous allons voir pourquoi il ne faut pas ignorer `goto`, même s'il faut chercher à l'éviter.

Dans un saut, vous détournez le flux normal en installant un branchement vers une autre instruction que celle qui suit celle en cours. Vous ne conservez aucune trace de ce que vous faisiez avant de vous détourner. Après le saut, vous êtes perdu dans un labyrinthe. Comment reprendre la suite des opérations normales ?

Imaginez que vous alliez manger chez des amis. Au moment de repartir, vous constatez que vous avez totalement oublié où vous habitiez. Pas pratique. Vous avez perdu le contexte. C'est ce que l'on reproche à `goto`.

Il faudrait installer des marque-pages partout (des labels). L'expérience a montré que le programme devenait très difficile à relire et à faire évoluer une fois qu'il était criblé de sauts dans tous les sens. Regardez la vue dynamique du texte source suivant.

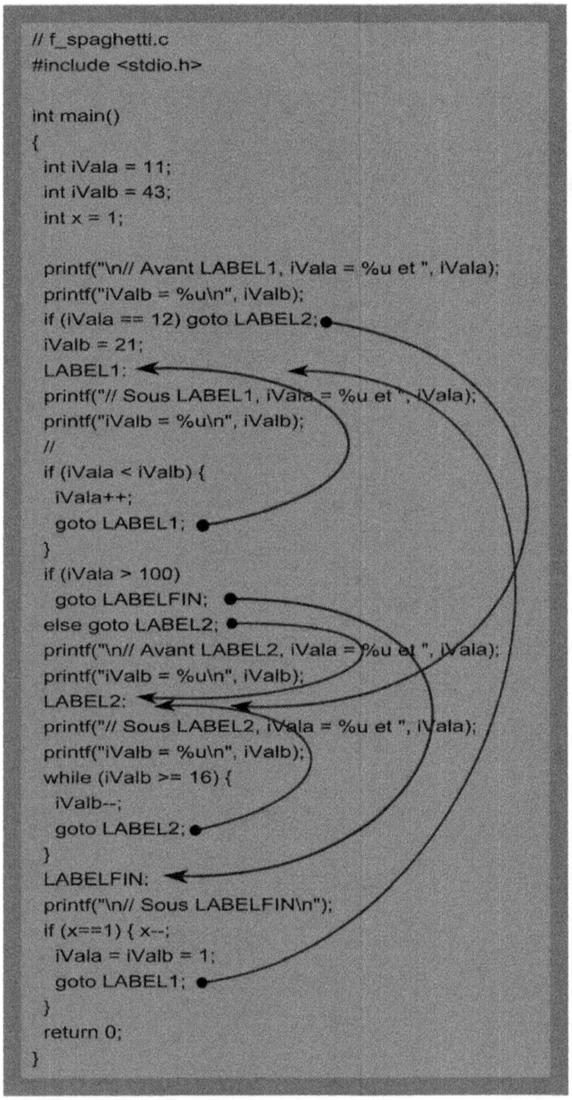

Figure 9.1 : Le C Spaghetti Festival.

La vraie et formidable réponse à ce besoin est le sous-programme, plus précisément la fonction.

Le concept de fonction

Pour créer ce concept, il a suffi de combiner trois techniques déjà vues dans les chapitres précédents

- le regroupement de plusieurs instructions dans un bloc délimité par des accolades ;
- l'attribution d'un nom comme pour une variable, sauf que ce nom va désigner le début du bloc ;
- un mécanisme de saut vers ce bloc nommé, mais revisité pour conserver quelque part l'adresse de départ avant de sauter afin de pouvoir y revenir.

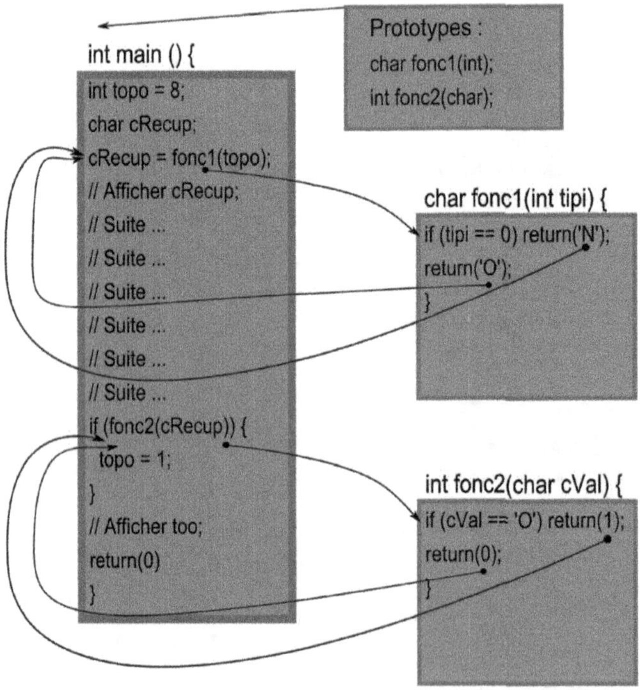

Figure 9.2 : Schéma d'une séquence d'appels.

Dans un saut simple, vous perdez le fil, surtout après plusieurs sauts imbriqués. Dans un appel, vous gardez un fil d'Ariane dans le labyrinthe. L'appel de fonction est un aller/retour.

En programmation moderne, l'appel de fonction est la seule technique utilisée explicitement pour suspendre le flux d'exécution normal (une ligne après l'autre dans le sens de lecture).

Une variante de l'appel est le rappel (*callback*) qui consiste à faire confiance à un inconnu : vous transmettez l'adresse de début d'une de vos fonctions à un autre programme qui décidera du meilleur moment pour déclencher l'appel plus tard.

Le suzerain et ses vassaux

La notion d'appel de fonction instaure l'équivalent d'une monarchie primitive constituée d'un roi suzerain et de ses vassaux. Une fonction incarne le roi, rien n'existe avant elle. Elle tient ses pouvoirs de la volonté du créateur du programme (en fait de l'utilisateur quand il fait démarrer le programme ou l'application). C'est la fonction principale `main()`.

Toutes les autres fonctions sont appelées directement par ce suzerain ou indirectement par un vassal de rang supérieur.

L'ensemble constitue un schéma ordonné d'ordres et de comptes-rendus (les valeurs renvoyées) qui permet assez facilement de comprendre comment fonctionne le programme, aussi bien par lecture du texte source que par observation de l'exécution avec un outil capable de détecter les appels successifs.

La notion de fonction offre de ce fait des avantages très appréciables :

- modularisation des traitements par découpage en opérations élémentaires ;
- simplification de la maintenance ;
- meilleure qualité du code par maintien d'une bonne visibilité des flux de valeurs ;
- réutilisation facile de fonctions dans d'autres projets.

Et la liste n'est pas exhaustive !

Sous le programme, la fonction

Dans le texte source, une fonction n'est pas une construction complexe. Voici sa syntaxe formelle :

```
typeret  nomfonction(paramètres)  {
// Déclarations locales;
// Instructions locales;
  return(valeur);
}
```

En ne conservant que les articulations :

```
   ( )  {

 }
```

C'est un bloc classique, comme ceux des boucles et conditions. L'accolade ouvrante doit être précédée d'au moins deux éléments :

- un mot clé pour spécifier le type de la fonction (vous choisissez parmi les noms de types de variables déjà connus) ;
- un identificateur servant de nom suivi obligatoirement d'une paire de parenthèses, vide ou pas, mais aucun point-virgule ;
- le couple d'accolades du bloc, que vous connaissez bien maintenant.

TRUC

Une convention pratique lorsque l'on cite un nom de fonction dans un texte consiste à faire suivre le nom de la fonction d'une paire de parenthèses vides, même si la fonction possède en réalité des paramètres d'entrée (donc des parenthèses non vides).

Ce n'est pas toujours ce que vous voyez

Le fait d'ajouter la définition d'une fonction dans un texte source ne suffit pas à en provoquer l'exécution. Vous pouvez définir des dizaines de fonctions avant la fonction principale `main()`. Si vous ne les appelez pas, elles sont totalement ignorées, comme si c'étaient des commentaires. (Voyez aussi l'exemple *f_invisibles.c.*)

Intéressons-nous d'abord à l'unique fonction qui se tapit dans l'ombre depuis trois chapitres. Elle a bien mérité cet honneur : la fonction principale `main()`.

Le suzerain : la fonction main ( )

Tous les exemples des trois premiers chapitres de cette partie ont été des extraits, parce que la notion de fonction n'était pas abordée. Nous avions montré à la fin du premier chapitre que pour faire fonctionner ces exemples, il fallait les insérer dans un réceptacle, et ce réceptacle est une fonction.

En C, une instruction est toujours dans le bloc d'une fonction.

En C et dans tous les langages impératifs, il existe obligatoirement au moins une fonction dans tout programme. C'est la fonction principale nommée `main()`. C'est la première et la dernière à être exécutée.

```
int main(void) {
  // Déclarations de variables;
  // Instructions inéluctables;
  // Instructions conditionnelles;
  // Instructions répétées;
  // Appel de fonction;
  // etc.
  // Mot clé return(valeur);
}
```

La structure générale de `main()` est la même que celle de toutes les autres fonctions, mais ses caractéristiques sont particulières.

Entrée en matière

La ligne de tête de fonction débute sa définition. En conformité avec la syntaxe formelle montrée plus haut, elle comporte quatre éléments :

- **`int`** : Vous indiquez ici le type de la valeur que la fonction renvoie en fin d'exécution. La fonction principale étant la première à s'exécuter, elle n'a pas été appelée par une autre fonction, mais par le mécanisme de chargement de programme du système (Windows, MacOS, Linux). La valeur qu'elle va renvoyer est de ce fait en général un code pour informer que tout s'est bien passé (valeur 0) ou pas (autre valeur).
- **`main`** : La fonction `main()` est la seule dont le nom est imposé en C.
- **`( )`** : Les paramètres d'entrée. La fonction `main()` est spéciale au niveau des paramètres. Vous êtes autorisé à la définir soit sans aucun paramètre (`void`), soit avec deux paramètres, mais leur type et leur nom sont imposés. Nous y reviendrons.
- **`{ }`** : Le bloc de la fonction, que l'on désigne souvent par corps, puisque c'est cette série de lignes source qui est la raison d'être de

la fonction. On doit finir par rencontrer l'accolade fermante } pour délimiter la fin du corps qui coïncide dans le cas de `main()` avec la fin d'exécution du programme.

Elle a du corps

Dans le corps de `main()`, nous trouvons au minimum un appel de fonction, et souvent plusieurs. Dans les cibles des appels, on pourra en trouver d'autres, et ainsi de suite en cascade.

Lorsque vous n'utilisez pas d'appels de fonctions, vous laissez toutes vos déclarations et instructions dans la fonction `main()`, ce qui donne une exécution linéaire. L'écoulement du temps pendant l'exécution reflète la progression ligne après ligne dans le texte source. Les seules exceptions sont locales : ce sont les répétitions (`while` et `for`) et les blocs conditionnels (`if` et `switch`).

Dès que vous définissez une première fonction en plus de `main()`, puis ajoutez un appel à celle-ci dans `main()`, vous vous échappez de cette monotonie. Vous quittez l'autoroute pour visiter les parages (et reprendre l'autoroute au même échangeur).

main() rend compte au système

La fonction `main()` se termine comme ses subordonnées par un renvoi de valeur constitué du mot `return` et d'un nom de variable ou d'une VNL.

Cette valeur est récupérée par le système en fin d'exécution du programme. Cela permet de détecter une fin anormale et d'agir en conséquence.

Cette possibilité est surtout utilisée par les programmes utilitaires et les traitements de fond qui ne dialoguent pas ou quasiment pas avec l'utilisateur, par exemple un programme qui démarre automatiquement toutes les heures pour faire une copie de sécurité d'un disque vers un autre.

Quand main() déborde

Un demi-siècle de pratique de la rédaction de textes sources a montré qu'il devenait difficile de gérer un projet dès qu'une fonction comptait plus d'environ cinquante lignes. La première et unique fonction au départ, `main()`, est donc la première concernée.

Pour l'alléger, il suffit de délimiter un bloc de lignes qui représente une certaine unité fonctionnelle, de déplacer tout le bloc à l'extérieur du corps de `main()` et de lui donner un nom.

Voyons donc maintenant le cas général d'une fonction autre que `main()`.

Choisir le mode des fonctions

Concevoir une fonction suppose de prendre des décisions :

- Quel type de valeur doit être renvoyé (une seule possible) ?
- Quel nom choisir pour bien suggérer l'objectif de la fonction ?
- Combien de paramètres d'entrée sont nécessaires et quel doit être le type de chacun ?

Ces décisions permettent de définir quatre modes de formulation d'une fonction :

Mode 1 : fonction n'attendant rien en entrée et ne renvoyant rien.

Mode 2 : fonction attendant une valeur en entrée et ne renvoyant rien.

Mode 3 : fonction n'attendant rien en entrée mais renvoyant une valeur.

Mode 4 : fonction attendant une valeur en entrée et renvoyant une valeur.

Ces modes n'ont rien d'officiel. C'est une classification que nous proposons dans ce livre pour y voir plus clair. Voici un exemple dans lequel sont définies puis appelées quatre fonctions, une par mode. Les noms choisis pour les fonctions suggèrent leur mode. Le texte source complet sera commenté un peu plus loin.

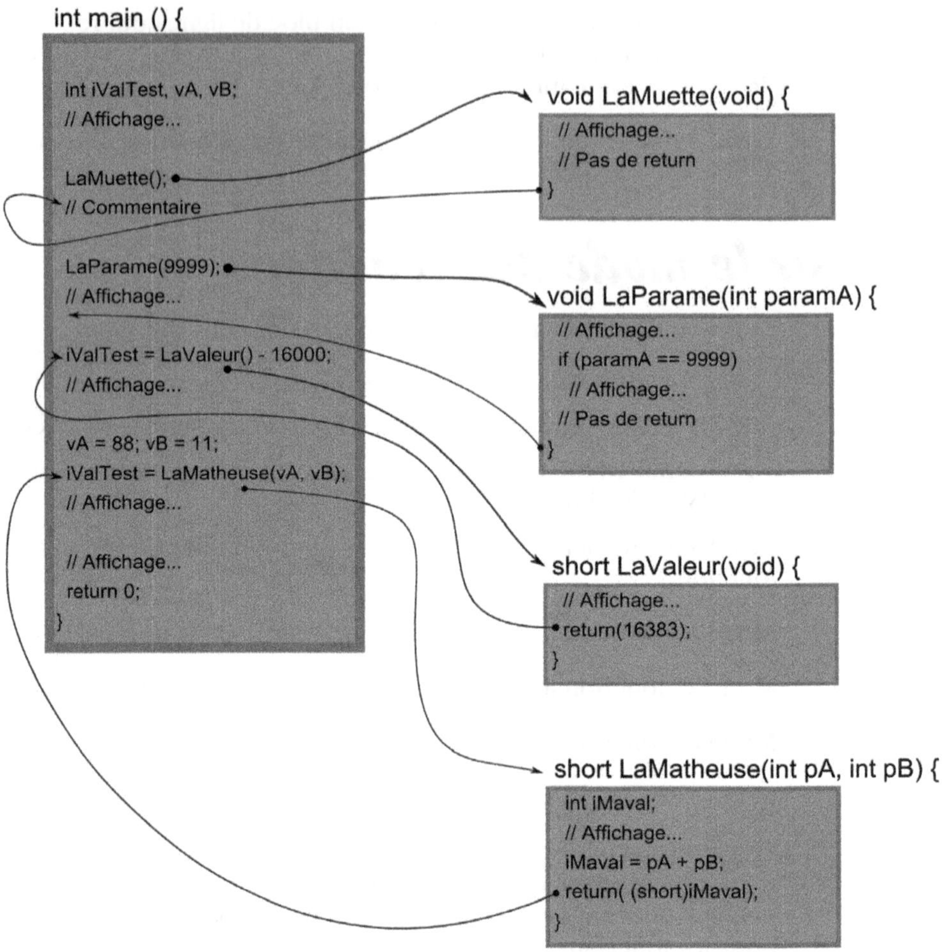

Figure 9.3 : Les quatre modes d'une fonction en action.

Bien nommer, c'est bien

Le choix des noms des fonctions est très personnel. Certaines de vos fonctions seront le fruit de dizaines d'heures de réflexion et de mise au point. Comme vous êtes seul maître à bord, vous aurez naturellement envie de célébrer votre victoire sur le monde obscur des bogues en choisissant des noms qui vous plaisent.

Une fonction étant un bloc d'actions autonome, qui dit action, dit verbe. Pourquoi ne pas réserver les noms pour les variables et les verbes pour les fonctions, comme dans ces quelques exemples :

```
float calculerTVA();
short testerExistenceFichier();
char  trouverSiAnneeBisex();
int   afficherListeCli();
```

Les contraintes sont les mêmes que pour les variables : pas de lettres accentuées, pas de chiffre en première position, que des lettres, des chiffres décimaux et le signe _.

Dans notre exemple, les noms des fonctions sont assez suggestifs, même si nous n'avons pas choisi d'utiliser des verbes.

Ce genre de nom reprend une tradition que connaissent ceux qui apprécient la musique française pour clavecin du XVIIIe (Couperin, Froberger, Forqueray, Duphly, Rameau, Royer, etc.).

Le dire, c'est le faire : l'invocation

Pour utiliser une fonction, il suffit d'écrire son nom accompagné de paramètres acceptables en type et en nombre.

Là où vous citez ce nom, pensez au type de la fonction : c'est une valeur du même type qui va apparaître à la place du nom une fois la fonction exécutée.

Étude des quatre modes

L'exemple suivant montre les quatre modes d'utilisation d'une fonction.

Listing 9.1 : Texte complet de f_modes.c

```
// f_modes.c
#include <stdio.h>

// Mode 1 : pas de parametres, renvoi de void
void LaMuette(void) {
  // Affichage LaMuette vous parle.
  // Pas de return puisque type void
}
```

```
// Mode 2 : un parametre, renvoi de void
void LaParame(int paramA) {
  // Affichage LaParame vous parle.
  if (paramA == 9999) // Action LaParame
  // Pas de return puisque type void
}

// Mode 3 : pas de parametres, renvoi de valeur
short LaValeur(void) {
  // Affichage LaValeur vous parle.
  return(16383);
}

// Mode 4 : parametres et renvoi de valeur
short LaMatheuse(int pA, int pB) {
  int iMaval;
  // Affichage LaMatheuse vous parle.
  iMaval = pA + pB;
  return( (short) iMaval);
}

int main()
{
  int iValTest, vA, vB;
  // Affichage Test des quatre modes de fonction.

  LaMuette();  // Invocation directe
  // iValTest = LaMuette(); impossible !

  LaParame(9999);

  iValTest = LaValeur()-16000;
  // Affichage LaValeur - 16000 donne iValTest

  vA = 88; vB = 11;
  iValTest = LaMatheuse(vA, vB);
  // Affichage LaMatheuse a transmis iValTest

  // Affichage main() va renvoyer 0.
  return 0;
}
```

Repérez d'abord chacun des quatre corps de fonctions entre accolades. Avec la ligne de tête, cela constitue une définition de fonction. Pour l'analyseur, une fonction doit être connue (définie) au moment où il en rencontre la première utilisation. Ici, les quatre fonctions sont toutes appelées depuis la fonction principale `main()` dont le corps est situé après elles. Nous verrons une autre façon de faire un peu plus loin.

Fonction de mode 1 (LaMuette)

Voici d'abord l'invocation :

```
LaMuette();  // Invocation directe
```

Et voici le corps de définition de la fonction :

```
void LaMuette(void) {
  // Déclarations de variables locales
  // Actions_LaMuette;
  // Pas de return puisque type void
}
```

Certains prestataires fonctionnent dans ce mode : vous leur commandez un travail, ils ont tout ce qu'il faut pour le faire... et le font. Ils n'ont pas de compte-rendu à vous donner (type de fonction `void`) et pas besoin de précisions de votre part pour travailler (liste de paramètres vide ou mention `void`).

Ce mode convient pour des traitements génériques qui n'ont aucun risque d'échouer, puisque vous, en tant que demandeur, ne pourrez jamais savoir si les travaux se sont bien déroulés (sauf à tester une variable accessible depuis la fonction appelante et la fonction appelée).

Mais c'est notre première rencontre avec le mot clé `void`. Que signifie-t-il ?

Renvoyer rien ou ne rien renvoyer (void) ?

Le mot clé `void` signifie vide, rien, le néant. Utilisé comme type d'une fonction, il indique que la fonction va renvoyer le pseudo-type nommé `void`, qui est un cas particulier. Ce « type » permet à l'analyseur de vérifier que vous utilisez la fonction comme prévu dans sa définition.

Vous ne pouvez pas citer une fonction de type `void` du côté source (droit) d'une affectation. L'exemple suivant est absurde :

```
maVariableReceveuse  =  FonctionVoid(param);
```

La fonction renvoie une non-valeur ; on ne peut donc pas la copier. En revanche, le mot clé confirme que vous n'avez pas oublié de décider du type de retour.

Le mot clé `void` se prononce « vo-ide », même parmi les programmeurs français.

Fonction de mode 2 (LaParame)

En conservant l'image d'un prestataire, certains sont incapable de laisser une malfaçon, mais ils ne peuvent réaliser leur mission que si vous leur fournissez des détails spécifiques : monter un mur ? Mais quelles hauteur et largeur ?

Voici d'abord l'invocation :

```
  LaParame(9999);
```

Et voici le corps de définition de la fonction :

```
void LaParame(int paramA) {
  // Déclarations de variables locales
  if (paramA == 9999) // Action_LaParame;
  // Pas de return puisque type void
}
```

Ici, il n'y a qu'un paramètre d'entrée. En pratique, le nombre de paramètres d'une fonction est souvent limité à deux, trois ou quatre. S'il faut lui en fournir plus, vous profiterez du conteneur à valeurs nommé tableau que nous découvrirons dans le prochain chapitre. Vous pouvez ainsi envoyer mille valeurs numériques en citant le nom du tableau.

Vous constatez qu'il faut indiquer le type de valeur du paramètre puis son nom. Ce nom est purement local. Il n'est pas connu dans la fonction appelante.

Dans notre exemple, nous appelons la fonction avec la VNL (valeur numérique littérale) 9999, mais nous aurions pu citer un nom de variable du type adéquat, variable connue dans la fonction appelante. Lors du transfert, c'est la valeur numérique que possède la variable à ce moment qui circule.

La conséquence est évidente : si vous demandez à une fonction de multiplier un nombre :

```
int Receveuse;
int monDemi = 2;
Receveuse =  CalculerDouble(monDemi);
```

la fonction va recevoir une copie de la valeur (2) et calculer la valeur 4 qu'elle va renvoyer dans `Receveuse`, mais `monDemi` n'aura pas changé ! Les murs entre fonctions sont étanches !

Par valeur ?

Cette technique est dite de transfert ou de passage de paramètre par valeur. Comment faire lorsque vous voulez faire modifier la variable que vous transmettez ? La technique est un peu plus délicate à utiliser, car elle suppose d'avoir découvert les pointeurs, comme nous le verrons dans le dernier chapitre de cette partie. Sachez que cela consiste à envoyer l'adresse de la variable grâce à l'opérateur `&` placé en préfixe. On écrirait l'appel ainsi :

```
CalculerDouble(&monDemi);
```

Noms des paramètres

Les noms que vous attribuez aux paramètres ne sont utilisables que dans la fonction. Ils définissent des variables locales et n'ont absolument pas besoin de coïncider avec les noms des variables cités en paramètres réels dans les appels à la fonction. Dans l'exemple `CalculerDouble()` ci-dessus, la fonction peut recevoir la valeur de `monDemi` même si elle déclare le paramètre ainsi :

```
int CalculerDouble(int Valeur2Depart) { // ...
```

Fonction de mode 3 (LaValeur)

Voici d'abord l'invocation :

```
   iValTest = LaValeur() - 16000;
```

Et voici le corps de définition de la fonction :

```
short LaValeur(void) {
   // Déclarations de variables locales
   // Actions_LaValeur;
   return(16383);
}
```

Renvoyer une valeur est le mode le plus courant de définition d'une fonction. Mais elle ne peut en renvoyer qu'une et une seule.

Il n'y a pas de nom de variable à associer au type, puisque c'est justement le nom de fonction qui en tient lieu. Toute fonction (sauf de type `void`) équivaut à une expression. Son exécution équivaut à l'évaluation de cette expression. Il en résulte une valeur, valeur qui peut être copiée dans une destination, retransmise à une autre fonction, ou plus simplement utilisée au même titre qu'une VNL :

```
iValTest = LaValeur() - 16000;
```

L'appel de fonction donne une valeur (si type non void)

La nature (pas le type) de la valeur renvoyée dépend du genre de fonction :

- Pour une fonction mathématique, par exemple qui calcule le carré d'un nombre, vous renvoyez évidemment le résultat. Cela vous évite de devoir créer une variable pour y stocker cette valeur puis la réutiliser.
- Pour une fonction qui effectue un traitement pouvant échouer, le mieux est de faire renvoyer un code pour savoir si tout s'est bien passé ou pas. La valeur peut même donner un indice sur le genre d'erreur. Dans cette approche, vous faites renvoyer zéro quand tout a réussi et une valeur numérique différente selon le genre d'erreur.
- On désigne sous le terme de prédicat une fonction dont le nom est une affirmation logique, comme `FichierOK()` ou `BarriereOuverte()`. Avec un tel nom de fonction, on peut supposer qu'elle renvoie zéro seulement si la réponse à la question est négative quand le fichier n'est pas trouvé ou quand la barrière n'est pas ouverte.

Ces deux conventions contradictoires sont pourtant celles préconisées par les meilleurs programmeurs du monde. Vous pouvez aller outre et toujours renvoyer zéro quand tout s'est bien passé, mais soyez constant dans vos choix.

Vous vous rendrez compte !

Toute fonction devrait se terminer par sa dernière ligne. Comment ? Mais c'est évident, pourriez-vous dire : puisque c'est un bloc, au sein du bloc la loi de la gravité nous fait descendre de ligne en ligne jusqu'à la dernière (ignorons les sauts locaux des `if` et `while`).

Mais puisque la fonction doit renvoyer une valeur, elle doit utiliser le mot clé `return` suivi d'un nom de variable (ou d'une VNL).

Donc, `return` doit être la dernière ligne de la fonction ? Pas nécessairement. Dans l'exemple de la section de début de chapitre « Le concept de fonction », les deux fonctions `fonc1()` et `fonc2()` utilisaient deux sorties par `return`. L'essentiel est que tous les flux d'exécution possibles aboutissent à un `return`. L'exécution ne doit jamais pouvoir se terminer sur l'accolade sans qu'un `return` ait été rencontré avant.

Quand la fonction renvoie `void`, ne perdez pas de temps à ajouter `return(void);`. L'analyseur a compris que vous vouliez renvoyer du rien.

TRUC

Bien que `return` ne soit pas une fonction, mais un mot clé, l'habitude veut que l'on écrive la valeur ou la variable dont on renvoie la valeur entre parenthèses. C'est plus joli que :

```
return  nomvariable;
```

Fonction de mode 4 (LaMatheuse)

Voici d'abord l'invocation :

```
  iValTest = LaMatheuse(vA, vB);
```

Et voici le corps de définition de la fonction :

```
short LaMatheuse(int pA, int pB) {
  int iMaval;
  // Autres déclarations de variables locales
  // Actions_LaValeur;
  iMaval = pA + pB;
  return( (short)iMaval );
}
```

C'est le mode le plus social. La fonction réclame ses conditions de travail à celle qui l'appelle, ce qui lui permet de s'adapter à toute une gamme de situations et elle rend compte par un code d'erreur ou le fruit de son traitement.

Vous voyez que les noms des variables sont différents dans l'appel et dans la réception.

Remarquez la mention de transtypage `(short)` avant le renvoi de valeur. Elle est sans effet négatif. Voici pourquoi :

Les deux « para-variables » `pA` et `pB` sont de type `int` aussi. Leur addition aussi. Tout va bien.

La variable `iMaval` dans laquelle nous stockons le résultat de l'addition est de type `int`.

En revanche, nous avons choisi de renvoyer une valeur de type `short`. Problème : types différents !

En ajoutant un transtypage entre parenthèses, nous forçons le type de la variable à devenir `short` (deux octets au lieu de quatre). C'est une bonne idée, mais oublier cette précaution n'est pas sanctionné par l'analyseur. Pourquoi ?

Pour plusieurs raisons :

- Entre les types entiers s'applique un mécanisme de promotion automatique vers le type naturel (`int`) depuis les types plus petits (`char` et `short`). Lorsqu'un processeur sait additionner deux valeurs sur quatre octets, cela lui prend plus de temps de le faire avec des sous-unités de son type naturel (la largeur de mot machine, vous vous souvenez ?). Même si les deux paramètres avaient été de type `short` (en prévision du type à renvoyer), le fait de les additionner les aurait convertis en type `int`.
- De plus, nous stockons le résultat dans une variable `int`. Au moment du `return`, l'analyseur accepte l'incohérence. Pour lui, c'est à vous de surveiller que la valeur réelle que vous voulez faire renvoyer ne déborde pas du récipient demandé.

  En pratique, si la valeur à renvoyer déborde des capacités du type, l'erreur ne sera pas signalée, mais il y aura perte de tout ou partie des données.

Supposons que nous appelions la fonction ainsi en sorte que le résultat déborde légèrement des capacités du type de la fonction :

```
LaMatheuse(16384, 16384);
```

Dans la fonction, remplaçons les variables par des valeurs :

```
   iMaval = pA + pB;
   // Devient
   32768 = 16384 + 16384;

   return( (short)iMaval );
   // Devient
   return( (short)32768 );
```

Observez la dernière ligne : nous demandons de forcer vers le type `short`. Par défaut, sauf mention préfixe `unsigned`, ce type est signé. Il est donc limité à la plage +32 767 à -32 768. Stocker la valeur positive 32 768 y est impossible. Résultat ? Rebouclage, comme montré dans le chapitre sur les types de données. La fonction va renvoyer une donnée fausse : -32 768.

Pour régler ce cas d'exemple, il suffirait de modifier la signature de la fonction (sa ligne de tête) en spécifiant `int` ou bien `unsigned short` au lieu de `short` pour le type et d'enlever le transtypage qui devient alors inutile, incohérent et néfaste. Cela permet de récupérer la valeur attendue (+32 768).

La fonction au sens mathématique

Une fonction mathématique génère une valeur f(x) en fonction d'une autre (x). Pour jouer ce rôle, la fonction informatique doit accepter une valeur d'entrée et renvoyer une valeur de sortie.

La syntaxe de définition d'une fonction peut étonner puisque le type de la valeur de sortie est indiqué d'abord, puis le nom de la fonction, puis seulement le ou les types d'entrée. Il faut se souvenir que le type de la fonction détermine vraiment le type que possédera la valeur qui va être produite à la fin de l'évaluation de l'expression-fonction. C'est ce qui permet d'écrire :

```
float  prixTTC, prixHT;
prixTTC = prixHT + calculerTVA(prixHT);
```

Au retour de l'appel à `calculerTVA()`, le nom de la fonction (son invocation) est remplacé à cet endroit par une valeur numérique de type `float`. Le nom s'est évaporé.

Annoncez-vous ! (déclarations et prototypes)

Pour appeler une fonction, il faut que l'analyseur connaisse la fonction lorsqu'il atteint la ligne qui l'appelle.

Dans l'exemple précédent, les quatre corps des fonctions appelées depuis `main()` ont été rédigés avant le corps de `main()`. Lorsque l'analyseur est tombé sur le premier appel, il connaissait déjà (sens de lecture naturel) tous les détails de la première fonction.

En pratique, les programmeurs aiment organiser le code source en sorte qu'il suive à peu près l'ordre d'exécution. Autrement dit, la fonction principale `main()` est généralement définie en premier. Pour éviter toute plainte de l'analyseur, l'astuce consiste à implanter un prototype pour chaque fonction.

Le prototype ressemble beaucoup à la ligne de tête de la définition de fonction. Il contient le type, le nom et les types de paramètres, ce qui suffit à l'analyseur pour vérifier que vous utilisez ensuite correctement la fonction.

Rappelons la ligne de tête de `LaMatheuse()` :

```
short LaMatheuse(int pA, int pB) {
```

Voici le prototype correspondant :

```
short LaMatheuse(int pA, int pB);
```

Notez bien que c'est une déclaration, comme pour une variable. La ligne se termine donc par un point-virgule (ce qui n'est pas le cas de la définition d'une fonction qui est une sorte d'expression). En somme, l'accolade ouvrante disparaît (il n'y a pas de bloc sur les lignes suivantes) et nous ajoutons un point-virgule.

La plupart des compilateurs acceptent que le prototype ne mentionne que les types des paramètres (`LaMatheuse(int, int)`), mais c'est une bonne habitude d'indiquer les noms également.

Voici le début de notre précédent exemple une fois les fonctions déplacées après la principale (nous ne le reproduisons pas *in extenso*) :

Listing 9.2 : Début du texte source de f_modproto.c

```
// f_modproto.c
#include <stdio.h>

void  LaMuette(void);
void  LaParame(int pA);
short LaValeur(void);
short LaMatheuse(int pA, int pB);

int main()
{
  int iValTest;
  // Test des quatre modes avec prototypes.\n");

  LaMuette();      // Premier appel
/* Suite du texte source avec fin de main()
   puis les quatre corps des fonctions.
*/
// ...
```

Du fait que la fonction est un ensemble autonome, elle constitue une sorte de citadelle isolée du monde extérieur. Elle communique avec son demandeur (son suzerain) au moyen d'un sas d'entrée et d'un sas de sortie.

La fonction regroupe des éléments (valeurs et actions) dans un réceptacle protecteur. C'est une forme basique de la technique nommée encapsulation (bien que sous une forme moins complète que dans les langages orientés objets).

La citadelle du vassal et les estrangers

Le roi a sans cesse besoin de distribuer ses ordres à ses vassaux en leurs citadelles des provinces amies. Il envoie des coursiers à ses grands vassaux pour gérer les affaires du royaume.

Les grands vassaux vont si nécessaire envoyer leurs propres coursiers chez leurs subordonnés de rang inférieur.

Chaque coursier doit revenir chez lui, et il ne peut ramener qu'un objet (une valeur d'un type convenu à l'avance). C'est la valeur indiquée avec `return`.

Chaque fonction possède son pont-levis gardé. C'est par ce pont-levis que des valeurs peuvent entrer dans la fonction. Ce sont les paramètres d'entrée.

Les variables locales sont comme les livres de comptes du vassal.

- De l'extérieur de la fonction, vous n'avez pas accès aux variables déclarées dans le bloc. Ce sont les variables locales de la fonction.
- De l'intérieur de la fonction, vous n'avez pas accès aux variables des autres fonctions.
- La seule exception correspond aux variables globales déclarées en dehors de toute fonction, au début du texte source. Toutes les fonctions du même texte y ont accès.

Listing 9.3 : Texte source de f_varloc.c

```
// f_varloc.c
#include <stdio.h>

int varGlob = 11;

int F1() {
  int varF1 = 345;
//  int varMain = 4;  // Inconnue ici !
```

```
  varGlob = 12;
  printf("// varF1 de F1()       = %u \n", varF1);
  printf("// varGlob depuis F1() = %u \n\n", varGlob);

  return(0);
}

int main()
{
  int varMain = 1;
  int varF1 = 2;
  printf("// varMain dans main() = %u\n", varMain);
  printf("// varF1 dans main()   = %u\n", varF1);
  printf("// varGlob dans main() = %u\n\n", varGlob);

  F1();

  printf("// varMain dans main() = %u\n", varMain);
  printf("// varF1 dans main()   = %u\n", varF1);
  printf("// varGlob dans main() = %u\n", varGlob);

  return 0;
}
```

Observez les messages produits par l'exécution de cet exemple :

```
// varMain dans main() = 1
// varF1 dans main()   = 2
// varGlob dans main() = 11

// varF1 de F1()       = 345
// varGlob depuis F1() = 12

// varMain dans main() = 1
// varF1 dans main()   = 2
// varGlob dans main() = 12
```

Que constate t-on ?

- `varF1` vaut 2 dans `main()`, mais 345 dans la fonction `F1()`. Ce sont des homonymes qui s'ignorent et n'interfèrent nullement.
- `varGlob` est modifiée dans `F1()`, ce qui est prouvé au retour dans `main()`.
- `varMain` n'est pas accessible dans `F1()` et `varF1` de `F1()` ne l'est pas dans `main()`.

Une portée de variables éphémères

Une variable déclarée (créée) dans une fonction est locale à cette fonction. La fonction devient un petit service qui se débrouille tout seul pour remplir son devoir. Son guichet de sortie, c'est `return(valeur);` un point c'est tout.

Cette rigueur offre l'avantage d'éviter tout risque de modification involontaire d'une variable depuis une autre partie du programme. Même si vous déclarez une variable de même nom ailleurs que dans la fonction, le C gère deux variables distinctes. Selon l'endroit où se trouve l'action en cours, elle va s'appliquer à l'une ou à l'autre.

Une variable locale a un rayon d'action limité par les murs de sa fonction propriétaire, mais elle a aussi une durée de vie limitée par ces mêmes murs.

Une variable locale de fonction est automatiquement détruite en sortie de fonction (sauf exception).

TRUC

C'est tout à fait déconseillé, mais personne ne va vous empêcher de réutiliser un nom de variable existant dans une autre fonction.

La variable en mode veille : static

Parfois, on veut qu'une variable locale survive à la fin d'exécution d'une fonction, parce qu'on va rappeler la même fonction plus tard et qu'il serait intéressant de repartir de la valeur qu'elle avait au passage précédent.

C'est possible. Le C a prévu le mot clé `static`. Supposez que vous vouliez savoir combien de fois vous avez appelé une fonction. Il suffit d'y déclarer une variable statique qui conservera sa valeur même après la fin d'exécution de la fonction. Un peu comme si elle était stockée au réfrigérateur jusqu'au prochain appel.

Illustrons ces aspects avec un programme complet. Comme dans les exemples précédents, les actions d'affichage de valeurs sont remplacées par des commentaires en attendant que nous abordions les fonctions prédéfinies des librairies, et notamment `printf()`.

Listing 9.4 : Texte source de f_static.c

```
// f_static.c
#include <stdio.h>

int maFonc(int param);

int main()
{
  int maVar = 5;
  // *** Projet f_static.c ***
  // MaVar de main() vaut xx avant appel
  maFonc(maVar);
  // MaVar de main() vaut toujours xx apres appel !
  maVar = maFonc(maVar);
  // MaVar de main() vaut enfin yy apres appel
  maFonc(maVar);
  // MaVar de main() vaut toujours yy apres appel !
  return 0;
}

int maFonc(int param)
{
  static short k2Passages = 0;
  int maVar;

  int maVarLocale = 0;
  maVar = param;
  k2Passages++;
  maVarLocale++;
  maVar++;

  // k2Passages = aa
  // maVarLocale = bb
  // MaVar de maFonc() = cc
  return (maVar);
}
```

Voici les messages qui montrent l'évolution des valeurs de ce petit troupeau de variables :

```
*** Projet f_static.c ***

// MaVar de main() vaut 5 avant appel

// k2Passages = 1
// maVarLocale = 1
// MaVar de maFonc() = 6
```

```
// MaVar de main() vaut toujours 5 apres appel !

// k2Passages = 2
// maVarLocale = 1
// MaVar de maFonc() = 6

// MaVar de main() vaut enfin 6 apres appel

// k2Passages = 3
// maVarLocale = 1
// MaVar de maFonc() = 7

// MaVar de main() vaut toujours 6 apres appel !
```

Parcourez le texte source et les résultats en observant surtout la variable `k2Passages`. Elle a été déclarée `static` et conserve sa dernière valeur d'un appel au suivant à la fonction.

ATTENTION !

Faites attention aux opérateurs d'affectation. Ce ne sont PAS des signes de comparaison ! (Pour comparer, c'est ==.)

auto et volatile

Citons deux mots clés liés aux variables, mais sans approfondir :

`auto` (comme dans `auto float salaire;`) est un vestige du langage B qui a servi d'inspiration au C. En B, une variable locale à une fonction n'était pas automatiquement automatique. Le C n'a pas besoin de ce qualificateur, mais son successeur, le C++ en a profité pour réutiliser `auto` pour son nouveau mécanisme de déduction du type.

`volatile` (comme dans `volatile float salaire;`) intéresse ceux qui écrivent des programmes très techniques par exemples pour piloter les échanges entre le système et un périphérique (clé USB, disque dur, etc.), c'est-à-dire des pilotes. En effet, si la variable est volatile, cela signifie que sa valeur peut changer sans qu'aucune instruction de votre programme ne le demande, donc qu'un autre programme y a accès aussi. Cela implique de prendre des précautions. Personne n'aime que l'on déplace ses affaires en son absence.

Avoir le bras long : variables globales

Une variable déclarée en dehors de tout bloc de fonction, y compris en dehors du bloc de la fonction principale `main()`, est accessible en lecture et en écriture depuis n'importe où dans le même module de code source (le même fichier), à condition comme pour toute variable qu'elle ait été déclarée avant de l'utiliser.

C'est pourquoi les variables globales sont regroupées tout au début du texte source, avant la définition de la première fonction (en général, `main()`).

Une variable globale est lisible et modifiable de partout

Intéressons-nous au code source suivant. Il illustre l'utilisation d'une variable globale pour une petite partie de ping-pong :

Listing 9.5 : Texte source de f_pingpong.c

```
// f_pingpong.c
#include <stdio.h>
#define NBR 7

// Variable globale
char balles = NBR;

// Prototypes de fonctions
char ping(char);
char pong(char);

// Programme principal main()
int main()
{
  char echanges = 0;
  // Projet f_pingpong.c !

  echanges = ping(balles+1);

  // Fin de partie apres x echanges
  return 0;
}

// Joueur lanceur
char ping(char lancer)
{
  lancer--;
  if ( lancer > 0 ) {
    // Affichage Ping balle x (lancer)
```

```
    lancer = pong(lancer);    // APPEL PONG
  }
  if ( lancer == 1 ) {
    // Affichage Victoire de Ping !
    return(lancer);
  }
  return(lancer);
}

// Partenaire
char pong(char renvoyer)
{
//  renvoyer++;
  if ( renvoyer > 1 ) {
    // Affichage ...et Pong x (renvoyer)
    ping(renvoyer);          // APPEL PING
  } else {
      // Affichage ...Pong rate la balle
      return(renvoyer);
    }
  return(renvoyer);
}
```

L'exécution laisse voir un amusant échange entre les deux fonctions `ping()` et `pong()` : voici comment notre journaliste sportif, Monsieur `printf()`, a commenté le match :

```
Projet f_pingpong.c !

// Ping balle 7...                  // ...et Pong 7 !
// Ping balle 6...                  // ...et Pong 6 !
// Ping balle 5...                  // ...et Pong 5 !
// Ping balle 4...                  // ...et Pong 4 !
// Ping balle 3...                  // ...et Pong 3 !
// Ping balle 2...                  // ...et Pong 2 !
// Ping balle 1...                  // ...Pong rate la balle
Victoire de Ping !

Fin de partie apres 7 echanges.
```

Cet exemple permet de voir comment des actions du monde physique peuvent être incarnées par des algorithmes.

L'exemple est biaisé puisque celui qui a le service gagne toujours. La fonction `ping()` appelle `pong()` qui appelle `ping()` alors que nous avions appelé `pong()` de l'intérieur de `ping()` ! Cette cascade se poursuit sur six niveaux puis `pong()` rate la balle. Tous les retours d'appels en attente sont alors exécutés en rafale. Nous prenons soin de n'afficher le message de victoire que pour un niveau de retour. (Vous pouvez établir un diagramme du flux d'exécution sur papier libre.)

Les experts verront vite des possibilités d'optimisation. Rappelons que l'exemple est à visée pédagogique.

Le pont-levis de main ()

Nous avons dit que `main()` était spéciale au niveau des paramètres. Vous êtes autorisé à la définir soit :

- sans aucun paramètre (), comme nous l'avons fait jusqu'ici ;
- soit avec deux paramètres, mais leur type et leur nom sont imposés. Dans ce cas, la tête de définition de `main()` se présente ainsi :

```
int main(int argc, char* argv[])
```

Vous ne décidez pas de la valeur du premier paramètre. Du fait que la fonction `main()` est appelée par le système lorsque vous demandez le démarrage du programme, le système analyse la ligne de commande (même via une icône, vous pouvez définir des paramètres sur la ligne en accédant aux propriétés).

Si le système trouve autre chose que le nom du programme, comme des options, il les dénombre en cherchant les espaces séparateurs (voilà pourquoi il est déconseillé de laisser des espaces dans les noms de fichiers, utilisez plutôt le caractère de soulignement qui a presque la même apparence).

Après avoir compté les paramètres (certains disent arguments), le nombre est stocké dans le paramètre `argc` (*ARGument Count*) et tous les paramètres sont stockés dans une structure de données de type tableau nomme `argv[]` (structure que nous allons découvrir dans le prochain chapitre). La mention de type spécial `char*` signifie que vous obtenez l'adresse du premier élément du tableau, pas sa valeur (tout va s'éclaircir dans quelques pages).

Si vous démarrez un programme ainsi :

```
f_pingpong   17   score.txt
```

vous demandez le démarrage du programme *f_pingpong* en lui demandant de travailler avec **17** balles et d'écrire les messages dans un fichier texte dont vous fournissez le nom.

La variable `argc` contiendra ici la valeur **3** (le nom du programme est stocké aussi, car il est parfois utile de savoir de l'intérieur comment on s'appelle).

Bien sûr, il faut dans ce cas modifier la tête de `main()` et ajouter des instructions pour lire les valeurs depuis le tableau.

Voyons pour finir cet intense chapitre la technique qui a rendu fou plus d'un programmeur. Nous ne ferons que jeter un rapide regard, car la récursion peut aisément donner le tournis.

Je sous-traite à moi-même ! Récursion

Puisqu'une fonction peut en appeler une autre, pourrait-on pousser la logique jusqu'à demander à la fonction de s'appeler elle-même ?

Osons aborder le concept de récursion dans un livre pour débutants. N'avez-vous pas envie de connaître l'ivresse des profondeurs, sans vous mouiller ? Allons-y. Oui, cela va chatouiller les neurones, et c'est bon.

```
// f_recursi.c
#include <stdio.h>
#define LIMITE 19

int compter(int iVarDeb);

int main() {
  compter(1);
}

int compter(int iVarDeb)
{
  // Affichage de iVarDeb
  if ( iVarDeb < LIMITE ) {
    compter( iVarDeb + 1 );
  }
  // Affichage de  iVarDeb
  return(iVarDeb);
}
```

Le centre d'intérêt est dans la fonction `compter()` :

```
int compter(int iVarDeb)
{
  //
  if ( debut < LIMITE ) {
```

```
    compter( debut + 1 );
  }
```

Tant que la valeur de `iVarDeb` est inférieure à la limite (définie par une directive `#define` comme égale à 19), nous appelons la fonction `compter()` alors que nous sommes encore dans cette fonction ! C'est cela la récursivité.

Une fois arrivé au plafond, tous les appels retournent en reprenant à la ligne qui suit l'appel imbriqué, ce qui fait afficher toutes les valeurs dans le sens décroissant.

Chapitre 10

Données structurées [ ]

Dans ce chapitre :

- Données simples et composites
- Tableaux et listes
- Les chaînes anglaises, strings

Le précédent chapitre nous a permis de découvrir le principal moyen d'organiser les actions d'un projet en blocs autonomes qui sont les fonctions. Pour l'instant, nous n'avons manipulé que des données simples, c'est-à-dire des données dont le format peut directement être rapporté à la façon dont sont configurés électriquement les bits dans les circuits du processeur et de la mémoire.

Nous avons vu la largeur du mot machine (par exemple 32 ou 64 bits) qui correspond au type entier de base nommé `int`, et nous avons vu ses variantes (`char`, `short`, `long` et `long long`). Pour les valeurs non entières, nous avons vu les types `float` et `double` et leur codage scientifique IEEE754.

Dans un traitement numérique, il est souvent nécessaire d'appliquer le même traitement à plusieurs nombres ou de regrouper plusieurs valeurs dans un même sac sans perdre la possibilité d'accéder à chaque valeur individuelle.

Le C offre deux solutions pour construire des paquets de données :

- le tableau pour regrouper plusieurs données toutes du même type ;
- la structure pour regrouper plusieurs données de types divers, mais nous verrons les structures dans le dernier chapitre de cette partie.

En ce qui concerne les tableaux, nous allons voir leurs deux utilisations principales :

- pour stocker des valeurs numériques entières ou flottantes ;
- pour stocker des textes, phrases, messages en tant que chaînes de valeurs du type `char`.

Un groupe de variables anonymes

Vous vous souvenez que nous pouvons donner un nom à un bloc d'actions pour en marquer le début avec une étiquette suivi d'un signe deux-points.

Le tableau permet un peu la même chose, mais pour regrouper des données. Voici d'abord comment déclarer successivement cinq variables entières en leur fournissant une valeur initiale :

```
int maVar1 = 10;
int maVar2 = 21;
int maVar3 = 32;
int maVar4 = 43;
int maVar5 = 54;
```

Si nous avons besoin d'augmenter chaque variable d'une même valeur, nous devons écrire cinq instructions :

```
int augmentation = 1;

maVar1 = maVar1 + augmentation;
maVar2 = maVar2 + augmentation;
maVar3 = maVar3 + augmentation;
maVar4 = maVar4 + augmentation;
maVar5 += augmentation;    // Tournure abrégée
```

Très répétitif. Même un programmeur débutant devine rapidement qu'il devrait y avoir une solution plus élégante.

Il suffit d'accepter de perdre la relation individuelle avec chaque variable en manipulant les données par le biais d'un numéro entier servant d'indice.

TRUC

Un peu comme pour un troupeau de chèvres : au-delà d'une certaine taille de troupeau, le fermier ne peut plus se souvenir du prénom de chacune. Ne plus connaître chacun de ses voisins est aussi ce qui marque la frontière entre village et ville.

Dresser un tableau

Le terme « dresser » est approprié, car le tableau est un animal farouche. Tous les débutants en conviennent.

Le terme anglais pour ce conteneur à données est *array* que l'on traduit depuis les débuts en **tableau**. Mais un tableau est une surface, souvent rectangulaire, donc avec une largeur et une longueur. Pourtant, comme vous allez le voir, la majorité des tableaux n'ont qu'une dimension. D'ailleurs, le terme *array* se traduit aussi par agencement ou arrangement. Les tableaux simples que nous allons voir sont donc plutôt des listes de valeurs. Certains parlent de **vecteurs** pour les tableaux à une dimension, et de **matrices** pour les autres.

Pour construire (déclarer) une séquence de variables anonymes en C, vous utilisez les crochets droits à la suite du nom de la variable collective. Mais puisque c'est une variable, il faut toujours indiquer un type de donnée avant le nom.

```
nom_type  nom_tableau[ ];
```

C'est le squelette fondamental. Vous répondez ensuite à trois questions :

- Est-ce que je connais dès le départ le nombre d'éléments à regrouper dans le tableau, même sans en connaître les valeurs ?
- Est-ce que je connais déjà toutes les valeurs initiales de ces données ?
- Est-ce que je connais déjà au moins une valeur initiale ?

Tableau créé plein

Lorsque vous connaissez les valeurs initiales de toutes les variables, cela vous simplifie la création du tableau. Vous utilisez une paire d'accolades (tiens, les revoici !) et listez les valeurs en les séparant par une virgule :

```
int monTabRempli[5] = {10, 21, 32, 43, 54};
```

Rien ne vous interdit bien sûr de modifier ensuite ces valeurs. Nous verrons comment.

La mention du chiffre 5 entre crochets est facultative, mais vous pouvez l'indiquer si cela vous aide. En effet, l'analyseur (l'outil de traduction de code source en code machine, qui fait partie du compilateur que nous utiliserons dans le prochain chapitre) peut déduire la taille du tableau en comptant le nombre de valeurs fournies.

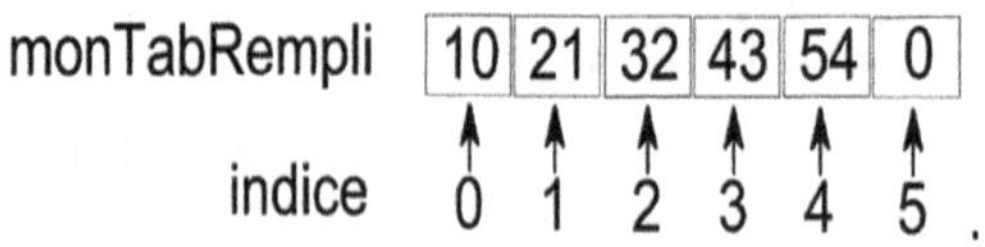

Figure 10.1 : Implantation mémoire d'un tableau.

Une fois le tableau ainsi peuplé, il occupe de l'espace en mémoire et devient utilisable.

Tableau créé amorcé

Lorsque vous connaissez une valeur initiale pour la première variable, vous créez le tableau ainsi :

```
int monTabVar[5] = {1};
```

Toutes les autres valeurs seront des zéros, ce qui est mieux que rien.

Tableau créé vide

```
int monTabVar[5];
```

Cette déclaration provoque la création d'un espace mémoire réservé pour cinq variables anonymes du type `int`. Vous disposez ensuite de cinq cases ou conteneurs, mais vous n'y avez encore rien stocké.

Une fois la déclaration faite, vous ne devez plus jamais accepter de voir ce chiffre 5 (ou un autre) entre les crochets de ce tableau ! Jamais plus !

Tableau futur interdit !

Un tableau futur ? Oui, un nom de tableau associé à une seule case mémoire de la taille demandée, mais rien d'autre. C'est ce que vous espérez obtenir lorsque vous ne fournissez ni la taille, ni aucun contenu.

```
short monImpossibleTabFutur[];
```

Cette déclaration est refusée par un message : *array size missing...* (dimension du tableau non spécifiée).

En revanche, vous avez le droit de créer un pointeur vers un tableau de cette manière, mais les pointeurs sont un sujet délicat dont nous verrons les grandes lignes plus tard.

Utilisez-le, [maintenant] !

Vous n'exploitez pas le contenu d'un tableau comme une variable simple. Vous pouvez :

- lire le contenu ;
- écrire dans chaque case (modifier) ;
- faire voyager tout le tableau (le transmettre d'une fonction à une autre) ;
- faire voyager le contenu.

Quelle que soit la façon dont vous avez peuplé votre tableau, c'est pour en faire quelque chose. Repartons du tableau prérempli. Nous utilisons la notation indicée en indiquant le numéro de la cellule à lire, en commençant à zéro :

Listing 10.1 : Extrait du fichier tabRempli.c

```
   int monTabRempli[5] = {10, 21, 32, 43, 54};
   int maVar;

   maVar = monTabRempli[0];
   // Premier element, monTabRempli[0] = 10

   maVar = monTabRempli[1];
   // Deuxieme element, monTabRempli[1] = 21

   maVar = monTabRempli[2];
   // Troisieme element, monTabRempli[2] = 32

   maVar = monTabRempli[3];
   // Quatrieme element, monTabRempli[3] = 43

   maVar = monTabRempli[4];
 // Dernier element, monTabRempli[4] (PAS 5!) = 54
```

Pour l'exemple, nous écrasons le contenu de `maVar` dès que nous l'avons utilisé. Vous pouvez bien sûr utiliser une variable à la place du chiffre d'indice. Cette technique est très utilisée dans une boucle.

Itérons, petit patapon

Voyons comment lire les mêmes valeurs dans une boucle :

```
   // Lecture de monTabRempli dans une boucle
   for (i = 0; i < 5; i++) {
```

```
    // Affichage de monTabRempli[i]
  }

// monTabRempli[0] 10
// monTabRempli[1] 21
// monTabRempli[2] 32
// monTabRempli[3] 43
// monTabRempli[4] 54
```

C'est presque toujours de cette façon que les tableaux sont utilisés. Voici comment modifier les contenus des éléments :

```
  // Modification de la 4ème valeur de monTabRempli
  monTabRempli[3] = 298;
  // monTabRempli[3] contient la valeur 298
```

Le point sur les indices

C'est une incohérence apparente du langage C : si vous avez besoin de stocker cinq valeurs, vous devez effectivement indiquer le chiffre 5 pour déclarer le tableau.

En revanche, les numéros d'ordre des éléments (leurs indices) commencent à zéro, et non à 1. Le dernier élément du tableau, le cinquième, est donc celui à l'indice 4. Cela explique que la condition de poursuite de boucle s'écrive :

```
i < 5;
```

En langage C, zéro est le premier indice !

TRUC

L'humain a tendance à commencer à compter à un. Pourtant, zéro est un chiffre !

Vous aimez le hors-piste ?

Le langage C qui sert de support à cette découverte impose peu de règles. Au niveau des tableaux, il n'y a aucun mécanisme de protection contre les sorties de piste. Si vous créez un tableau de cinq éléments, le langage C ne vous interdit pas de demander le contenu du onzième.

Dans l'exemple suivant, nous sortons de piste à deux reprises.

Listing 10.2 : Texte source tabHorsPiste.c

```
// tabHorsPiste.c
#include <stdio.h>

int main(void)
{
  int tablox[5] = {10, 21, 32, 43, 54};
  int maVar;

  maVar = tablox[0];
  // Premier element tablox[0] = 10

  maVar = tablox[5];
  // Nous passons en hors-piste avec tablox[5] : 0

  maVar = tablox[11];
  // Plus loin avec tablox[11] qui contient : 3873265

  return 0;
}
```

Le contenu mémoire des endroits demandés est sans aucune signification pour vous. En lecture, ce n'est pas très grave, sauf si vous basez la suite du programme sur ce que vous venez de lire.

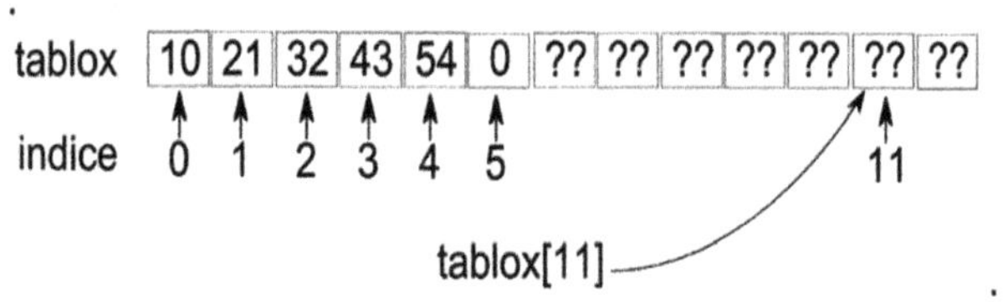

Figure 10.2 : Lecture hors tableau.

En écriture, il est extrêmement dangereux de modifier une valeur en dehors de la structure. C'est une technique radicale pour bloquer le programme. Les systèmes modernes possèdent des mécanismes de protection mémoire qui vous empêchent d'écrire ailleurs que dans les zones réservées aux données, mais cela ne garantit pas qu'il n'y aura pas de dommages en cas de hors-piste.

En effet, un tableau n'est qu'une suite d'emplacements mémoire adjacents (du moins pour chaque dimension).

& : l'adresse mémoire d'un tableau

Le nom du tableau est une variable spéciale qui contient l'adresse du premier élément (c'est un pointeur). En voici la preuve avec l'opérateur `&` qui vient en préfixe du nom de conteneur à localiser :

Listing 10.3 : Extrait du fichier tabAdresse.c

```
int tablox[5] = {10, 21, 32, 43, 54};
int maVar;

maVar = tablox;
// Valeur du nom tableau ? : 2686732

maVar = &tablox[0];
Adresse de tablox[0] ? : 2686732
```

La valeur fluctue d'une exécution à l'autre. C'est une adresse mémoire.

L'intelligence du tableau permet d'utiliser des indices pour aller d'un élément au suivant en ajoutant un à l'indice, mais le langage traduit ce saut d'indice en saut d'adresse approprié grâce au type de donnée. Voici un exemple :

- partons du précédent tableau de cinq entiers `int` (chacun 4 octets) ;
- pour aller de l'élément 0 à l'élément 1, l'indice augmente de 1 ;
- l'élément occupe quatre octets en mémoire, donc son adresse de départ et les trois suivantes ;
- il faut avancer de quatre unités (quatre octets), donc de l'adresse de 0 à l'adresse + 4. Cette multiplication est automatique.

NOTE TECHNIQUE : La fin du texte source *tabAdresse.c* montre comment utiliser un pointeur volontairement sous-dimensionné pour illustrer le mécanisme d'accès. Nous conseillons d'avoir lu la fin de cette partie du livre avant de l'étudier.

Enfin un tableau tabulaire

Voici un tableau digne de ce nom avec une longueur et une largeur, donc à deux dimensions.

Listing 10.4 : Extrait du fichier tab2D.c

```
int tTab2D[3][5] = { {11,21,31,41,51},
                     {12,22,32,42,52},
                     {13,23,33,43,53}  };
```

Observez bien le double jeu d'accolades :

- un jeu d'accolades pour la globalité du tableau ;
- un jeu intérieur pour chaque contenu d'un exemplaire de la première dimension ;
- des virgules entre les valeurs.

Le principe de peuplement consiste à indiquer pour la première ligne toutes les valeurs de la seconde dimension, puis de même pour les lignes suivantes.

Voyons comment accéder au quatrième élément de la troisième ligne (valeur 43). Vous devez désigner la ligne d'indice 2 (la troisième) et la colonne d'indice 3 (la quatrième). Vous pouvez recopier ce contenu dans une variable temporaire du type approprié ainsi :

```
tempo = tTab2D[2][3]);
// Affichage de tempo, soit 43
```

Voici en guise de comparaison la déclaration d'un tableau de 5 lignes de 3 éléments, soit l'inverse du précédent :

```
int tTab53[5][3] = { {11,21,31},
                     {12,22,32},
                     {13,23,33},
                     {14,24,34},
                     {15,25,35}  };
```

Voici comment lire le contenu du premier élément de chacune des cinq lignes de ce tableau :

```
for (tempo=0; tempo < 5; tempo++)
  maVar = tTab53[tempo][0]);
  // Afficher maVar
```

sizeof( ) : l'empreinte mémoire d'un tableau

Vous voudrez parfois connaître la taille réelle d'un tableau, c'est-à-dire le nombre d'octets que ses éléments occupent en mémoire.

Il suffit d'appliquer l'opérateur `sizeof()` au nom du tableau (sans aucun indice). Appliquons-le à trois des tableaux précédents :

Listing 10.5 : Texte source tabTaille.c

```
// tabTaille.c
#include <stdio.h>

int main(void)
{
  short tailleTA, taille2D, tailleTC, tempo;
  short monTabAmorA[5] = {12,21,32,43,54};
  double monTabAmorC[128] = {14.0};

  int tTab2D[3][5] = { {11,21,31,41,51},
                       {12,22,32,42,52},
                       {13,23,33,43,53}  };

  tailleTA = sizeof(monTabAmorA);
  tempo    = tailleTA / sizeof(short);
// monTabAmorA occupe 10 octets pour 5 elements short.

  tailleTC = sizeof(monTabAmorC);
  tempo    = tailleTC / sizeof(double);
// monTabAmorC occupe 1024 octets pour 128 elements double.

  taille2D = sizeof(tTab2D);
  tempo    = taille2D / sizeof(int);
  // tTab2D occupe 60 octets pour 15 elements int.

  return 0;
}
```

Pour chaque tableau, nous nous servons deux fois de l'opérateur `sizeof()`. D'abord pour connaître la taille hors-tout de chaque tableau, exprimée en octets :

```
  tailleTA = sizeof(monTabAmorA);
```

Le premier tableau contenant cinq éléments de type `short` (nous avons changé son type depuis le précédent exemple), l'occupation mémoire brute est égale à 10 (5x2).

Retrouver le nombre d'éléments est ensuite un jeu d'enfants :

```
  tempo    = tailleTA / sizeof(short);
```

Pourquoi demandons-nous la taille du type standard `short` ? Tout le monde sait que c'est le deuxième plus petit conteneur à valeur : deux octets.

Supposons que vous ayez écrit un programme pour un processeur qui utilise quatre octets pour le type `int` et deux octets pour le type `short`. Vous voulez réutiliser le programme sur un automate industriel dans lequel le type `int` est sur deux octets et le type `short` sur un seul. Si vous indiquez une valeur littérale fixe pour la taille unitaire, tous vos calculs de taille de tableaux (et d'autres) seront à reprendre.

Il est donc conseillé d'interroger la machine pour connaître la taille de chaque type, car elle n'est pas standardisée. Les deux types `int` et `long` occupent parfois deux octets, parfois quatre (parfois même huit pour `long`).

Le calcul est le même pour les deux autres tableaux.

- `monTabAmorC` étant un tableau de valeurs décimales `double`, chacune occupe 8 octets.
- `tTab2D` est notre vrai tableau en deux dimensions.

Cette technique ne permet pas de retrouver la structure d'un tableau à plusieurs dimensions. Un tableau contenant deux lignes de six éléments occupera le même espace qu'un tableau de trois lignes de quatre éléments.

Les tableaux dynamiques

Lorsque vous ne pouvez pas prévoir la taille maximale du tableau, l'approche grossière consiste à « voir large ». Mais vous risquez toujours de provoquer un hors-piste si les besoins de stockage dépassent votre large vision.

La solution existe : le tableau dynamique que certains nomment un vecteur. Pour en profiter, il faut d'abord apprendre à utiliser trois fonctions prédéfinies dont les noms sont `malloc()`, `realloc()` et `free()`. Elles permettent de réserver manuellement de l'espace mémoire pendant l'exécution. Les utiliser suppose de savoir manier les pointeurs, ce que nous verrons dans l'ultime chapitre de cette partie.

Pour le moment, essayons de construire un hyper-tableau, un tableau que l'on ne peut même pas dessiner dans notre univers physique qui n'a que trois dimensions (oui, plus le temps).

Un projet dans la cinquième dimension

On veut gérer deux indicateurs d'activité pour les techniciens d'une entreprise pétrolière.

- L'entreprise est implantée dans 2 zones d'exploitation.
- Chaque pays est découpé au maximum en 3 régions ou zones.
- Chaque zone regroupe au maximum 5 sites ou plates-formes.
- Chaque site occupe au maximum 8 techniciens.
- À chaque technicien sont associés 2 indicateurs d'activité (heures sur site/heures hors site).

Chaque identificateur est une feuille de l'arbre. C'est là que sont stockées les valeurs.

Le type `int` suffira pour stocker nos indicateurs d'activité. Les indices sont des valeurs croissantes qui ne dépasseront jamais les bornes. Le type `char` suffirait donc, mais nous allons opter pour `int`, car certains outils analyseurs se plaignent.

Comment définir un tableau pour gérer tout cela ?

```
int tabH[2][3][5][8][2];
```

C'est la technique de base. Nous rendons la déclaration bien plus lisible en définissant des symboles avec des directives `#define` en début de texte. Ces symboles (par convention, toujours écrits en majuscules) seront remplacés par la valeur indiquée en équivalence :

```
#define PAYS   2
#define ZONE   3
#define SITE   5
#define TECH   8
#define IDEN   2
```

Une fois ces équivalences définies, la création du tableau peut s'écrire ainsi :

```
int tabH[PAYS][ZONE][SITE][TECH][IDEN];
```

Pour éviter que le tableau contienne des valeurs aléatoires (ce qui se trouve à cet endroit dans la mémoire à ce moment), nous demandons d'écrire la valeur 1 dans la première case. D'office, toutes les autres cases recevront la valeur 0, ce qui permet de commencer avec un contenu de tableau propre :

```
int tabH[PAYS][ZONE][SITE][TECH][IDEN] = {1};
```

Notre tableau va contenir 2 x 3 x 5 x 8 x 2, soit 480 éléments. Chaque élément est de type entier signé. Sur un ordinateur personnel récent, ce type de données occupe quatre octets (32 bits). Le tableau va donc occuper 4 x 480, soit 1 920 octets.

Voyons l'exemple complet dans une première version avec très peu d'affichages. Il s'agit véritablement d'une structure à cinq dimensions (d'où le nom de l'exemple).

Listing 10.6 : Exemple de tableau à cinq dimensions (tab5D.c).

```
// tab5D.c
#include <stdio.h>

#define PAYS   2
#define ZONE   3
#define SITE   5
#define TECH   8
#define IDEN   2

int main(void)
{
  int  ident = 0;
  int  i,j,k,l,m = 0;
  int  tabH[PAYS][ZONE][SITE][TECH][IDEN] = {1};

  for (i = 0; i < PAYS; i++)  {
    for (j = 0; j < ZONE; j++)  {
      for (k = 0; k < SITE; k++)  {
        for (l = 0; l < TECH; l++)  {
          for (m = 0; m < IDEN; m++)  {
            ident++;
            tabH[i][j][k][l][m] = ident;
          }
        }
      }
    }
  }
  return 0;
}
```

Après la directive d'inclusion de `stdio.h`, indispensable pour pouvoir utiliser la fonction d'affichage `printf()` que nous découvrirons enfin dans quelques pages, nous trouvons nos cinq définitions de symboles avec la directive `#define`. Puis nous entrons dans le corps de la fonction principale (et unique ici).

Nous déclarons sept variables en trois lignes :

```
int  ident = 0;
int  i,j,k,l,m = 0;
int  tabH[PAYS][ZONE][SITE][TECH][IDEN] = {1};
```

D'abord un entier isolé qui recevra un compteur afin d'inscrire une valeur différente dans chaque cellule, ce qui servira d'identifiant unique.

La deuxième ligne déclare d'un trait cinq variables qui servent d'indices pour les cinq dimensions du tableau. Nous choisissons le type `int`. Aucun indice n'ira plus loin que la valeur 7 : c'est la valeur maximale pour la quatrième dimension TECH (souvenez-vous, le huitième élément correspond à l'indice 7).

La troisième ligne déclare notre tableau géant. Nous utilisons les cinq symboles prévus. L'outil qui va construire le fichier exécutable (le compilateur) va voir cette ligne interprétée comme ceci :

```
int  tabH[2][3][5][8][2] = {1};
```

La valeur entre accolades est l'astuce qui permet d'amorcer l'écriture d'une valeur connue dans toutes les cellules (de peupler le tableau avec une valeur initiale qui est 0, sauf dans la première cellule qui contiendra 1).

Certains compilateurs émettent un avertissement (bénin) devant cette manière d'écrire au moins une valeur initiale dans une cellule. Il est vrai qu'il y a cinq dimensions à indiquer. Si ce message vous gêne, vous écrivez ceci pour avoir les cinq paires d'accolades que réclame l'analyseur :

```
= {{{{{1}}}}};
```

Une fois ces préparatifs terminés, nous plongeons dans une formidable cascade de cinq boucles imbriquées. Ici, l'intérêt d'une bonne présentation est évident. Les indentations laissent comprendre immédiatement l'imbrication. Voici une version allégée :

```
for (  )  {
  for (  )  {
    for (  )  {
      for (  )  {
        for (  )  {

          // ACTIONS;

        }
      }
```

```
        }
      }
    }
```

Vous remarquez que l'accolade ouvrante d'un niveau est placée sur la ligne de l'instruction de boucle alors que l'accolade fermante qui lui répond est seule sur une ligne, alignée avec le premier caractère de cette instruction. C'est une manière d'écrire très répandue. En outre, nous avons choisi deux espaces d'indentation à cause de la largeur de ligne disponible dans ce livre. En pratique, on utilise souvent quatre espaces.

Dans chaque boucle `for`, nous faisons trois choses :

```
indice = 0;     indice < MAXDIM;     indice++
```

1. Nous décidons de la valeur initiale du compteur de tours de boucle. Nous commençons bien sûr à 0 afin de pouvoir accéder au premier élément de la dimension.
2. Nous choisissons quelle condition doit être satisfaite pour commencer le tour suivant. Ici, la butée est la dimension. En choisissant d'arrêter dès que le compteur n'est plus inférieur, nous atteignons bien le dernier élément (celui d'indice 2 pour un tableau de trois éléments comme ZONE dans l'exemple).
3. Nous passons à la cellule suivante par incrémentation de l'indice. Rappelons que :

```
nomvar++
```

est une version abrégée de :

```
nomvar = nomvar +1;
```

Arrivé au fond du tableau, au niveau le plus profond (indice `m`), nous stockons la valeur de l'identifiant :

```
            tabH[i][j][k][l][m] = ident;
```

Dans l'exemple, nous nous contentons d'augmenter de 1 cet identifiant par `ident++`, mais on pourrait prévoir à cet endroit un appel à une fonction pour lire la valeur depuis un fichier disque (ou en demander la saisie, mais saisir 480 valeurs sans faire de pause serait un peu inconfortable).

Il ne reste plus qu'à refermer les cinq blocs conditionnels imbriqués par une jolie cascade d'accolades fermantes.

Voici le même exemple qui permet de voir à l'écran que le programme fait bien ce qui est prévu. Pour la dernière fois dans ce livre, nous évitons de présenter les appels à la fonction d'affichage standard `printf()` et les remplaçons par des commentaires équivalents.

Listing 10.7 : Exemple de tableau à cinq dimensions (tab5Daff.c).

```
// tab5Daff.c
#include <stdio.h>
#define PAYS   2
#define ZONE   3
#define SITE   5
#define TECH   8
#define IDEN   2

int main(void)
{
  int ident = 0;
  int i,j,k,l,m = 0;
  int tabH[PAYS][ZONE][SITE][TECH][IDEN] = {1};

  for (i = 0; i < PAYS; i++)  {
    // PAYS:i
    for (j = 0; j < ZONE; j++)  {
      // P:i ZONE: j
      for (k = 0; k < SITE; k++)  {
        // P:i Z:j SITE:k
        for (l = 0; l < TECH; l++)  {
          // P:i Z:j S:k TECH:l
          for (m = 0; m < IDEN; m++)  {
            ident++;
            tabH[i][j][k][l][m] = ident;
            // Valeur pour IDEN: m
            // tabH[i][j][k][l][m]);
          }
        }
      }
    }
  }
  // tabH occupe 1920 octets
  return 0;
}
```

Voici le début des 480 éléments affichés :

```
PAYS:0
P:0 ZONE:0
P:0 Z:0 SITE:0
P:0 Z:0 S:0 TECH:0
  Valeur pour IDEN:0 =       1  Valeur pour IDEN:1 =    2
```

```
P:0 Z:0 S:0 TECH:1
  Valeur pour IDEN:0 =       3  Valeur pour IDEN:1 =    4
P:0 Z:0 S:0 TECH:2
  Valeur pour IDEN:0 =       5  Valeur pour IDEN:1 =    6
P:0 Z:0 S:0 TECH:3
  Valeur pour IDEN:0 =       7  Valeur pour IDEN:1 =    8
P:0 Z:0 S:0 TECH:4
  Valeur pour IDEN:0 =       9  Valeur pour IDEN:1 =    10
P:0 Z:0 S:0 TECH:5
  Valeur pour IDEN:0 =       11  Valeur pour IDEN:1 =   12
P:0 Z:0 S:0 TECH:6
  Valeur pour IDEN:0 =       13  Valeur pour IDEN:1 =   14
P:0 Z:0 S:0 TECH:7
 Valeur pour IDEN:0 =        15  Valeur pour IDEN:1 =   16
P:0 Z:0 SITE:1
P:0 Z:0 S:1 TECH:0
// etc.
```

Le tableau est donc un type de donnée complexe indispensable, mais il n'accepte qu'un type d'élément à la fois. Nous verrons en fin de partie une technique plus évoluée, permettant de combiner des données de types différents dans une structure grâce au mot clé `struct`.

Mais voyons d'abord un domaine d'utilisation *a priori* étonnant et pourtant très répandu des tableaux : les chaînes de caractères ou *strings*.

A message in the tableau : les chaînes

À l'origine, le langage C n'avait pas été conçu pour « faire la conversation », c'est-à-dire pour afficher des questions et des réponses sur un écran pour qu'un utilisateur les lise et pour récupérer ce qu'il saisit au clavier.

Rappelons que c'est en langage C qu'est écrit ce qui est un monument d'ingénierie : le système d'exploitation Unix, et donc aussi Linux et MacOS. L'ensemble du code source de Linux représente environ dix millions de lignes (sans les commentaires), dont à peu près 95 % sont en C. Environ 70% des serveurs Web du monde connu fonctionnent grâce à ces millions de lignes de C.

Un système d'exploitation est peu bavard. Il est très occupé à gérer la mémoire, le processeur, les disques, les connexions réseau, etc.

Ces origines expliquent qu'en langage C, presque rien n'était prévu au départ pour stocker des phrases, des messages, des dialogues dans un langage humain.

TRUC

D'autres langages disposent d'un mot clé du style « string » ou « text » pour définir puis manipuler une série de lettres de l'alphabet, de chiffres et de symboles. En C, c'est le minimum syndical : les 26 lettres de la langue des descendants d'Européens qui sont allés faire fortune dans les grandes plaines d'Amérique.

Nous avons vu dans la partie 1 que l'alphabet anglais était depuis les années 1960 codé en binaire selon la norme ASCII :

- les chiffres de 0 à 9 correspondent aux valeurs décimales 45 à 54 ;
- les lettres A à Z majuscules (valeurs décimales 65 à 90) ;
- les lettres a à z minuscules (valeurs décimales 97 à 121) ;
- des codes spéciaux complètent la panoplie entre 1 et 31, puis des signes de 32 à 44 et dans les autres trous jusqu'à 127.

Il s'agit ici de l'ASCII de base, reconnu par tous les ordinateurs de l'univers. Dans cette section, nous ne nous intéressons qu'à ce jeu de caractères américain.

Vous savez que le plus petit type numérique entier en C est `char`. Il correspond à 8 bits et permet de mémoriser une valeur parmi 256 si non signé (une sur 127 s'il est signé).

Un tableau de valeurs char

On peut bien sûr créer un tableau de valeurs `char`. Regardez cet extrait :

```
char sMsg[11];

sMsg[0] =  80;
sMsg[1] = 114;
sMsg[2] = 111;
sMsg[3] = 103;
sMsg[4] = 114;
sMsg[5] =  97;
sMsg[6] = 109;
sMsg[7] = 109;
sMsg[8] = 101;
```

```
sMsg[9] = 122;
sMsg[10] =  0;
```

Mais stop ! Procédons à un appel de sous-programme dans la lecture du livre. Nous reviendrons à notre tableau juste après. L'heure est venue de dévoiler celle qui se cache depuis cent pages : `printf()`.

Enfin la fonction printf()

Pour manipuler des messages lisibles par des hommes, il faut les leur montrer. La technique fondamentale quand on travaille en mode texte (mode Console ou Terminal, donc non graphique) repose sur une fonction polyvalente d'affichage : **`printf()`**.

C'est une fonction standard, fournie avec tous les compilateurs pour le langage C. Pour pouvoir l'appeler, il faut donc la faire connaître à l'analyseur. Son prototype se trouve dans un fichier d'en-tête (fichier se terminant par .h) portant le nom de fichier *stdio.h*. La seule précaution consiste à ajouter une directive en tout début de texte source pour faire analyser d'abord ce fichier standard (il est situé dans un sous-dossier que l'analyseur sait localiser automatiquement, si tout est bien configuré).

Ceci explique l'ajout de cette ligne au début de quasiment tous les exemples :

```
#include <stdio.h>
```

Une fois cela fait, la fonction `printf()` est accessible. Son code exécutable déjà traduit se trouve dans un fichier de librairie, lui aussi localisé automatiquement. Pratique, non ?

La fonction `printf()` est beaucoup plus riche que d'autres, en termes de polyvalence. Elle comporte des dizaines d'options, des formateurs de contenus, des caractères de format d'affichage, et surtout, elle est à géométrie variable (elle est variadique). Nous allons la découvrir au fur et à mesure des besoins.

Voici sa syntaxe formelle.

```
printf("texte avec %x et \y",
        nomvariable)
```

La fonction renvoie le nombre de caractères qu'elle a affichée plus un. Dans le prochain exemple, nous l'utilisons de plusieurs manières.

Maintenant que nous disposons de cet outil d'investigation `printf()`, vérifions dans une boucle avec un compteur ce qui a été stocké dans le tableau `sMsg[]` créé quelques lignes plus haut :

Listing 10.8 : L'exemple complet st1_tab.c, avec ses appels à printf().

```
// st1_tab.c
#include <stdio.h>

char* ptr_sAnglaise;

int main(void)
{
  char sMsg[11];
  sMsg[0] = 80;
  sMsg[1] = 114;
  sMsg[2] = 111;
  sMsg[3] = 103;
  sMsg[4] = 114;
  sMsg[5] = 97;
  sMsg[6] = 109;
  sMsg[7] = 109;
  sMsg[8] = 101;
  sMsg[9] = 122;
  sMsg[10] = 0;

  printf("Bapteme d'appel de printf() !\n");
  char i;
  for (i = 0; i < 11; i++) {
    printf("%d\t", sMsg[i]);
  }
  printf("\n");
  for (i = 0; i < 11; i++) {
    printf("%c\t", sMsg[i]);
  }

  return(0);
}
```

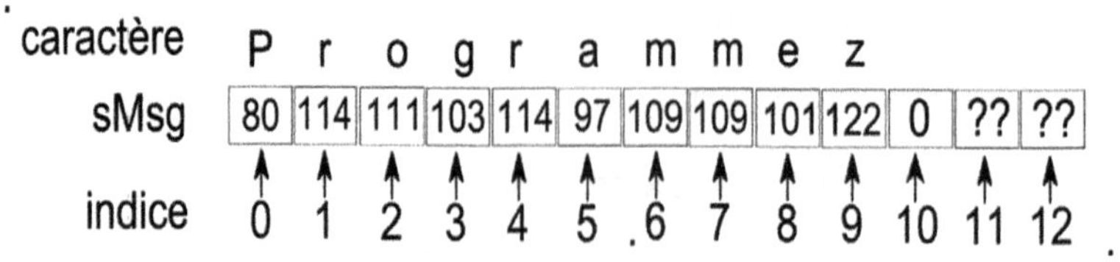

Figure 10.3 : Un tableau chaîne.

Une séquence d'échappement : \n

Après déclaration et peuplement du tableau, nous trouvons notre premier appel à `printf()` :

```
printf("Bapteme d'appel de printf() !\n");
```

Dans cet appel, la fonction ne reçoit qu'un seul paramètre (ou argument). C'est une chaîne de caractères littérale, délimitée par des guillemets. Elle se termine par un méta-caractère (le couple `\n`) qui n'est pas affiché. Il provoque le passage à la ligne suivante pour la suite de l'affichage.

Ce couple se nomme une séquence d'échappement parce qu'il échappe à l'affichage.

Un formateur : %d

Après avoir déclaré une variable compteur de boucle, nous entrons dans une première boucle pour demander à la fonction standard `printf()` d'afficher la valeur numérique lue dans chaque cellule du tableau.

```
    printf("%d\t", sMsg[i]);
```

Nous utilisons ici deux autres métacaractères, le formateur `%d` et la séquence `\t` qui provoque un saut de tabulation. Le formateur commence toujours par le symbole `%`. La lettre `d` signifie décimal. Ces deux caractères sont remplacés dans l'affichage par la valeur du second paramètre (après la virgule) après conversion de cette valeur en une série de dessins de chiffres lisibles.

Sachant cela, le résultat de ces onze appels à `printf()` pourrait vous dérouter (nous avons réduit la largeur des sauts de tabulation pour tenir sur une ligne du livre) :

```
80  114  111  103  114  97  109  109  101  122   0
```

La fonction a converti la valeur numérique 80 trouvée dans le tableau en une suite de deux caractères affichables 8 et 0 puis a amené le curseur de position d'affichage au pas de tabulation suivant. Rien de ce qui se trouvait dans le premier paramètre de la fonction n'est directement visible dans le résultat.

NOTE TECHNIQUE

Nous expliquons plus loin la raison d'être de la valeur zéro en dernière position.

Jusque-là, tout est normal. Nous savons déjà ce que c'est qu'un tableau : une liste de valeurs toutes du même type. Quel rapport avec nos langages humains ?

Magie du formateur %c

Et maintenant, un tour de magie. Nous arrivons à une seconde boucle qui est presque une copie conforme de la première. La seule différence : dans les paramètres de `printf()`, nous remplaçons le formateur `%d` par son collègue `%c` :

```
    printf("%c ", sMsg[i]);
```

Essayons le programme. Voici ce qui s'affiche :

```
P   r   o   g   r   a   m   m   e   z
```

Ce mot était caché dans le tableau ! Les caractères, chiffres et lettres n'existent nulle part dans l'ordinateur. Il ne connaît que des octets.

Le formateur `%c` demande à la fonction `printf()` d'afficher littéralement le graphique (un glyphe) de la lettre qui correspond à la valeur numérique selon la table de caractères en vigueur (ici, c'est ASCII). D'une certaine façon, cela lui demande moins de travail que d'afficher les valeurs numériques (un seul signe visuel au lieu de 2 ou 3).

En effet, quand vous demandez d'afficher avec `%d` (ou un autre formateur non caractère), la fonction doit faire une conversion du même style que nous lorsque nous avons à écrire une somme en toutes lettres sur un contrat ou une caution :

```
...la somme de 3230 (TROIS MILLE DEUX CENT TRENTE) euros.
```

Lorsque `printf()` reçoit par exemple le nombre 102 à traiter avec `%d`, il doit afficher le caractère 1, puis le caractère 0 puis le caractère 2 (alors qu'avec `%c`, il affiche directement la lettre **f** minuscule).

Pour spécifier une chaîne littérale : " "

Déclarer une chaîne de message en écrivant une par une les valeurs ASCII des caractères dans un tableau est loin d'être pratique. Le C a fait un petit geste pour nous aider : la chaîne littérale. Nous l'avons vue plusieurs fois déjà sans en parler. L'heure est venue.

Il suffit de placer du texte entre deux délimiteurs identiques qui doivent être des guillemets droits :

```
"Mignonne, allons boire "
"si le vin est frais."
```

Le résultat est un tableau ou une chaîne statique.

Un petit souci : en français, on use des guillemets droits pour les « citations ». Facile, il suffit d'utiliser un caractère spécial (un métacaractère) qui est la barre oblique inverse ou antibarre :

```
"On aime les \"citations\" dans les textes."
```

Combien d'auteurs de livres d'informatique français ont découvert avec stupeur qu'une fois leur livre mis en page et imprimé, tous les guillemets droits sont devenus typographiques (« ») et les apostrophes sont balancés, gauche et droite (´ `). Non, non et non. Il faut le guillemet droit, de code ASCII 34, et l'apostrophe droite, de code ASCII 39.

Il est donc possible de gagner du temps en écrivant la chaîne littéralement, mais pour stocker cette série de valeurs numériques déguisées dans une variable, cette variable doit être de type tableau.

Listing 10.9 : L'exemple complet st2_ronsard.c

```
// st2_ronsard.c
#include <stdio.h>

int main(void)
{
  char sRon[]  = "Mignonne, allons boire ";
  char sSard[] = "si le vin est frais.";
  char sCita[] = "On aime les \"citations\".";

  printf("%s", sRon);
  printf("%s", sSard);
  printf("\n\n %s", sCita);
}
```

Voici une des trois déclarations de variables chaînes de l'exemple :

```
char sSard[] = "si le vin est frais."
```

Les trois instructions d'affichage utilisent un nouveau formateur, `%s`. Ce `s` signifie *string*, chaîne de caractères. Voici la première ligne qui s'affiche :

```
Mignonne, allons boire si le vin est frais.
```

Puisque nous voulons rabouter les deux premiers tableaux, nous aurions pu remplacer les deux instructions par celle-ci, d'autant que nous avons prévu un espace séparateur à la fin de la première :

```
printf("%s%s", sRon, sSard);
```

Dans le troisième appel à `printf()`, le premier paramètre qui est la chaîne de formatage comporte deux fois le métacaractère de saut de ligne (**n** pour New line). Observez bien le traitement appliqué. En partant de ceci :

```
printf("\n\n %s", sCita);
```

la fonction `printf()` synthétise un tableau de caractères unique contenant deux fois le code numérique du saut de ligne (non imprimable ici), un espace puis la chaîne après suppression des anti-barres, chaîne qui remplace le formateur `%s` :

```
On aime les "citations".
```

Taille des tableaux chaîne

L'outil de construction (le compilateur) sait compter le nombre de caractères pour dimensionner chaque tableau. Le premier tableau de l'exemple fera 23 caractères utiles de long et l'autre 20.

Mieux encore, il va ajouter une cellule tout à la fin des tableaux pour y écrire la valeur numérique 0. Les tableaux feront donc 24 caractères de long (23 signes et le zéro terminal) et 21 (20+1). Pourquoi ?

Même s'il fait semblant avec la facilité d'écriture ci-dessus, le C ne sait pas ce qu'est une phrase, un mot, bref du texte. Il ne voit que des chiffres comme prouvé dans l'exemple précédent. Et surtout, rien n'est prévu pour mémoriser la longueur de chaque chaîne.

L'astuce choisie consiste à réserver la valeur zéro pour marquer la fin du tableau de caractères. Devant une chaîne littérale entre délimiteurs, le C ajoute d'office ce zéro terminal lorsqu'il stocke la chaîne dans le tableau récepteur. Le résultat est une chaîne à zéro terminal ou chaîne AZT.

Cela répond à la question laissée en suspens dans le premier exemple de tableau chaîne (le mot caché **Programmez**). Comme nous avions construit la chaîne manuellement en peuplant un tableau élément par élément, aucun mécanisme automatique n'aurait ajouté l'arrêtoir pour nous. C'est pourquoi nous avions terminé la création du tableau par :

```
sMsg[10] = 0;
```

Chaîne = tableau de char + zéro terminal

Des chaînes AZT partout !

Lorsque vous utilisez un tableau de chiffres comme le gros tableau d'exemple de l'entreprise pétrolière quelques pages plus haut, vous restez attentif aux bornes du tableau. Vous n'allez pas puiser des valeurs en dehors du tableau, car vous savez qu'elles n'ont aucun sens (et que c'est dangereux de gambader ailleurs dans l'espace mémoire).

Avec les chaînes de texte, c'est différent. Les humains ne s'intéressent pas à chaque caractère de chaque mot d'une phrase.

Les textes doivent donc souvent être manipulés sous forme de tableaux entiers (affichés, transmis, dupliqués, tronqués, scrutés). Par commodité, ces tableaux chaînes sont presque toujours créés à partir de chaînes littérales. Le zéro terminal est donc ajouté d'office. Mais encore faut-il penser à tester sa présence !

Savez-vous planter un ordi ?

C'est une des erreurs les plus fréquentes que de vouloir travailler avec une chaîne sans arrêtoir, car les fonctions chaînes travaillent en boucle jusqu'à détecter la valeur zéro. Si elle n'est pas trouvée, le programme est en péril.

Lorsque vous avez besoin de lire un tableau chaîne élément par élément, placez l'action dans une condition :

```
while ( tablo[i] != 0 ) {
  ACTION;
  i++;
}
```

S'il n'y a aucun élément dans le tableau ayant la valeur zéro, ceci est une boucle infinie ! C'est encore du hors-piste, mais tout droit dans le ravin.

Un florilège de fonctions chaînes

La librairie standard du C propose une famille complète de fonctions chaînes pour vous faire gagner du temps avec les tableaux chaînes. Toutes dépendent de la présence de la butée de fin de tableau, c'est-à-dire du zéro terminal. Elles ne digèrent bien que les chaînes AZT. La valeur que renvoient la plupart de ces fonctions est hautement estimable. Vous devez donc la capter dans une variable.

Ces fonctions ne sont pas définies dans la même librairie que `printf()`. Il faut donc ajouter une seconde directive d'inclusion en début de fichier pour les utiliser :

```
#include <string.h>
```

Voici un aperçu rapide de quelques fonctions dédiées à la manipulation de tableaux de caractères :

Concaténation

```
strcat(tabDest, tabSrc)
```

Rien à voir avec un chat, même anglais. Le terme *cat* vient de conCATéner, proche de caténaire, c'est-à-dire former une chaîne (à partir de deux).

Cette fonction ajoute le contenu du tableau `tabSrc` à la fin du tableau `tabDest` et renvoie `tabDest`.

Recherche d'un caractère

```
strchr(tabScrute, int carac)
```

Recherche la première occurrence du caractère dans le tableau et renvoie la sous-chaîne commençant à sa position.

Comparaison de textes

```
strcmp(str1, str2)
```

Compare deux chaînes et renvoie une valeur négative si la première est antérieure à l'autre (dans l'ordre des valeurs croissantes des codes ASCII). Ainsi, "aBC" est inférieur à "Ayz".

Duplication

```
strcpy(tabDest, tabSrc)
```

Copie le tableau `tabSrc` dans le tableau `tabDest` avec le ZT et renvoie `tabDest`.

Mesure de longueur

```
strlen(tabTexte)
```

Renvoie la longueur de la chaîne, non compris le zéro terminal.

Expulsion d'une chaîne simple

```
puts(tabTexte)
```

Cette fonction est la petite sœur de `printf()`. Elle envoie vers le canal de sortie standard (l'écran en mode texte) la chaîne sans appliquer aucun traitement (elle n'accepte aucun formateur **%**, ni séquence d'échappement ****). En revanche, elle ajoute d'office un saut de ligne à la fin.

Pour mieux connaître ces fonctions, il est bon d'avoir pris contact avec le concept de pointeur que nous verrons en fin de partie.

Le point essentiel est celui-ci : toutes ces fonctions dépendent de la présence d'un zéro terminal en fin de chaîne. Ne l'oubliez jamais.

Avoir l'accent anglais ?

Voici un petit exemple qui se limite à vouloir afficher un début de phrase en français, donc avec quelques accents :

Listing 10.10 : Test st5_accents.c

```
// st5_accents.c
#include <stdio.h>

int main(void)
{
  char sEte[]  = "\n L'âme est sûre au début de l'été...";

  printf("%s", sEte);
}
```

Ce programme est prévu pour s'exécuter en mode texte, donc dans une fenêtre de terminal. Sous Windows, voilà ce qui peut apparaître :

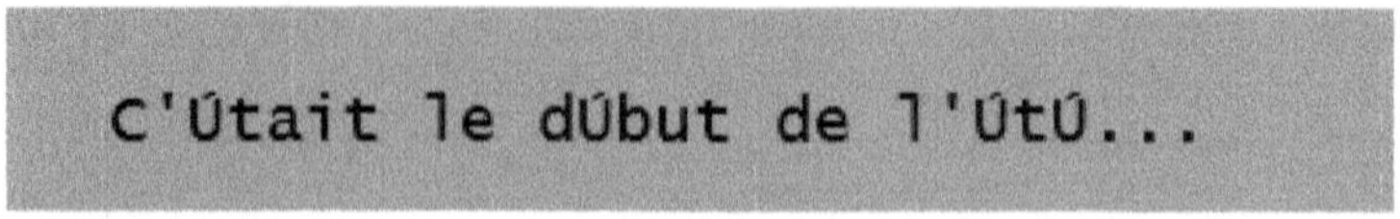

Figure 10.4 : Affichage de lettres accentuées françaises dans le terminal Windows.

Il y a donc un petit souci qui gêne autant les Québécois que les Métropolitains. Tout ce qui ne fait pas partie du jeu de caractères américain risque de subir ce genre de mésaventure. Si vous utilisez Linux ou MacOS, leur choix de UTF-8 devrait supprimer le souci (à condition d'enregistrer le texte source dans ce format).

Unicode et UTF

Dans les environnements graphiques habituels (Windows, MacOS), une solution a été mise en place, mais elle est différente dans chaque cas.

La solution définitive et universelle se nomme **Unicode**. Cette norme existe depuis 1991 et donne un numéro à chaque symbole de caractère et d'idéogramme, y compris les runes des vikings (ce sont des glyphes, comme les hiéroglyphes). Unicode code actuellement plus de cent mille éléments. Le souci de l'application de Unicode est qu'il y a plusieurs manières de coder les glyphes :

- soit toujours sur 4 octets, c'est le codage UTF-32 ;
- soit sur 2 octets et parfois 4, c'est le codage UTF-16 adopté par Windows ;
- soit sur 1 à 4 octets, c'est le codage UTF-8, systématisé sous Unix et Linux et que MacOS reconnaît aussi. Presque tous les sites web de nos jours fonctionnent en UTF-8.

En langage C, un type de caractère étendu a été proposé en 1990, le « caractère élargi » (*wide char*), mais sa largeur n'est pas figée. Sur les ordinateurs de bureau, il peut correspondre à deux ou à quatre octets. Sur un microcontrôleur de lave-vaisselle, le caractère élargi peut se réduire à un octet, ce qui permet au moins d'afficher les accents européens dans les messages à l'utilisateur. Bref, ce type ne répond pas bien au problème.

En 2011, le C et le C++ ont proposé deux types élargis clairement définis. Ce sont les types char16_t et `char32_t`. Ils permettent de stocker des codages sur 16 ou 32 bits des glyphes Unicode.

En ce qui concerne cette présentation des chaînes, sachez qu'à partir du moment où chaque caractère est codé sur plus d'une valeur de type `char`, les fonctions classiques qui manipulent ces tableaux de caractères sont perdues. En UTF-8, le a minuscule américain correspond à un seul octet, mais le e accent grave du français va en nécessiter deux et les lettres du coréen comme 현대중공업 vont occuper deux ou trois octets.

Conclusion

Il nous reste à découvrir un autre type de données complexe (la structure) qui, à la différence du tableau, permet de mélanger des types différents. Cela fera l'objet d'un autre chapitre.

Nous avons découvert un nombre suffisant de notions pour faire une pause dans les connaissances du langage. Voyons comment construire des programmes utilisables par l'ordinateur (exécutables) à partir du code source que vous avez écrit.

Chapitre 11

Le processus de construction

Dans ce chapitre :

- Fichier source, code objet et exécutable
- Fichiers d'en-tête
- Préprocesseur, compilateur, assembleur, lieur
- Découverte d'un atelier de construction (Code::Blocks)

Si vous avez lu les précédents chapitres de cette partie, vous avez une bonne vision globale des fondamentaux d'un langage de programmation, en l'occurrence le langage C. Rappelons que le C est un langage compilé, c'est-à-dire qu'il faut fournir le texte source à un outil qui va l'analyser pour produire un fichier binaire.

Avant de découvrir quelques autres concepts indispensables (les structures et les pointeurs), nous pouvons faire une pause dans cette visite d'un langage pour nous intéresser à la manière de fabriquer un programme à partir de ce que vous écrivez.

Ce processus ne demande aucun effort de votre part ; ce sont des outils qui font le travail une fois que vous leur avez donné quelques précisions.

Pour illustrer la suite, nous partons non pas d'un texte source, mais de deux :

- un module principal contenant `main()` et
- un satellite.

Voici le module principal :

Listing 11.1 : Texte source complet de foncModule1.c

```
#include <stdio.h>

extern void maFoncNue(char);

int main()
{
  printf("Avant d'appeler maFoncNue !\n");

  maFoncNue(0);

  printf("\nRevenu de maFoncNue !***\n");
  return 0;
}
```

La fonction `maFoncNue()` est déclarée et utilisée mais son corps de définition n'est pas présent ! Le prototype indique `extern`, ce qui prévient l'analyseur que c'est normal. Elle est définie dans un autre texte source.

Voici ce second module :

Listing 11.2 : Texte source complet de foncModule2.c

```
// foncModule2.c
#include <stdio.h>

void maFoncNue(char val)
{
  if (val == 0) {
    printf("\nDans maFoncNue !***\n");
  }
}
```

Revoici le premier code source tel que vous le rédigez dans un éditeur de texte :

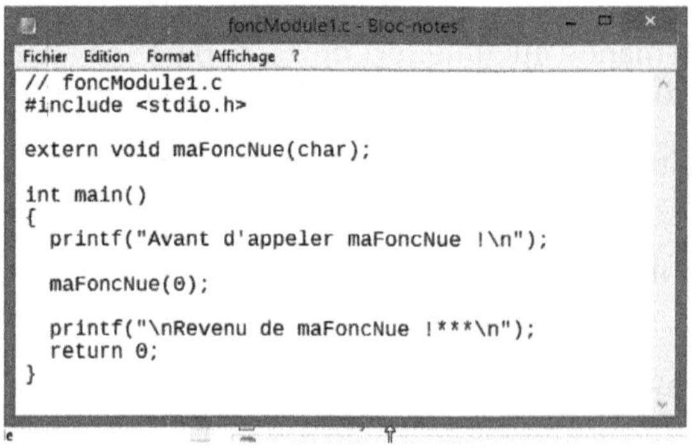

Figure 11.1 : Vue du code source dans un éditeur de texte.

Et voici un aperçu du fichier exécutable .EXE qui va en résulter s'il n'y a pas d'erreur :

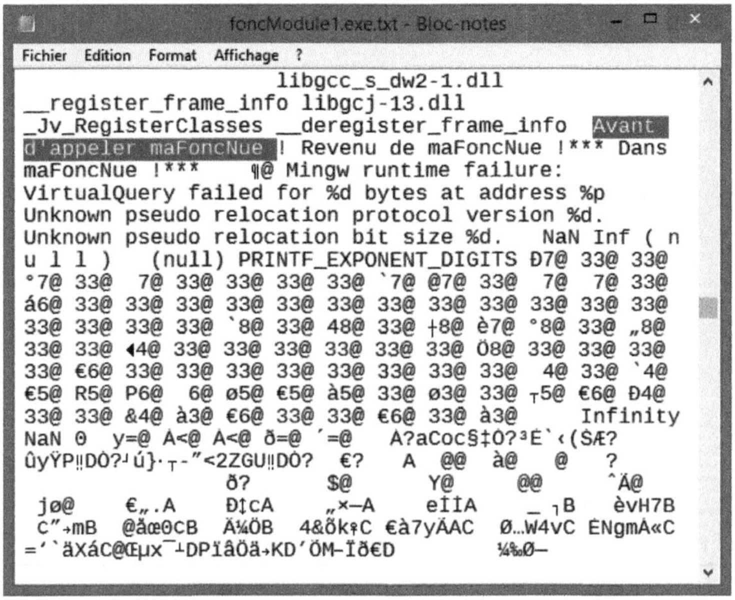

Figure 11.2 : Extrait du code exécutable correspondant.

Bien sûr, le fichier .EXE n'est pas fait pour être chargé dans un éditeur de texte, puisque c'est une suite de codes machines. Néanmoins, on peut y distinguer les chaînes de caractères des deux fichiers de départ.

La taille du fichier source *foncModule1.c* s'élève à 211 octets alors que celle du fichier exécutable *foncModule1.exe* correspondant est de 55 272 octets, soit plus de 200 fois plus. C'est remarquable, d'autant qu'un état intermédiaire du fichier, le fichier assembleur (Figure 11.3) n'occupe que 665 octets et reste lisible (quand on connaît le langage assembleur).

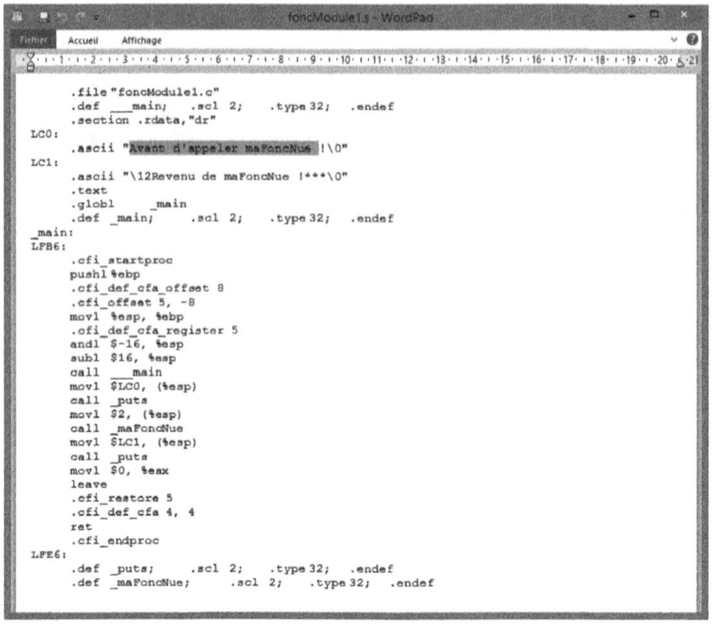


```
	.file "foncModule1.c"
	.def	___main;	.scl	2;	.type 32;	.endef
	.section .rdata,"dr"
LC0:
	.ascii "Avant d'appeler maFoncNue !\0"
LC1:
	.ascii "\12Revenu de maFoncNue !***\0"
	.text
	.globl	_main
	.def	_main;	.scl	2;	.type 32;	.endef
_main:
LFB6:
	.cfi_startproc
	pushl %ebp
	.cfi_def_cfa_offset 8
	.cfi_offset 5, -8
	movl	%esp, %ebp
	.cfi_def_cfa_register 5
	andl	$-16, %esp
	subl	$16, %esp
	call	___main
	movl	$LC0, (%esp)
	call	_puts
	movl	$2, (%esp)
	call	_maFoncNue
	movl	$LC1, (%esp)
	call	_puts
	movl	$0, %eax
	leave
	.cfi_restore 5
	.cfi_def_cfa 4, 4
	ret
	.cfi_endproc
LFE6:
	.def	_puts;	.scl	2;	.type 32;	.endef
	.def	_maFoncNue;	.scl	2;	.type 32;	.endef
```

Figure 11.3 : Code assembleur intermédiaire.

Dans le code source, nous ne trouvons que quatre instructions : deux appels à une même fonction standard d'affichage (`printf()`), un appel à une fonction externe `maFoncNue()` et un `return` pour terminer poliment l'exécution.

En enlevant tous les appels à `printf()`, on descend à 23 Ko, mais c'est encore cent fois le volume initial. Que se passe-t-il ?

Le fichier .EXE contient des informations techniques indispensables pour que le système sache implanter le programme en mémoire et préparer son exécution puis réaliser des actions de maintenance (libération de la mémoire notamment) en fin d'exécution. Les 30 Ko de plus de la version complète sont donc imputables au code de la fonction standard `printf()` que nous utilisons. Elle a donc été injectée en partie dans le code.

Les quatre étapes de la construction

Il se passe beaucoup de choses pendant la construction de l'exécutable. Le processus fait intervenir tour à tour quatre outils :

- le préprocesseur ;
- le compilateur ;
- l'assembleur ;
- le lieur.

Vous pouvez construire un exécutable de deux façons :

- Soit « à la main », sur la ligne de commande en mode texte (dans une fenêtre de terminal). Dans ce cas, vous devez connaître quelques options pour diriger les travaux. Nous donnerons les commandes à saisir pour la collection d'outils GCC.
- Soit dans un atelier de développement en mode graphique. En général, les options adéquates sont déjà réglées, mais il est utile de savoir ce qui se passe. Nous verrons dans une section ultérieure comment travailler avec Code::Blocks, un atelier de développement gratuit.

Dès qu'un projet dépasse de l'ordre d'une centaine de lignes, le code source est normalement distribué dans plusieurs fichiers source ou modules. Les trois premières étapes de la construction s'appliquent à chaque module source jusqu'à obtenir un fichier de code objet (extension *.o*). Le lieur réunira les fichiers *.o* pour construire un unique fichier exécutable.

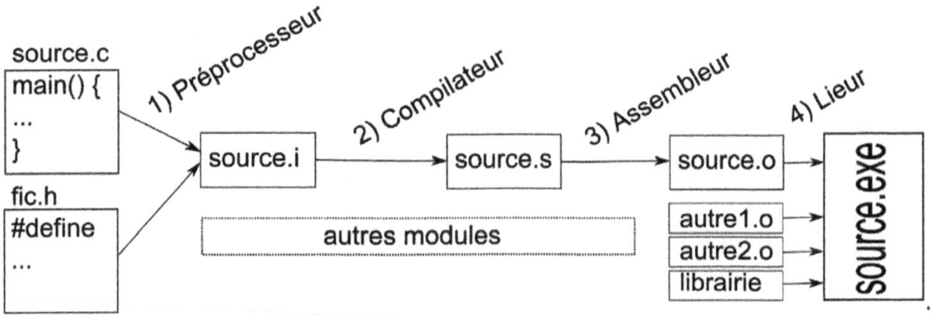

Figure 11.4 : Étapes de construction d'un programme exécutable.

Voyons ces quatre étapes l'une après l'autre en prenant comme outil la collection d'outils MinGW basée sur GCC (*Gnu Compiler Collection*). GCC est un ensemble d'outils libres dont nous expliquons l'installation en annexe.

1) Préprocesseur

Nous savons que pour pouvoir utiliser une fonction prédéfinie standard, il faut indiquer au compilateur le nom d'un fichier contenant le prototype de cette fonction. Dans l'exemple, c'était la directive tout en début de fichier source :

```
#include <stdio.h>
```

Les fichiers d'en-tête .h

Lorsqu'il rencontre une directive d'inclusion, le préprocesseur va chercher le fichier indiqué et insère tout son contenu à la place de la directive, qui disparaît.

Voici un très court extrait du fichier *stdio.h* de la variante MinGW du compilateur C pour Windows. Le fichier complet compte 650 lignes :

```
#undef  __mingw_stdio_redirect__
#define __mingw_stdio_redirect__(F) __cdecl __MINGW_NOTHROW __
mingw_##F

extern int __mingw_stdio_redirect__(fprintf)(FILE*, const
char*, ...);
extern int __mingw_stdio_redirect__(printf)(const char*, ...);
```

L'extrait est choisi puisqu'on peut voir le prototype de la seule fonction qui nous intéresse parmi les 41 fonctions prédéfinies dans ce fichier d'en-tête.

TRUC

L'extrait précédent « pique un peu les yeux », mais vous devriez commencer à distinguer les mots clés et les identifiants.

Nous reconnaissons le mot clé `extern` qui prévient que la fonction `printf()` est effectivement définie ailleurs, en l'occurrence dans une librairie. Cette déclaration externe empêche le compilateur de se plaindre qu'il n'a pas trouvé les instructions d'une fonction. Quand on oublie une telle mention, on obtient un message dans ce style :

```
undefined reference to 'nomFonction'
```

L'autre opération importante d'un fichier d'en-tête est le remplacement des symboles des directives `#define`. Il s'agit d'un remplacement systématique du symbole par son équivalent. Si vous écrivez cette directive :

```
#define  TEMP_MAX  95
```

à tous les endroits dans le code source où le préprocesseur détecte le mot TEMP_MAX, il le remplace par la valeur 95. C'est très pratique pour centraliser une valeur constante que vous envisagez de modifier.

Rappelons que les noms des symboles de `#define` s'écrivent en majuscules.

Pour l'essentiel, une fois les inclusions et les remplacements faits, le fichier intermédiaire qui est produit est prêt à passer à l'étape suivante : la compilation.

Les fichiers d'en-tête contiennent aussi des directives conditionnelles dont nous ne parlerons pas, telles que `#ifdef` et `#ifndef`.

Quelle commande ?

Pour obtenir le résultat du travail du seul préprocesseur, la commande se fonde sur l'option **-E** (en majuscule) :

```
gcc  -E foncModule1.c  -o foncModule1.i
```

Vous adaptez la commande au nom de votre fichier source.

2) Compilateur

L'outil de compilation est un des gros morceaux de cette série d'outils. C'est pour cette raison que le terme « compiler » est devenu synonyme de la totalité du processus de construction. Souvent, on « compile » un programme, puis on le « recompile » après avoir corrigé une erreur, mais compiler n'est qu'une des étapes de la construction qui produit un fichier exécutable.

Il faut dire que le compilateur a beaucoup à faire :

- Il doit analyser scrupuleusement le code source pour s'assurer qu'il comprend tout.
- Si au moins une erreur a été détectée, le processus s'arrête. Inutile de poursuivre.
- S'il a un doute (sans que ce soit une erreur), il émet un avertissement (*warning*).
- S'il n'a détecté aucune erreur, le compilateur produit un fichier restant lisible par les humains : du code assembleur.

La rigueur avec laquelle votre code source sera jugé est réglable (option **-Wall** pour une rigueur maximale).

Prenons l'exemple pédagogique suivant :

```
unsigned int maVarUtile = 12;
unsigned int maVarInutile = 14;

void main() {
  maVarUtile = 48;
  return;
}
```

Nous déclarons deux variables, mais nous n'utilisons jamais la seconde ! Pourquoi alors la déclarer ? Le compilateur s'en aperçoit et peut émettre une remarque à ce sujet. Cela ne va pas empêcher de produire le code objet, mais c'est étonnant. À vous de voir.

Revenons à nos deux modules.

Quelle commande ?

Pour obtenir le résultat du travail du seul compilateur, la commande se fonde sur l'option **-S** (en majuscule) :

```
gcc  -S foncModule1.i
```

Vous adaptez la commande au nom de votre fichier source.

Vous obtenez un fichier à extension *.s* (comme aSsembleur) déjà aperçu en Figure 11.3. C'est toujours du code source, mais dans le langage le plus élémentaire qui existe, directement convertible en code machine binaire :

Listing 11.3 : Code assembleur intermédiaire foncModule1.s

```
  .file  "foncModule1.c"
  .def  ___main;  .scl  2;  .type  32;  .endef
  .section .rdata,"dr"
LC0:
  .ascii "Avant d'appeler maFoncNue !\0"
LC1:
  .ascii "\12Revenu de maFoncNue !***\0"
  .text
  .globl  _main
  .def  _main;  .scl  2;  .type  32;  .endef
_main:
LFB6:
  .cfi_startproc
  pushl  %ebp
  .cfi_def_cfa_offset 8
```

```
    .cfi_offset 5, -8
    movl   %esp, %ebp
    .cfi_def_cfa_register 5
    andl   $-16, %esp
    subl   $16, %esp
    call   ___main
    movl   $LC0, (%esp)
    call   _puts
    movl   $0, (%esp)
    call   _maFoncNue
    movl   $LC1, (%esp)
    call   _puts
    movl   $0, %eax
    leave
    .cfi_restore 5
    .cfi_def_cfa 4, 4
    ret
    .cfi_endproc
LFE6:
    .def   _puts;  .scl   2;  .type  32;  .endef
    .def   _maFoncNue;  .scl  2;  .type  32;  .endef
```

Même sans rien connaître au langage assembleur, on peut retrouver sans efforts nos appels de fonction (en gras), sauf que ce sont dorénavant des instructions `call`.

Nous voyons notre identifiant de fonction `maFoncNue`, mais pourquoi ces mentions `puts` là où nous demandions d'appeler `printf()` ?

La fonction standard `printf()` est sophistiquée puisqu'elle permet d'injecter des valeurs dans une chaîne servant de modèle grâce à des spécificateurs basés sur le signe %. En revanche, `puts()` est élémentaire. Elle envoie vers la destination choisie (écran, fichier, connexion réseau) une chaîne sans aucun traitement. Voilà pourquoi, une fois la chaîne définitive construite, il ne reste plus qu'à utiliser `puts()`.

Ce code assembleur peut être converti en code objet par le prochain outil.

3) Assembleur

A partir de ce moment, votre ticket n'est plus valable ! Le résultat de cette étape est un fichier dont le contenu est devenu quasiment illisible. Ce sont des instructions machine, donc différentes selon le type de processeur (Intel/AMD ou bien ARM par exemple).

Quelle commande ?

Pour obtenir le résultat du travail du seul assembleur, la commande se fonde sur l'option **-c** (en minuscule) :

```
gcc  -c foncModule1.s
```

Vous obtenez un fichier à extension *.o* (comme Objet). C'est devenu du code presque exécutable. Presque ?

Il manque tous les liens avec les fonctions extérieures au module : `maFoncNue()` de l'autre module dans notre exemple, et celles de la librairie standard, `printf()`.

Cette mise en relation est le travail du quatrième et dernier outil, le lieur.

Si vous réalisez le processus de construction étape par étape comme nous venons de le montrer, il faut maintenant réaliser les trois étapes précédentes pour le second module afin de disposer de `foncModule2.o`.

4) Lieur

Le lieur est le couturier de l'informatique. Il tisse les liens entre les appels de fonctions et les fonctions appelées d'un module source à un autre. Il ajoute aussi des instructions à exécuter avant le démarrage du programme (prologue) et d'autres après son exécution (épilogue).

Pour les fonctions prédéfinies des librairies, il injecte le code des seules fonctions utilisées dans le fichier résultant ou même seulement un lien (adresse). Sans entrer dans les détails, sachez qu'il existe deux sortes de librairies :

- les librairies statiques (fichiers *.a* ou *.lib*) : le code des fonctions est effectivement totalement recopié dans votre programme, ce qui le rend autonome, mais il occupe plus d'espace en mémoire quand il fonctionne ;
- les librairies dynamiques (*.DLL* sous Windows, *.so* ou *.dylib* sous Unix) : le lien n'est pas résolu par le lieur, mais pendant l'exécution, ce qui permet à plusieurs programmes d'appeler le même exemplaire du code de la fonction commune.

Dans les deux cas, les librairies sont différentes selon le système d'exploitation, notamment la librairie générale dont le nom de fichier contient souvent les lettres CRT (pour *Common RunTime*). Sous Windows, cette librairie sera par exemple *MSVCRT.DLL*.

Quelle commande ?

Pour obtenir le résultat final à partir des fichiers en code objet, la commande utilise l'option **-o** (minuscule) pour préciser le nom désiré pour le fichier exécutable :

```
gcc  -o nomprog  foncModule1.o foncModule2.o
```

Vous obtenez le fichier exécutable *nomprog.exe.*

L'intérêt de présenter ces opérations élémentaires une par une est surtout pédagogique, mais il est parfois utile d'aller voir comment chaque outil a compris votre intention initiale.

NOTE TECHNIQUE

Les outils de production se conforment à un jeu de règles qui varie d'un système à l'autre notamment pour définir la façon dont sont mis en place les appels de fonctions. C'est l'*Application Binary Interface* (ABI).

Construction en une étape

Pour créer en une seule commande le programme précédent constitué de deux modules, il suffit de spécifier le nom de sortie avec **-o** et les noms des modules source :

```
gcc -o nomProg   foncModule1.c  foncModule2.c
```

Vous obtenez directement le programme prêt à l'emploi !

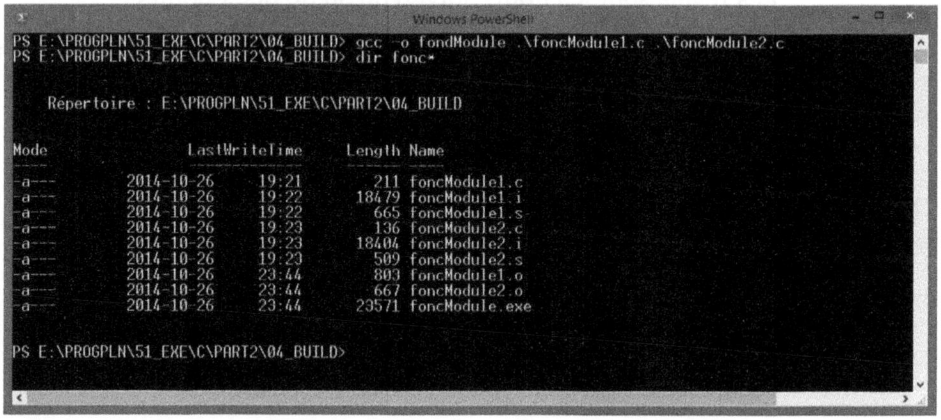

Figure 11.5 : Exemple de session de compilation avec gcc (première ligne).

Construction automatisée (make)

Dès que le projet devient imposant (de nombreux modules et librairies), un petit robot peut réaliser le travail à votre place.

En effet, lorsque vous modifiez un fichier source, il est inutile de regénérer tous les autres fichiers de code objet. Il suffit de retraiter le fichier modifié puis de relancer la seule étape finale du lieur.

L'outil nommé **make** (construire) puise ses instructions dans un fichier texte (un fichier *makefile*) qui définit toutes les règles de dépendance en remontant depuis l'exécutable jusqu'aux fichiers sources. Le nom de fichier doit s'écrire `makefile` et le fichier ne doit pas comporter d'extension de nom. Il ne peut donc exister qu'un tel fichier dans chaque dossier.

Listing 11.4 : Exemple de fichier d'automatisation makefile.

```
all: foncModule.exe

foncModule.exe: foncModule1.o foncModule2.o
	gcc -o foncModule.exe  foncModule1.o foncModule2.o

foncModule2.o: foncModule2.c
	gcc -c foncModule2.c

foncModule1.o: foncModule1.c
	gcc -c foncModule1.c

net:
	del foncModule1.o foncModule2.o foncModule.exe
```

Les règles sont les noms suivi d'un signe deux-points.

Les lignes en retrait sont des commandes. L'indentation doit absolument être produite par le caractère de tabulation, surtout pas par des espaces.

Sous Linux/MacOS, la commande d'effacement **del** doit être remplacée par **rm**.

L'utilisation du robot de construction est très simple, puisqu'il suffit d'indiquer son nom :

```
make
```

L'outil comprend que vous voulez faire reconstruire tout le projet depuis le début. Si vous faites une retouche dans *foncModule2.c*, vous demandez de ne reconstruire que cette partie :

```
make foncModule2.o
```

Dans notre petit exemple, cela ne fait pas de différence, mais lorsque le projet comprend des dizaines de fichiers source, le gain de temps est énorme et vous ne risquez pas d'oublier de mentionner un fichier ou une option.

Ce genre de robot est très utilisé par exemple pour les gros projets de développement. Une reconstruction complète est lancée en fin de journée de travail. Ce procédé correspond aux *Nightly Builds* (reconstructions nocturnes, comme le corps humain).

Un atelier de développement

Voyons maintenant comment travailler avec la souris. Enfin, direz-vous. Mais n'oublions pas que programmer c'est concevoir des solutions et les écrire. Un programmeur utilise beaucoup son clavier.

Cette section va utiliser un outil gratuit et très répandu qui fonctionne sur les trois plates-formes Linux, MacOS et MS-Windows. Cet outil se nomme Code::Blocks. Nous abrégerons en CB dans la suite.

Nous partons de l'état initial de CB (Figure 11.6). Si vous voulez pratiquer ce qui suit, voyez d'abord en annexe comment installer l'outil.

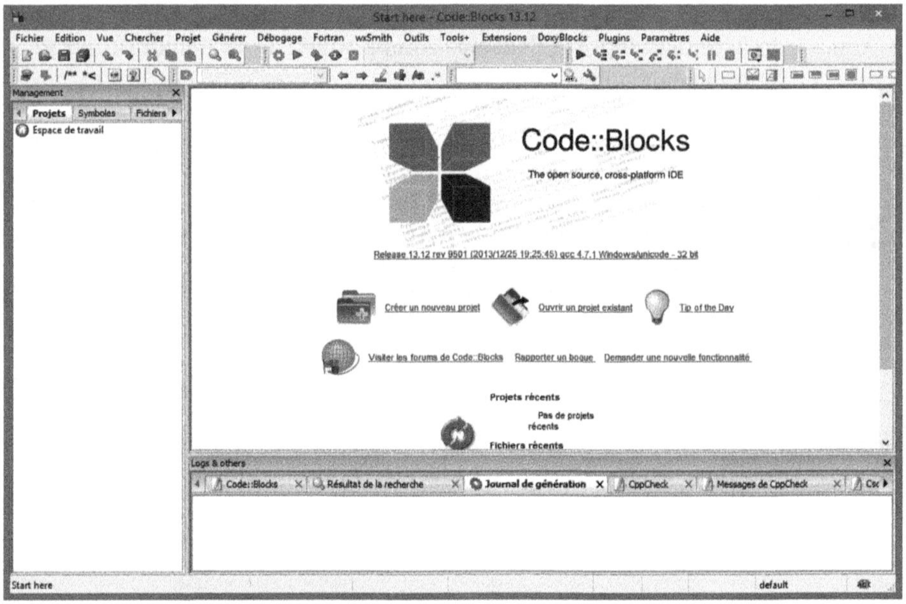

Figure 11.6 : Vue initiale de Code::Blocks.

Démarrage d'un nouveau projet

Ouvrez le menu **Fichier** et le sous-menu **Nouveau**. Vous pouvez choisir **Projet**.

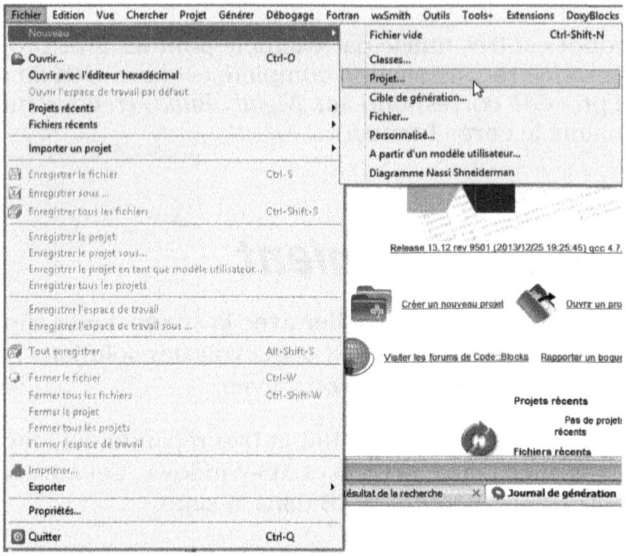

Figure 11.7 : Menu Fichier/Nouveau.

Une boîte de dialogue apparaît. Vous filtrez les choix en sélectionnant dans la liste la catégorie **Console**. Vous pouvez alors sélectionner le type de projet **Console application**.

TRUC

Le terme *Console* vient du fond des âges de l'informatique. Sur les gros ordinateurs qui régnaient dans les années 1960-70, les utilisateurs se connectaient via un terminal, un descendant du Téléscripteur. Un seul poste était relié directement à la machine dans la même salle. Certaines opérations très techniques n'étaient possibles que depuis cette console privilégiée. Le teme Console est resté pour désigner une fenêtre (ou un plein-écran) en mode texte.

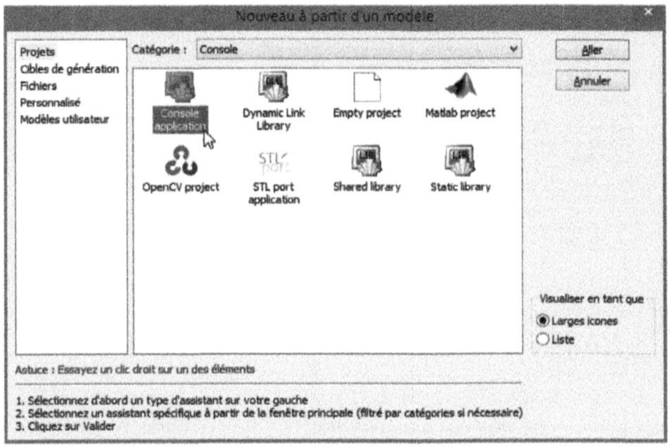

Figure 11.8 : Choix du type de projet.

Validez par le bouton **Aller** (ou **Go**, le libellé pouvant être en anglais ou en français selon la version de l'atelier installée).

Vous arrivez à une étape très brève de choix entre deux langages.

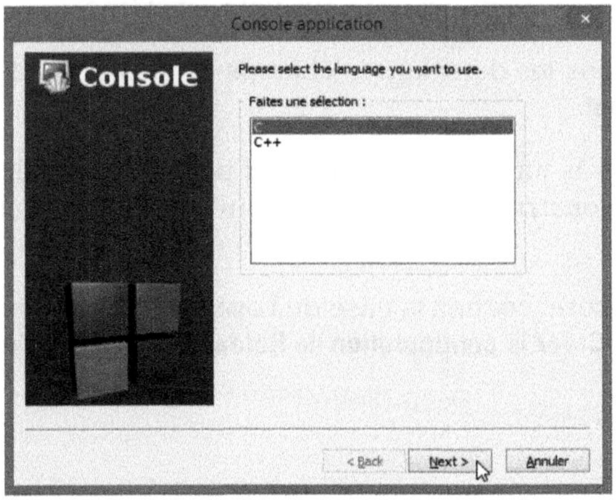

Figure 11.9 : Choix du langage C.

Par défaut, on vous propose d'utiliser le langage C++. Changez cette option, puisque nos projets sont en **langage C**. Validez par le bouton en bas à droite.

L'étape suivante mérite toute votre attention. Il s'agit de décider du nom du projet et de l'emplacement des fichiers.

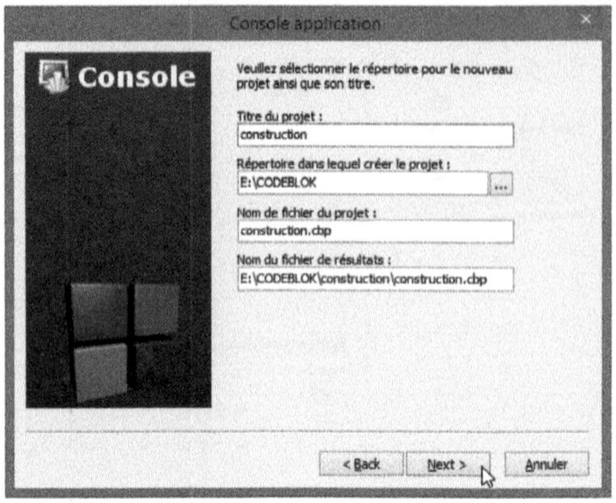

Figure 11.10 : Choix du nom du projet et de son emplacement.

Dans l'exemple, nous avons indiqué le nom **construction**. Nous avons aussi prévu un dossier nommé **CODEBLOK** dans lequel seront créés tous les autres projets (sauf avis contraire).

Choisissez un autre nom et un autre emplacement si vous savez le faire. Sinon, acceptez l'emplacement proposé sur votre système.

Inutile d'intervenir dans les deux autres champs de saisie. Validez par le bouton **Next** ou **Suivant**.

L'étape suivante est très intéressante, car vous pouvez y choisir votre panoplie d'outils de construction, c'est-à-dire surtout votre compilateur, donc votre langage.

Si elle ne l'est pas encore, cochez la case de l'option **Créer la configuration de Debug**. L'autre mode, **Créer la configuration de Release**, est normalement déjà cochée.

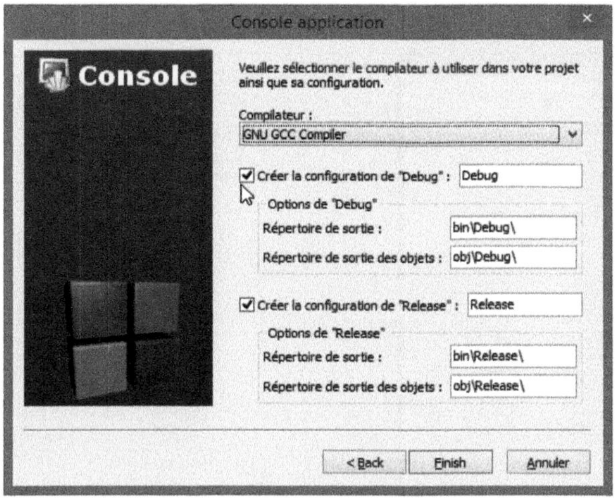

Figure 11.11 : Choix du compilateur et des configurations.

Mais qu'est-ce que signifient ces termes ?

- *To release*, c'est libérer, diffuser. Dans cette variante, la construction va aboutir à un fichier exécutable prévu pour être distribué, vendu ou donné, installé, afin qu'il rende service aux utilisateurs.
- *To debug*, c'est mettre au point, déboguer. Dans cette variante « interne », la construction va aboutir à un fichier plus gros, dans lequel sont injectés des symboles pour les variables et les fonctions. Ces symboles sont inutiles au bon fonctionnement normal du programme, mais ils servent à un outil nommé débogueur pour vous aider à trouver les erreurs dans le programme. La version **Debug** n'est donc pas destinée à être rendue publique, d'autant que le fichier est plus volumineux.

Nous demandons de générer les deux variantes. Si vous voulez explorer les possibilités de débogage, il vous faut cette variante technique.

La liste **Compilateur** en haut mérite d'être consultée. Vous pouvez y choisir votre panoplie d'outils de construction, c'est-à-dire surtout votre compilateur, donc votre langage.

Figure 11.12 : Aperçu du choix de compilateurs possibles.

Ce qui est proposé pour un projet de type Console convient parfaitement (**GNU GCC Compiler**). La lecture de la liste vous montre que vous pouvez créer des projets pour d'autres types de processeurs que les Intel/AMD de nos PC et Mac :

- les processeurs ARM sont très utilisés dans les équipements électroniques (telliphones, tablettes) et les cartes de contrôle pour la robotique (comme la célèbre carte Raspberry Pi) ;
- les microcontrôleurs (comme la famille 8051) servent dans le monde industriel.

Il y a même des options pour travailler en Fortran, le langage scientifique des années 1960, toujours utilisé dans la recherche.

Conservons le choix **GNU GCC** puisque les outils correspondants sont installés d'office en même temps que l'atelier Code::Blocks, si vous avez installé la variante MinGW (cela est détaillé en annexe).

Vous pouvez valider par le bouton **Terminer** (ou **Finish**). Vous allez maintenant entrer dans votre nouveau projet. Vous revenez dans la fenêtre principale.

Regardez le volet situé à gauche, affichant normalement le contenu de l'onglet **Projets**. C'est une liste hiérarchisée.

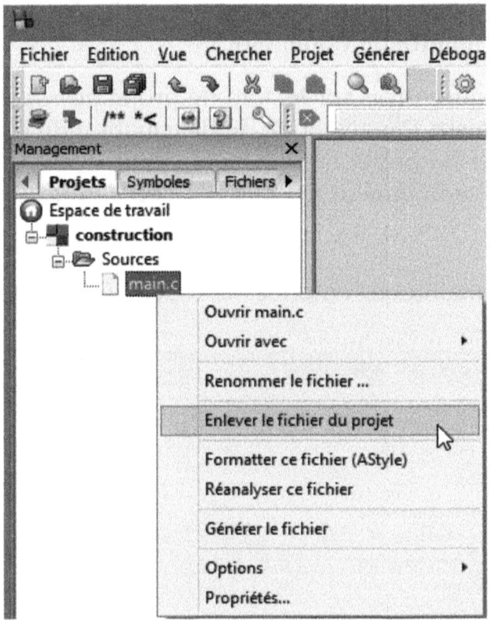

Figure 11.13 : Le volet Projets avec le projet déplié.

1. Utilisez le bouton de dépliement des détails pour faire apparaître la branche terminale qui a été créée d'office pour le fichier source principal de tout projet C.
2. Cliquez une fois dans le nom *main.c* pour le sélectionner puis cliquez-droit pour ouvrir le menu local et sélectionnez **Enlever le fichier du projet**.

Vous partez ainsi d'un projet vraiment vide.

Apport des fichiers sources

L'étape suivante est particulière. En temps normal, vous partez du fichier minimal préinséré (*main.c*) et vous rédigez votre code source.

Dans notre exemple, nous disposons déjà de deux fichiers sources. Si vous réalisez ce tutoriel, vous aurez récupéré ces fichiers avec tous les autres codes sources du livre, comme indiqué en annexe.

Nous allons donc déposer les deux fichiers dans le dossier du projet (que nous avons choisi de nommer *construction*).

Utilisez l'Explorateur de fichiers ou le Finder pour copier les fichiers. Revenez ensuite dans la fenêtre de Code::Blocks.

Dans le volet gauche, cliquez-droit sur le nom de projet *construction* et choisissez **Ajouter des fichiers**. Dans la boîte de désignation de fichiers, naviguez jusqu'au dossier du projet et multi-sélectionnez les deux fichiers (dans notre exemple, ils se nomment *foncModule1.c* et *foncModule2.c*) puis validez.

TRUC

Pour multi-sélectionner, maintenez enfoncée la touche Ctrl tout en cliquant.

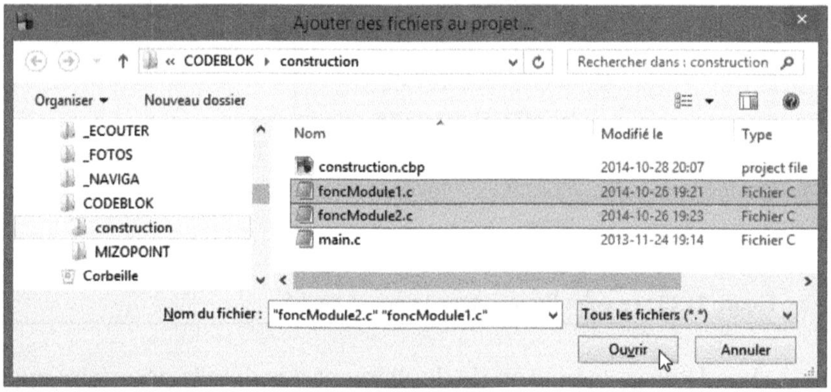

Figure 11.14 : Boîte de sélection des fichiers à ajouter.

Dès que vous validez, une boîte d'options vous demande de confirmer que vous voulez produire les deux variantes **Release** et **Debug**. Confirmez sans rien changer.

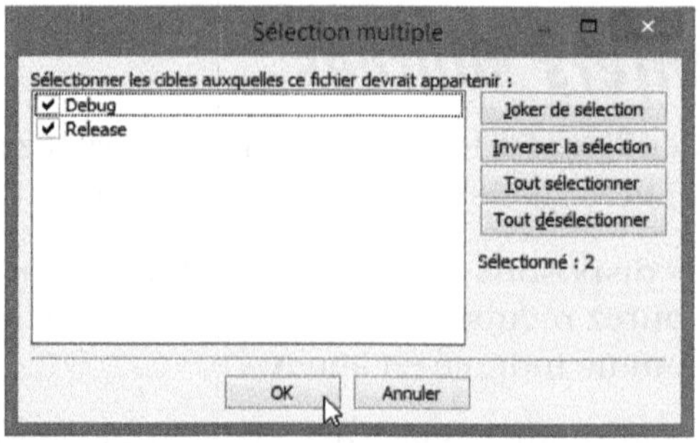

Figure 11.15 : Boîte de choix des variantes Release et Debug.

Enfin, nous y sommes ! Dépliez à nouveau les détails du projet. Vous devez voir les deux fichier sources.

L'éditeur de code source

Double-cliquez dans le nom du premier module source. Le texte source doit s'afficher dans la fenêtre d'édition. C'est exactement ici que les yeux d'un programmeur sont posés le plus souvent, c'est la fenêtre de rédaction et de création !

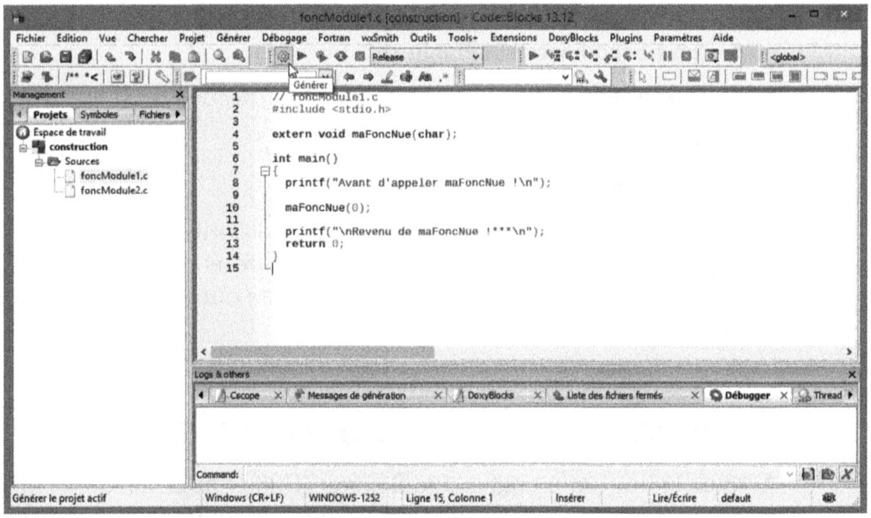

Figure 11.16 : Le premier code source dans l'éditeur.

Puisque les fichiers ont déjà été testés, nous allons directement essayer de produire l'exécutable.

Repérez dans la deuxième barre d'outils en haut le bouton contenant un petit engrenage jaune à gauche de la flèche verte. Sa légende est **Générer** (Build).

Figure 11.17 : Le bouton Générer (Build) de la barre d'outils.

Barres d'outils inutiles

En configuration d'origine, l'atelier affiche plusieurs barres d'outils dont nous n'aurons pas besoin. Vous pouvez les masquer comme nous l'avons fait. Amenez le pointeur de souris sur la poignée gauche de n'importe quelle barre (la zone grisée avec quatre points à la verticale) et cliquez-droit. Dé-sélectionnez notamment les quatre ou cinq barres suivantes :

- **IncrementalSearch**
- **NassiSchneidermannPlugin**
- **ThreadSearch**
- **DoxyBlocks**
- **Code Completion**

Nous n'aurons besoin que de trois barres d'outils : **Compiler**, **Principal** et **Debugger**. À droite du bouton à engrenage, vous devez voir le mot **Release** dans une liste déroulante (qui ne permet de choisir qu'entre **Release** et **Debug**).

Lancement de la construction

Activez le bouton à engrenage **Générer** (Build) pour lancer le processus de construction complet. Toutes les étapes présentées en début de chapitre s'enchaînent sans effort. Le projet étant minuscule, vous n'aurez pas le temps d'aller prendre un verre d'eau que ce sera prêt.

Observez alors le panneau inférieur qui a affiché des messages. Il montre le journal de génération (*Build log*). Si vous voyez *0 error(s), 0 warning(s)*, c'est parfait.

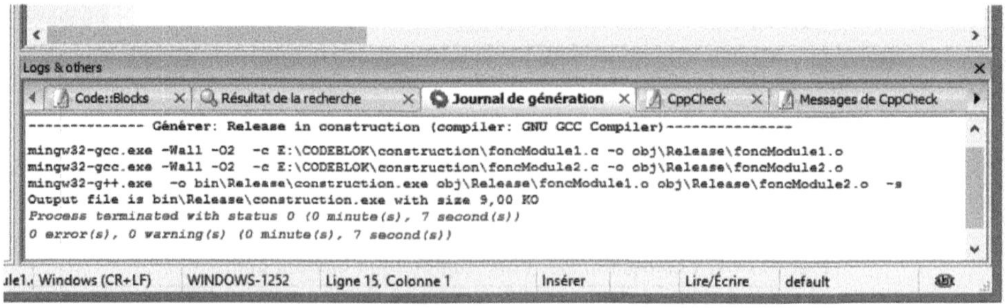

Figure 11.18 : Le panneau du Journal de génération.

Si vous basculez dans l'Explorateur ou le Finder, vous pouvez aller vérifier que deux sous-dossiers ont été créés sous votre projet :

- un dossier nommé *bin* avec un sous-dossier *Release* pour le fichier exécutable dans sa variante Release ;
- un dossier nommé *obj* avec un sous-dossier *Release* pour les deux fichiers de code objet .o.

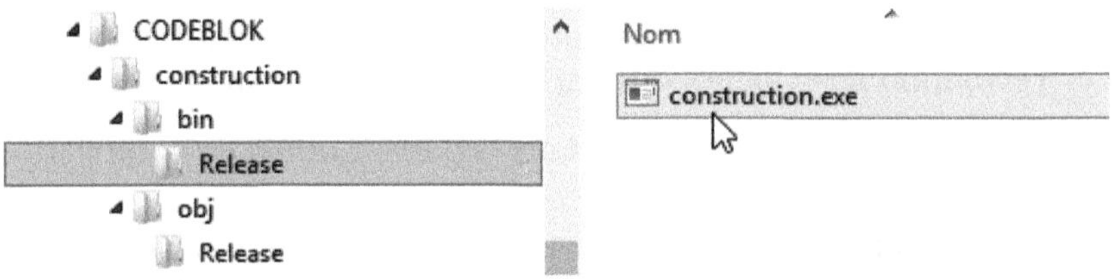

Figure 11.19 : Les sous-dossiers créés.

Vous pouvez maintenant admirer le fruit de votre travail. Utilisez le bouton **Exécuter** (Run) avec une flèche verte. Vu que c'est un projet de type Console, une fenêtre de terminal va s'ouvrir à côté de celle de l'atelier. Une pause a été ajoutée d'office pour vous permettre de juger de l'affichage.

Vous pouvez voir qu'un message en anglais confirme que le processus, donc votre fonction `main()`, a renvoyé un code 0. C'est bien ce que nous avons écrit dans la dernière ligne de la fonction :

```
return 0;
```

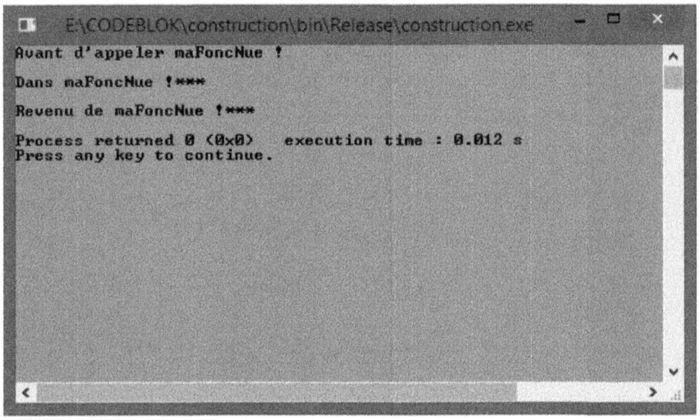

Figure 11.20 : Le programme exécuté dans une fenêtre de terminal.

Appuyez sur la barre d'espace pour refermer la fenêtre.

Vous avez terminé le parcours complet de construction d'un projet avec un atelier fenêtré. Voyons rapidement comment accéder au débogueur.

Séance de débogage

Le débogueur permet d'exécuter le programme ligne par ligne en surveillant l'évolution des valeurs des variables que vous placez sous surveillance.

1. Ouvrez la liste **Release** dans la barre d'outils de compilation pour choisir **Debug**.
2. Affichez le texte source du second module, *foncModule2.c* et cliquez dans la première colonne de la ligne du test `if` (ligne 6) pour y poser le curseur. Nous exécuterons à grande vitesse jusqu'à cette ligne.

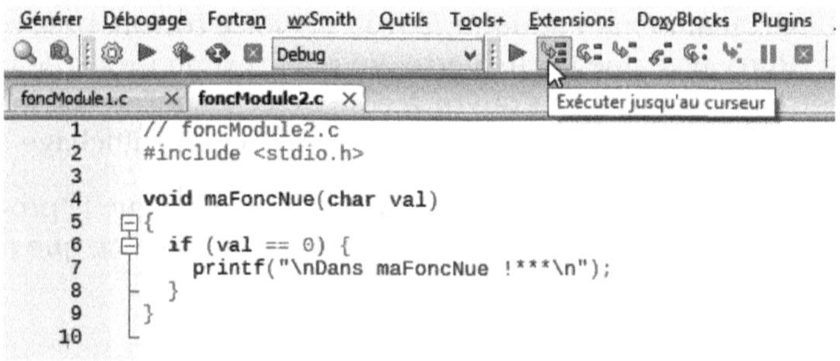

Figure 11.21 : Passage en mode Débogage.

3. Juste à droite du triangle rouge de la barre d'outils du Débogueur, cliquez dans le bouton Exécuter jusqu'au curseur. Tout l'affichage va changer.

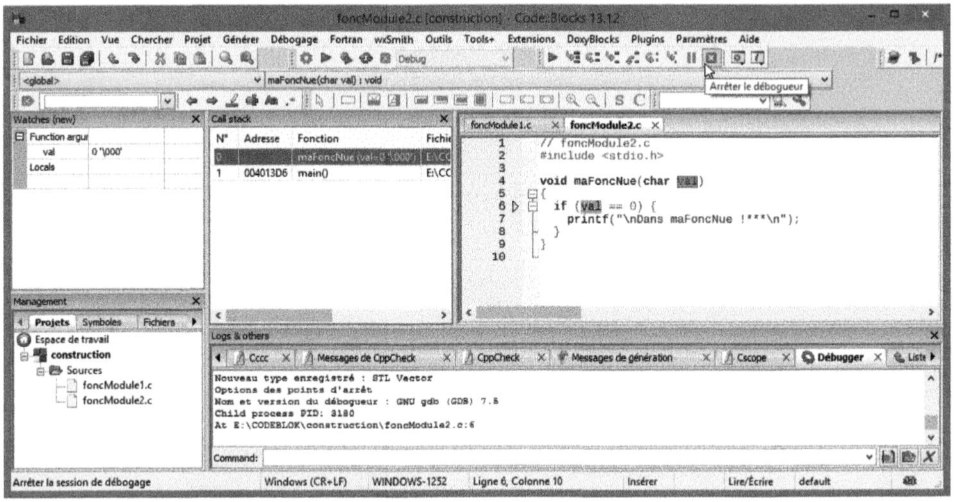

Figure 11.22 : L'atelier en mode Débogage.

Un panneau à gauche (**Watches**) permet de voir les valeurs des variables (ici, `val`). La pile d'appels est au milieu (**Call stack**). Les boutons de la barre de débogage permettent de progresser de plusieurs manières (ligne suivante, plongée dans le sous-programme, etc.).

4. Utilisez le bouton **Arrêter le débogueur** quand vous avez terminé votre exploration. Vous revenez dans le mode normal de l'atelier.

Conclusion

Nous savons maintenant produire un programme exécutable. Pour augmenter notre palette de possibilités, allons voir ce que proposent les librairies de fonctions standard du C.

Chapitre 12

Librairies : sur les épaules des géants

Dans ce chapitre :

- La roue a déjà été inventée !
- Les fonctions standard du C
- Retour sur `printf()`
- Fonctions clavier et écran texte
- Accéder à un fichier en lecture et en écriture
- Fonctions mathématiques et génération de valeurs imprévisibles
- Fonctions de date et d'heure

La culture humaine s'enrichit jour après jour depuis les origines de l'homme. Les meilleurs résultats, les meilleures stratégies pour répondre à un besoin viennent s'ajouter au lot commun des savoirs de l'humanité dans les arts comme dans les sciences.

Voici déjà plus d'un demi-siècle que l'on écrit des programmes. Tant de problèmes sont déjà résolus. De même, la palette de réponses aux problèmes des programmeurs ne cesse de croître.

Le nombre de librairies disponibles concerne de plus en plus de domaines : calculs scientifiques au départ, informatique de gestion, puis communications, robotique, graphismes 2D et 3D, pilotage d'engins et d'usines, santé, éducation, équipements militaires, etc.

Avant d'écrire la première ligne d'un nouveau projet, le programmeur d'aujourd'hui a le réflexe de faire le point sur ce qui est disponible pour répondre au même besoin ou à un besoin apparenté.

Le programmeur cultivé sait sur quoi il peut s'appuyer pour arriver avec moins d'efforts à son résultat. Pour l'essentiel, le capital culturel du programmeur est représenté par des fonctions prédéfinies (et des classes en orientation objets).

Les fonctions sont regroupées selon leur domaine d'emploi dans des librairies, de gros fichiers en réunissant des dizaines ou plus. Le rôle d'une librairie est purement administratif : le fichier de librairie contient plusieurs définitions de fonctions et le fichier d'en-tête associé contient les prototypes de ces fonctions.

Librairie ou bibliothèque ?

Les premiers francophones qui ont cherché comment traduire le terme anglais *library* ont pris leur dictionnaire bilingue et en ont déduit qu'une library était une bibliothèque, un lieu partagé où on emprunte un livre alors qu'une librairie française se disait *bookstore* où tout est à vendre.

Mais cette distinction est battue en brèche avec d'une part l'arrivée du web et le mouvement Open source et d'autre part de la diffusion gratuite de livres dans le domaine public ou en licence Creative Commons.

Le terme librairie retrouve donc tout son intérêt : il est plus court et il ressemble au terme anglais d'origine, ce qui n'est pas un détail pour limiter le « franglicisme » de l'argot des programmeurs.

S'il y avait une nuance à mettre en évidence, ce serait la différence entre librairie statique et dynamique, comme indiqué dans le chapitre sur la construction/compilation du fichier exécutable. Revisitons cette différence.

Librairies statiques (.a, .lib)

Si vous appelez une fonction d'une librairie statique, le code compilé de la fonction est extrait du fichier de la librairie pendant l'étape de liaison pour être injecté dans le fichier exécutable de votre programme.

Inconvénients : votre programme grossit et des fonctions universelles sont dupliquées en mémoire, parce que plusieurs programmes s'en servent.

Avantages : votre programme devient totalement autonome. Il contient toutes les instructions qu'il aura à exécuter.

Librairies dynamiques (.so, .dll, .dylib)

Si vous appelez une fonction d'une librairie dynamique, le code compilé de la fonction n'est pas injecté dans le fichier exécutable de votre programme. Il est implanté en mémoire dès qu'un premier programme appelle cette fonction.

Inconvénients : les mécanismes de mise en relation (d'interface) entre vos appels et la fonction ajoutent un léger retard d'exécution. Vous devenez dépendant de la présence sur la machine de la librairie, dans la version appropriée.

Avantages : la taille de votre programme reste limitée. Tant que le prototype de la fonction appelée ne change pas, son auteur peut l'améliorer et diffuser une nouvelle version plus efficace dont votre programme profite immédiatement. Vous limitez la consommation de ressources (votre empreinte mémoire), ce qui participe à une « écologie logicielle ».

Alors, librairie ou bibliothèque ?

Avec une librairie statique, vous vous appropriez le code de la fonction, ce qui revient à acheter un livre (donc, une librairie).

Avec une librairie dynamique, vous empruntez le code pendant quelques micro-secondes, le temps d'exécuter la fonction. Cela se rapproche de l'idée de bibliothèque.

Mais, il existe des bibliothèques à accès payant et des librairies web du domaine public. La nuance n'a donc plus son effet de classification initial.

Ceci étant dit, statique ou dynamique, les préparatifs requis pour utiliser une fonction de librairie sont quasiment les mêmes.

Comment profiter d'une librairie ?

Trois étapes sont requises pour pouvoir utiliser une fonction prédéfinie :

- Étudier l'interface de la fonction recherchée. Puisque toutes ces fonctions standard sont externes à votre texte source, un prototype est obligatoire. L'ensemble des fichiers d'en-tête *.h* standard permet à l'analyseur de connaître la signature de toutes ces fonctions afin de vérifier que vous les appelez correctement (type et paramètres).

- Demander l'inclusion du fichier d'en-tête contenant le prototype de la fonction désirée par une directive `#include`) en début de fichier source ;
- Pour les librairies autres que standard, configurer une option de ligne de commande ou de l'outil de production pour qu'il trouve le chemin d'accès au fichier de la librairie.

Les deux formats de #include

La directive d'inclusion doit spécifier un nom de fichier. La syntaxe n'est pas la même selon qu'il s'agisse d'un fichier de la librairie standard ou pas.

Lorsque le nom de fichier est délimité par des chevrons, l'analyseur n'ira chercher le fichier que dans les dossiers des librairies standard :

```
#include <stdio.h>
```

En revanche, si le nom est délimité par des guillemets droits, c'est à vous de préciser où se trouve le fichier, sauf s'il est dans le même dossier que le texte source :

```
#include "maFoncNue.h"
```

Les fonctions standard : une malle au trésor

La librairie fondamentale du langage C réunit des centaines de fonctions sur lesquelles peuvent s'appuyer toutes les autres librairies spécifiques à un domaine.

Cette librairie standard porte un nom variable (*libc, libgcc* ou *glibc*) selon la variante des outils et la plate-forme (Windows, MacOS, Linux, Unix).

Passer en revue le contenu de cette librairie donne une bonne idée générale des capacités fonctionnelles auxquelles vous avez directement accès sans plus d'effort que l'appel à la fonction désirée.

Nous avons sélectionné dans un premier tableau six groupes de fonctions qui répondent à la majorité des besoins. Cet ensemble représente plus de 130 fonctions. Les groupes sont présentés par ordre d'importance décroissante.

Tableau 12.1 : Les six groupes majeurs de la librairie principale du C.

Nom	*Contenu*
stdio.h	Groupe quasiment indispensable dans tout programme, ne serait-ce que parce qu'il contient le prototype de `printf()`. Il définit trois types, quelques macros et surtout plus de 40 fonctions dédiées aux opérations d'entrée et de sortie vers les fichiers ou le couple clavier/écran. Rien n'est prévu pour la souris, puisque nous sommes ici en mode texte.
stdlib.h	Définit quatre types de variables, des macros et une trentaine de fonctions à usage général : réservation/restitution d'espace mémoire, valeurs aléatoires, conversion entre tableau chaîne et autres types, etc.
math.h	Regroupe une vingtaine de fonctions dédiées à la trigonométrie et aux calculs sur les valeurs flottantes.
ctype.h	Déclare treize fonctions pour gérer des caractères individuels.
string.h	Déclare une vingtaine de fonctions de manipulation de tableaux chaînes.
time.h	Réunit neuf fonctions de lecture et de conversion de format pour les dates et heures ainsi que quatre types de données d'heure.

Les dix autres groupes ci-dessous contiennent des fonctions moins usitées, et certains fichiers d'en-tête ne contiennent même pas un prototype de fonction. En revanche, ils définissent des macros et des types de variables standard.

Tableau 12.2 : Aperçu des groupes secondaires de la librairie principale du C.

Nom	*Contenu*
complex.h	Gestion des nombres complexes (réel + imaginaire).
locale.h	Configuration régionale (symbole monétaire, formats de date). Définit une structure lconv et déclare les deux fonctions setlocale() et localeconv() pour lire ou modifier la configuration régionale.
setjmp.h	Intervention sur le mécanisme de gestion des appels et retour de fonctions.
signal.h	Gestion de signaux émis pendant l'exécution (fonctions système).
Aucune fonction dans les suivantes	
assert.h	Définit la macro assert pour tester une valeur pendant l'exécution et réagir si elle est hors normes.
errno.h	Gestion de la variable système entière errno que le système renseigne en cas de problème.
float.h	Constantes spécifiques à la plate-forme (processeur 16, 32, 64 bits).
limits.h	Plage de valeurs limites des types de variables (char, int, etc.).
stdarg.h	Type de variable pour gérer une liste de paramètres variable va_list (fonctions définies avec des points de suspension en fin de liste de paramètres).
stddef.h	Types et macros pour la plupart définis aussi dans d'autres fichiers.

La famille des entrées/sorties (stdio.h)

Le nom *stdio* signifie *STanDard Input/Output*. Ces fonctions servent à prendre le relais de votre programme pour les opérations d'import et d'export de valeurs vers l'extérieur. Par extérieur, on désigne tout ce qui est en dehors du couple processeur/mémoire vive : un disque dur, une clé de stockage USB, un port de communication réseau, un écran d'affichage en mode texte, un clavier.

Pour les sorties, l'écran est symbolisé par le nom `stdout`. Il reçoit aussi sauf mention contraire les messages d'erreur qui sont envoyés vers la pseudo-sortie nommée `stderr`.

Pour les entrées, le clavier est symbolisé par le nom `stdin`.

La plus connue et indispensable des fonctions de stdio est `printf()` qui permet au programmeur de savoir ce que fait son programme et d'en assurer la mise au point.

Il faut distinguer les besoins du concepteur du programme de ceux de ses clients (les utilisateurs futurs). De nos jours, quasiment tous les projets sont conçus pour fonctionner dans une interface graphique (nous verrons cela dans la prochaine partie). Les fonctions clavier et écran de la librairie standard ne sont plus utilisables car vous n'avez plus directement accès à ces périphériques depuis votre programme. En revanche, le programmeur a besoin de faire afficher des messages et de saisir des paramètres pour tester son projet.

Voyons les principales options de `printf()` utiles au programmeur.

Retour sur printf()

Cette fonction est d'une richesse incroyable, mais il n'est pas rentable de passer du temps à maîtriser toutes les subtilités de sa syntaxe. Nous allons tester quelques formateurs et séquences d'échappement qui répondent à presque tous les besoins.

Le premier paramètre de la fonction est une chaîne littérale truffée de métacaractères. Cette chaîne sert de patron d'affichage. Elle peut combiner du texte littéral, des formateurs débutant par % et des séquences d'échappement débutant par une barre oblique inverse.

Les six séquences d'échappement les plus usitées	
`\n`	Saut de ligne (Newline, valeur hexa 0A)
`\r`	Retour chariot (valeur hexa 0D)
`\t`	Tabulation (valeur hexa 09)
`\\`	Pour afficher la barre oblique inverse (valeur hexa 5C)
`\'`	Pour afficher l'apostrophe (hexa 27)
`\"`	Pour afficher le guillemet (hexa 22)

Les formateurs % de printf() les plus usités	
`%d`	Considère la valeur numérique comme un entier signé et l'affiche en décimal.
`%u`	Comme `%d`, mais pour des valeurs non signées. Remplacer par le formateur `o` pour afficher en octal et par `X` pour l'hexadécimal.
`%lu`	Le `l` inséré demande de considérer la variante long.
`%llu`	Le double `ll` demande de considérer la variante long long.
`%c`	Traduit la valeur de l'octet en représentation de caractère.
`%s`	Même traduction pour un tableau chaîne qui doit être fourni en tant que pointeur (nom du tableau seul).
`%f`	Considère la valeur numérique comme un nombre rationnel (flottant), donc toujours signé et l'affiche avec six chiffres de précision.
`%e`	Comme `%f`, mais utilise le format scientifique pour l'affichage.
`%g`	Applique soit `%f`, soit `%e` pour offrir la meilleure précision.
`%p`	Affiche la valeur d'une variable pointeur (une adresse en hexa).

Passons en revue les effets de quelques combinaisons.

Listing 12.1 : Texte source lib_printf.c

```
// lib_printf.c
#include <stdio.h>
#include <stdlib.h>

int main(void)
{
  char   icVal  =        117;
  int    i_Val  =   16777217;
  long long iLVal  = 12345678912345678;
  float  f_Val  =   -4325.25;
  double fdVal  = 1.81794E-3;
```

```
  char  stVal[] = "Je sers de phrase de test.";
  int* ptrIVal = &i_Val;

  printf("\\n*** Tests de printf() ***\\n");
  printf("Valeur char avec d = %d\n", icVal);
  printf("Valeur char avec c = %c\n", icVal);

  printf("\n*** Tests de cadrage sur int ***\n");
  printf("Valeur int avec d    = |%d|||\n", i_Val);
  printf("Valeur int avec -12d = |%-12d|||\n", i_Val);
  printf("Avec 12d et signe +  = |%+12d|||\n", i_Val);
  printf("Ligne de reperage    = |****99999999|||\n");
  printf("16300 en hexadecimal = |%X|\n", 16300);
  printf("Valeur long long     = |%llu|||\n", iLVal);

  printf("\n*** Tests de cadrage sur float ***\n");
  printf("Valeur float avec f    = |%f|||\n", f_Val);
  printf("Valeur int avec 5.1f   = |%5.1f|||\n", f_Val);
  printf("Valeur int avec 3.5f   = |%3.5f|||\n", f_Val);

  printf("\nValeur double avec e    = |%e|||\n", fdVal);
  printf("Valeur double avec f    = |%f|||\n", fdVal);
  printf("Valeur double avec 5.9f = |%5.1f|||\n", fdVal);

  printf("\n*** Tests de cadrage sur tableaux chaines\n");
  printf("Valeur chaine avec s    = |%s|||\n", stVal);
  printf("Valeur chaine avec 30s  = |%30s|||\n", stVal);
  printf("Valeur chaine avec -10s = |%-10s|||\n", stVal);

  printf("\n*** On finit avec un pointeur ***\n");
  printf("Valeur de pointeur avec p  = |%p|\n", ptrIVal);
  printf("Contenu de cette adresse   = |%d|\n", *ptrIVal);

  return 0;
}
```

Les barres verticales n'ont aucun effet spécial. Elles augmentent la lisibilité des affichages. Voici les résultats à l'écran, commentés groupe par groupe.

```
*** Tests de printf() ***
Valeur char avec d = 117
Valeur char avec c = u

*** Tests de cadrage sur int ***
Valeur int avec d    = |16777217|||
Valeur int avec -12d = |16777217    |||
Avec 12d et signe +  = |   +16777217|||
Ligne de reperage    = |****99999999|||
16300 en hexadecimal = |3FAC|
```

```
Valeur long long      = |12345678912345678|||

*** Tests de cadrage sur float ***
Valeur float avec f     = |-4325.250000|||
Valeur int avec 5.1f    = |-4325.2|||
Valeur int avec 3.5f    = |-4325.25000|||

Valeur double avec e     = |1.817940e-003|||
Valeur double avec f     = |0.001818|||
Valeur double avec 5.9f = |  0.0|||

*** Tests de cadrage sur tableaux chaines ***
Valeur chaine avec s     = |Je sers de phrase de test.|||
Valeur chaine avec 30s  = |    Je sers de phrase de test.|||
Valeur chaine avec -10s = |Je sers de phrase de test.|||

*** On finit avec un pointeur ***
Valeur de pointeur avec p  = |0028ff1c|
Contenu de cette adresse   = |16777217|
```

Autres fonctions de dialogue de stdio.h

Cette famille est l'une des plus fondamentales. Faisons un rapide tour du propriétaire de toutes les fonctions collègues de `printf()` dans *stdio.h.*

Le langage C étant intimement lié au système Unix, il en hérite le concept de flux de données (*stream*). Les fichiers sont considérés, tout comme le clavier et l'écran, en tant que sources et/ou destinations d'un flux.

Gestion des conteneurs (ouvrir, fermer, naviguer)

Ouvrir et fermer

```
FILE *fopen(const char *nomfic, const char *mode)
```

Ouverture du fichier `nomfic` dans le mode spécifié.

```
FILE *freopen(const char *nomfic, const char *mode, FILE *flux)
```

Association d'un autre nom à un flux ouvert et libération de l'ancien nom.

```
int fflush(FILE *flux)
```

Forçage d'écriture des données en attente vers le flux.

```
int fclose(FILE *flux)
```

Fermeture du flux (force les écritures en attente).

```
int feof(FILE *flux)
```

Test de l'état de l'indicateur de fin de fichier EOF.

```
FILE *tmpfile(void)
```

Construction d'un fichier temporaire en mode d'ajout binaire (`wb+`).

```
char *tmpnam(char *str)
```

Génération et renvoi d'un nom de fichier garanti unique.

Positionnement direct dans le flux

```
int fgetpos(FILE *flux, fpos_t *pos)
```

Lecture du curseur de position dans le flux et copie dans `pos`.

```
int fsetpos(FILE *flux, const fpos_t *pos)
```

Ecriture du curseur de position dans le flux. Le paramètre `pos` est un curseur tel que renvoyé par `fgetpos()`.

```
int fseek(FILE *flux, long int offset, int whence)
```

Changement de position relative du curseur selon `offset` qui est un nombre d'octets depuis la position actuelle.

```
long int ftell(FILE *flux)
```

Lecture de la position courante dans le flux.

```
void rewind(FILE *flux)
```

Réarmement du curseur de position au tout début du flux.

Fonctions d'écriture

Fonction générique

```
size_t fwrite(const void *ptr, size_t size, size_t n, FILE *flux)
```

Ecriture des données du tableau pointé par `ptr` dans le flux.

Radical print (imprimer)

```
int fprintf(FILE *flux, const char *format, ...)
```

Ecriture de données mises en forme vers le flux.

```
int printf(const char *format, ...)
```

Ecriture de données mises en forme vers stdout.

```
int sprintf(char *str, const char *format, ...)
```

Ecriture de données mises en forme vers un tableau en mémoire.

```
vfprintf(), vprintf(), vsprintf()
```

Trois variantes avec liste d'arguments variables.

Radical put (poser)

```
int fputs(const char *str, FILE *flux)
```

Ecriture d'un tableau chaîne vers le flux (sans le zéro terminal).

```
int puts(const char *str)
```

Ecriture d'un tableau chaîne vers stdout (sans le zéro terminal, mais avec un saut de ligne).

```
int fputc(int char, FILE *flux)
```

Ecriture d'un caractère vers le flux et avancement du curseur de position dans le flux.

```
putc(), putchar()
```

Deux variantes déconseillées de `fputc()`.

Fonctions de lecture

Fonction générique

```
size_t fread(void *ptr, size_t size, size_t nmemb, FILE *flux)
```

Lecture depuis un flux/fichier et copie dans le tableau pointé par `ptr`.

Radical scan (lire)

```
int fscanf(FILE *flux, const char *format, ...)
```

Lecture avec format depuis un flux/fichier.

```
int scanf(const char *format, ...)
```

Lecture avec format depuis stdin.

```
int sscanf(const char *str, const char *format, ...)
```

Lecture avec format depuis un tableau chaîne en mémoire.

Radical get (prendre)

```
char *fgets(char *str, int n, FILE *flux)
```

Lecture d'une ligne depuis un flux/fichier et stockage dans le tableau chaîne pointé par `str`. S'arrête après avoir lu `n-1` caractères ou avoir détecté un saut de ligne ou la fin de fichier (EOF).

```
char *gets(char *str)
```

Comme `fgets()` mais limitée à l'entrée standard stdin qui est le clavier. Détecte la touche Entrée.

```
int fgetc(FILE *flux)
```

Lecture du prochain caractère depuis un flux/fichier et avancement du curseur de position dans le flux.

```
int getc(FILE *flux)
```

Lecture du prochain caractère depuis stdin et avancement du curseur de position dans le tampon clavier.

```
int ungetc(int char, FILE *flux)
```

Renvoi de `char` dans le flux pour qu'il devienne le prochain lu.

```
int getchar(void)
```

Lecture d'un caractère depuis stdin.

Gestion des erreurs et divers

```
int ferror(FILE *flux)
```

Test de l'indicateur d'erreur de flux.

```
void clearerr(FILE *flux)
```

Désactivation des indicateurs de fin de fichier et d'erreur du flux.

```
void perror(const char *str)
```

Affichage d'un message d'erreur vers stderr à partir de `str` puis un signe deux-points et un espace.

```
int remove(const char *nomfic)
```

Effacement du nom de fichier qui devient inaccessible.

```
int rename(const char *ancnomfic, const char *nouvnomfic)
```

Changement de nom d'un fichier.

```
void setbuf(FILE *flux, char *buffer)
```

Configuration de l'utilisation d'un tampon mémoire pour un flux.

```
int setvbuf(FILE *flux, char *buffer, int mode, size_t size)
```

Similaire à `setbuf()`.

Illustrons ces fonctions par trois exemples :

- Le premier montre comment récupérer des valeurs saisies au clavier.
- Le deuxième montre comment écrire et relire des valeurs dans un fichier texte.
- Le dernier fait de même mais dans le format de fichier binaire.

Saisie de données au clavier

Les fonctions de saisie en mode texte du C sont peu robustes. La plupart ne savent pas éviter un débordement par saisie trop longue, sauf à ajouter des instructions de contrôle. Elles sont donc surtout destinées à l'usage des programmeurs pour apprendre et pour progresser dans leurs travaux.

Dans ce bref exemple, nous utilisons une seule fonction de lecture `fgets()`. Elle sait lire tout texte saisi. Pour les valeurs numériques, nous profitons de plusieurs fonctions de la famille stdlib qui assurent les conversions depuis le type tableau chaîne vers un entier par `atoi()` ou un flottant par `atof()`.

Listing 12.2 : Texte source lib_fgets.c

```
// lib_fgets.c
#include <stdio.h>
#include <stdlib.h>
#define MAXCAR 10

int main(void)
{
  int    iVal;
  float  fVal1, fVal2;
  char   stVal[MAXCAR +1];

  printf("\n*** Lectures clavier fgets() ***\n");

  printf("\nSaisir du texte (10 signes) et valider: ");
  if ( fgets(stVal, sizeof(stVal), stdin) != NULL )
    printf("Texte saisi tel quel :  %s\n", stVal);

  for (iVal = 0; iVal < MAXCAR+1; iVal++)
    printf("%d\t", stVal[iVal]);
```

```
  printf("\n");
  for (iVal = 0; iVal < MAXCAR+1; iVal++)
    printf("%c\t", stVal[iVal]);

  // Ici viendra de quoi vider le stock de stdin

  printf("\nSaisir une valeur integer et valider: ");
  fgets(stVal, sizeof(stVal), stdin);
  if ( (iVal = atoi(stVal)) == 0) printf("Nulle ?\n");
  printf("Valeur saisie :  %d\n", iVal);

  printf("\nSaisir une valeur float et valider: ");
  fgets(stVal, sizeof(stVal), stdin);
  fVal1 = atof(stVal);
  printf("Valeur saisie :  %f\n", fVal1);

  printf("\nSaisir une seconde valeur float et valider: ");
  fgets(stVal, sizeof(stVal), stdin);
  fVal2 = atof(stVal);
  printf("Valeur saisie :  %f\n", fVal2);

  fVal1 += fVal2;
  printf("\nSomme des deux float :  %f\n", fVal1);

  return 0;
}
```

Nous choisissons d'utiliser à quatre reprises la fonction standard de lecture de flux nommée `fgets()`. Le nom est composé du `f` de fichier, du verbe `get` (prendre) et de la lettre `s` pour *string* (tableau chaîne).

Nous avons préféré la fonction `fgets()` parce qu'elle est polyvalente : elle permet de travailler avec tous les flux, principalement les fichiers sur disque, mais aussi le flux d'entrée standard symbolisé par le mot clé stdin. Sauf instruction de redirection (on peut réorienter stdin), il s'agit du clavier de la machine sur laquelle fonctionne le programme. Elle a aussi l'avantage d'obliger à préciser le nombre de caractères à prendre en compte, ce qui évite les soucis de débordement dont souffre sa collègue `gets()` et la complexité de son autre collègue `scanf()`.

Syntaxe de fgets()

Voyons la syntaxe générique de `fgets()`. Elle attend trois paramètres d'entrée et renvoie une valeur de type pointeur sur tableau :

```
fgets(tabchaine, nombrecar, stdin);
```

La fonction renvoie le tableau `tabchaine` rempli (l'adresse du premier élément, en fait) ou la valeur NULL en cas de souci. Dans le premier appel, nous faisons le test, mais pas dans les suivants parce qu'*a priori* l'utilisateur va saisir ce qu'on lui demande dans ce bref exemple.

Le texte que nous sommes invités à saisir sera stocké dans le tableau chaîne `stVal` que nous avons limité à dix caractères (voir la directive qui définit MAXCAR au début). Nous exprimons cette longueur maximale dans l'appel au moyen de `sizeof(stVal)`. Le tableau occupe onze octets car nous avons pris soin de garder une petite place pour le zéro terminal.

Le sous-système de la machine qui gère la détection des touches frappées au clavier possède son propre espace mémoire (un tampon, *buffer*). Lorsque vous saisissez plus de dix caractères, seuls les dix premiers sont captés par la fonction `fgets()`. C'est bien le but de la pose d'une limite. Mais ce n'est pas si simple.

S'il y a eu saisie de plus de caractères, ceux en trop vont alimenter sans que vous l'ayez voulu les prochains appels à `fgets()`. Si ce superflu ne représente pas des nombres, les valeurs numériques vont être forcées à zéro par les fonctions de conversion `atoi()` et `atof()` qui ne savent convertir que les caractères représentant des chiffres de 0 à 9.

Le superflu peut gêner

Les caractères suivants en attente dans le tampon clavier sont donc des parasites. Pour éviter ce genre de désagrément, il suffit de forcer le vidage du tampon clavier en lisant ce qui y traîne pour le jeter.

Dans le texte source précédent, nous pouvons remplacer la ligne de commentaires `// Ici viendra...` par le bloc suivant pour purger le tampon mémoire d'entrée clavier.

```
int charentrop;
while ( (charentrop = getchar()) != '\n' &&
        charentrop != EOF)
  ;
```

Nous déclarons une variable de travail puis nous cherchons la conjonction de deux cas particuliers :

```
(charentrop = getchar()) != '\n'
```

Dans cette première sous-expression, nous récupérons par appel à `getchar()` le prochain caractère en attente dans stdin (après ceux récupérés par `fgets()`) et nous le confrontons au code du saut de ligne (touche de validation Entrée).

```
charentrop != EOF
```

La seconde sous-expression confronte le caractère extrait au code de fin de fichier. Pour stdin, cela correspond à la fin du stock de caractères. Vous pourrez réutiliser ce bloc de test tel quel pour vos lectures de fichiers texte.

Si et seulement si les deux conditions sont réunies (opérateur `&&`), nous exécutons l'unique instruction de ce bloc conditionnel : un point-virgule isolé ! Oui, nous ne faisons rien. Enfin, presque rien. Chaque appel à `getchar()` consomme un caractère en attente, ce qui nous permet de vider le tampon clavier pour repartir sur des bases saines pour la prochaine saisie.

Dans l'exemple, nous ne prenons pas cette précaution pour la saisie des trois valeurs numériques, mais le même raisonnement s'applique.

Le couple `printf()/fgets()` permet de gérer les échanges de données avec l'utilisateur. Vous savez que toutes les données de vos programmes se volatilisent lorsque le programme se termine.

Voyons donc comment lire et écrire des données dans un fichier pour les rendre permanentes et pouvoir les réinstaurer dans l'espace mémoire du programme à son prochain démarrage.

Lecture/écriture dans un fichier texte

Les fichiers isolés sont devenus rares de nos jours. Le moindre site web stocke les données dans une base de données relationnelle contrôlée avec un langage spécialisé, qui est souvent le langage SQL. Il reste néanmoins utile de savoir stocker et relire des données simples pour en assurer la conservation.

Le langage C propose deux formats de stockage : texte ou binaire.

Etapes d'exploitation d'un fichier texte

Exploiter un fichier suppose trois étapes :

1. Ouverture du fichier avec la fonction `fopen()` (sans oublier les tests appropriés pour gérer les situations anormales telles qu'un fichier introuvable).
2. Utilisation des fonctions de lecture et d'écriture `fgets()`, `fwrite()`, etc. (et, en option, de navigation au sein du fichier grâce à un curseur de position).
3. Fermeture du fichier avec la fonction `fclose()`.

Commençons par la syntaxe formelle (le prototype, en fait) de la fonction `fopen()` :

```
FILE *fopen(const char *nomfic, const char *mode)
```

Vous devez être étonné. La ligne commence par un terme encore jamais rencontré, là où vous avez maintenant l'habitude de voir un nom de type (`int`, `float`, `void`, etc.).

`FILE` est un nouveau type. c'est une structure (chapitre suivant) qui regroupe plusieurs variables des types `char` et `int` pour gérer l'interface avec le système d'exploitation au sujet d'un fichier. C'est un mot réservé. La fonction d'ouverture renvoie une telle structure renseignée avec les paramètres appropriés pour dialoguer avec le système.

La fonction `fopen()` attend deux paramètres : le nom du fichier (un tableau chaîne) et un minuscule tableau chaîne pour sélectionner le mode d'ouverture.

Plusieurs questions sont à répondre avant de tenter d'ouvrir un fichier :

- S'agit-il de créer un fichier n'existant pas encore ou de modifier un fichier ?
- Si un fichier portant le nom demandé existe, voulez-vous effacer son contenu actuel pour repartir à zéro ou ajouter à l'existant ?
- Voulez-vous lire le contenu ou y stocker du contenu ou encore les deux ?
- Voulez-vous y stocker du texte (y compris des valeurs numériques converties en chiffres lisibles) ou bien uniquement des données numériques compactes, « telles que le programme les connaît » ?

En répondant à ces questions, vous allez naturellement trouver quel mode d'ouverture choisir.

Indicateurs de mode d'ouverture

Tous les indicateurs qui suivent concernent l'ouverture en format texte. Pour travailler en format binaire (format brut), vous ajoutez la lettre **b** à votre mode (comme dans `r+b`).

Tableau 12.3 : Modes d'ouverture d'un fichier au format texte.

Mode	*Description*
"r"	(read) Ouverture en lecture d'un fichier qui doit exister.
"w"	(write) Création d'un fichier par suppression du contenu antérieur éventuel. Méfiez-vous.
"a"	(append) : Ouverture sans suppression du contenu antérieur éventuel. Les données seront ajoutées à la fin de l'existant. Si le fichier n'existe pas à l'endroit demandé, il est créé.
"r+"	(read/update) : Ouverture en lecture et en écriture d'un fichier qui doit pré-exister.
"a+"	append/update: Comme le mode "a" en y ajoutant la lecture et l'accès aux fonctions de navigation dans le fichier avec le curseur (fseek(), fsetpos(), rewind()).

Appliquons ces connaissances à un exemple complet. Le bon fonctionnement du programme suppose que dans le même dossier il trouve un fichier portant exactement le nom *fic_ronsard.txt*. S'il n'est pas trouvé, un message apparaît et le programme abandonne.

Listing 12.3 : Texte source fic_ronsard.c

```
// fic_ronsard.c
#include <stdio.h>
#include <stdlib.h>
#define NBRCOL 50

int main()
{
  short lignum = 0;
  FILE *fh;                                 //1
  char tabstr[80+1];

  fh = fopen("fic_ronsard.txt", "r+");      //2
  if(fh == NULL)
  {
    puts("Ouverture impossible !");
    exit(1);                                //3
  }
```

```
  while ( fgets(tabstr, NBRCOL, fh) != NULL ) {  //4
    printf("%3d: %s \n", lignum, tabstr);
    lignum++;
  }
  printf("\n\nOserons-nous ajouter une ligne : ");
  fgets(tabstr, 80, stdin);                  // 5
  fputs(tabstr, fh);
  fclose(fh);
  return(0);
}
```

Cinq passages sont remarquables. Voir les renvois // :

1. Il s'agit d'une déclaration de type de donnée. Le type est `FILE` (voir plus haut) et la variable est un pointeur, caractérisée par l'astérisque. On appelle ce genre d'élément un identificateur, une poignée ou un handle (d'où le h pour *file handle*). Vous le recevez du système, et vous vous en servez sans le modifier. En dire plus nous emmènerait loin sans vraie raison.

2. L'appel à `fopen()` renvoie un identificateur que nous stockons dans l'élément `fh`. Deux paramètres : le nom du fichier à traiter et le mode d'ouverture. Le mode `r+` ouvre dans le mode bidirectionnel.

3. La ligne suivante permet d'arrêter les frais si le fichier est introuvable. Nous profitons de la fonction système `exit()` pour sortir sans ménagement du programme. C'est brutal, mais efficace.

4. L'opération de lecture par `fgets()` renvoie un tableau (un pointeur en fait), mais comme nous indiquons le tableau récepteur `tabstr` en premier paramètre, nous n'avons pas besoin de capter le retour de fonction. En revanche, en cas de souci, la fonction renvoie la valeur spéciale NULL. C'est ce que nous testons dans une boucle qui incarne le point central du programme. Tant que la lecture n'échoue pas, nous affichons le numéro de ligne puis lisons dans `fh` une ligne d'au maximum NBRCOL caractères et incrémentons le numéro de ligne. Il peut s'en passer des choses en une seule ligne de C !

5. Nous utilisons alors `fgets()` non avec le fichier, mais avec le clavier (stdin) pour proposer la saisie d'au plus 80 caractères que nous ajoutons par `fputs()` à la fin du fichier. Nous terminons en fanfare par une fermeture du fichier avec `fclose()`.

Ne résistons pas au plaisir de reproduire le début du résultat affiché pour notre fichier de test, un extrait du tome 7 des œuvres de Pierre Ronsard.

```
  0: AUX BONS ET FIDELES MEDECINS PREDICANS, SUR LA PR
  1: ISE DES TROIS PILLULES QU'ILS M'ONT ENVOYÉES.
```

```
2: Mes bons et fideles medecins predicans, tout ains
3: y que de gayeté de cœur et sans froncer le sourcy
4:  j'ay gobbé et avalé les trois pillules que de vo
5: stre grace m'avez ordonnées; lesquelles toutesfoi
6: s n'ont faict en mon cerveau l'entiere operation
7: que desiriez, comme vous pourrez cognoistre par l
8: etc. jusqu'en ligne 25
```

Si on charge le fichier texte dans un éditeur après avoir quitté le programme, on peut voir ce qui a été saisi en complément de la prose ronsardienne. Voici son aspect dans un éditeur hexadécimal (*Frhed*).

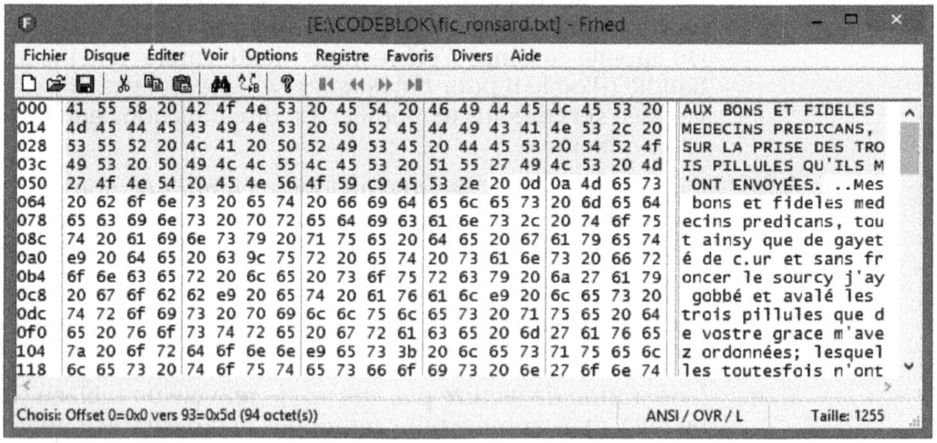

Figure 12.1 : Contenu d'un fichier texte.

Un exercice captivant consisterait à gérer les ruptures de lignes en cherchant le dernier espace entre deux mots avant la marge droite et en repoussant tout le dernier mot incomplet sur la ligne suivante.

La technique ne change pas pour le format binaire, sauf que le fichier devient illisible pour un humain. Les valeurs numériques stockées le sont directement.

Lecture/écriture dans un fichier binaire

Le format binaire convient au stockage de données numériques qui se présentent de façon structurée, comme par exemple :

- Une référence d'article sous forme d'un entier sur 5 chiffres.
- Un prix d'article sous forme d'une valeur `float`.

Voici un exemple dans lequel nous définissons cinq articles dans deux tableaux.

Listing 12.4 : Texte source fic_stock.c

```
// fic_stock.c
#include <stdio.h>
#include <stdlib.h>

char *debut = "AAAA";
int   ndx, numelem[5] = {0};
int   Article[5] = {2340,  87520, 124,  12520, 1987};
float Prix[5]    = {3.40, 75.20,  12.4, 25.20, 9.87};

void Visualiser(int enreg);

int main()
{
  int qte = 5;
  FILE *fh;
  char ts[10+1];
  char nomfic[] = "fic_stock.bin";

  for ( ndx=0; ndx < qte; ndx++) {
    numelem[ndx] = (short)ndx;
    Visualiser(ndx);
  }

  fh = fopen(nomfic, "wb+");
  if( !fh ) {
    puts("Ouverture impossible !");
    return(1);
  }

  for ( ndx=0; ndx < qte; ndx++) {
    numelem[ndx] = ndx;
    fwrite(debut, 4, 1, fh);
    fwrite(&numelem[ndx], sizeof(int), 1, fh);
    fwrite(&Article[ndx], sizeof(int), 1, fh);
    fwrite(&Prix[ndx], sizeof(float), 1, fh);
  }

  printf("\n\nSaisir 0, 16, 32 ou 48 :\n");
  int decala;
  decala = atoi(fgets(ts, 10, stdin) );
```

```
  fseek(fh, decala, SEEK_SET);
  for ( ndx=0; ndx < 2; ndx++) {
    numelem[ndx] = ndx;
    fread(debut, 4, 1, fh);
    fread(&numelem[ndx], sizeof(int), 1, fh);
    fread(&Article[ndx], sizeof(int), 1, fh);
    fread(&Prix[ndx], sizeof(float), 1, fh);
    Visualiser(ndx);
  }

  fclose(fh);
  return(0);
}

void Visualiser(int enreg) {
  printf("\n\n Debut    = %s",    debut);
  printf("\n\n Numelem = %d",    numelem[enreg]);
  printf("\n Reference: %5d",    Article[enreg]);
  printf("\n      Prix : %4.2f", Prix[enreg]);
}
```

Nous utilisons de nouvelles fonctions pour lire et écrire. `fwrite()` et `fread()` ont les mêmes trois paramètres : l'adresse d'un élément de tableau, la taille de l'élément en octets et le lien fichier déjà connu.

Pour l'ouverture, nous spécifions une ouverture pour écriture et ajout en format binaire par "`wb+`".

La grande nouveauté est l'appel à `fseek()` qui permet de déplacer le curseur de positionnement par rapport à trois lieux particuliers.

```
  fseek(fh, decala, SEEK_SET);
```

Les positions sont exprimées en octets :

SEEK_SET symbolise le début du fichier (position 0).

SEEK_END symbolise la fin du fichier (position juste avant erreur EOF).

SEEK_CUR symbolise la position actuelle après la dernière lecture ou écriture.

Le deuxième paramètre permet d'ajouter un décalage en octets par rapport au point d'ancrage choisi. Dans l'exemple, nous avons choisi de nous repositionner tout au début. Du fait que chaque enregistrement (les trois valeurs d'un article) occupe seize octets (la chaîne sur 4 octets puis 3 fois 4), nous pouvons passer au début de chaque article en indiquant un multiple de 16. Les décalages négatifs sont possibles : vous remplacez SEEK_SET par SEEK_END et recompilez. Pour le décalage, vous indiquez -16, -32, etc.

Bien sûr, de nombreuses améliorations sont possibles, mais elles rendraient l'exemple moins instructif. La chaîne `debut` par exemple n'a été ajoutée que pour faciliter le repérage des débuts d'enregistrements dans la Figure 12.2.

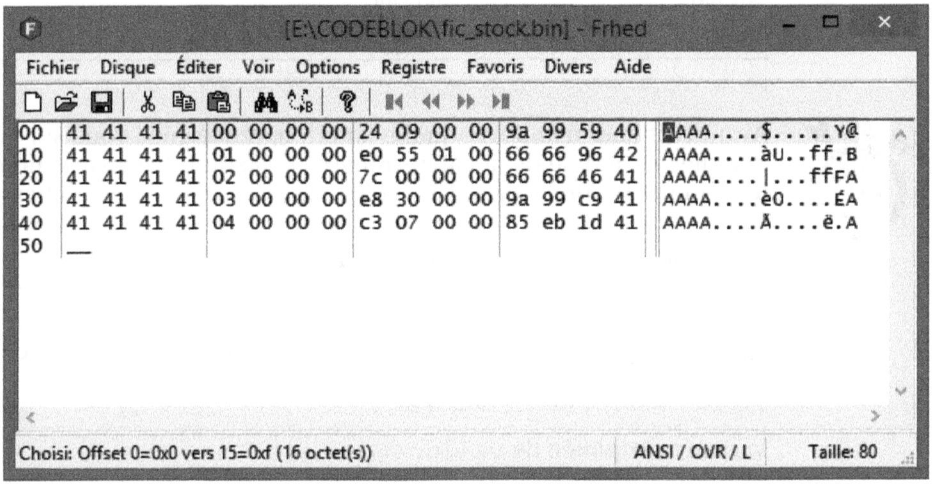

Figure 12.2 : Contenu d'un fichier binaire.

Dans la figure, vous pouvez voir le début de chacun de cinq enregistrements.

Les fonctions élémentaires de stdlib.h

Comme son nom le suggère, la famille de fonctions `stdlib` répond à divers besoins élémentaires. Nous en avons déjà exploité certaines dans les exemples précédents : `atoi()`, `atof()` et `exit()`. Voyons ce qui nous est proposé.

Conversions entre chaîne et numérique

Les trois fonctions dont le nom commence par `str` sont préférables à leurs sœurs commençant par un `a` car ces dernières ne détectent pas les erreurs éventuelles.

Nom	*Type du résultat à partir d'un tableau chaîne*
atof()	double
atoi()	int
atol()	long int
strtod()	double
strtol()	long int
strtoul()	unsigned long int

TRUC

Avant d'utiliser n'importe quelle fonction, renseignez-vous sur la syntaxe détaillée et le type de la valeur renvoyée. Il suffit de saisir le nom de la fonction et l'expression « langage C » dans un moteur de recherche.

Réservation et libération de mémoire dynamique

```
void *calloc(size_t nitems, size_t size)
```

Réserve un espace mémoire et renvoie un pointeur sur ce bloc.

```
void *malloc(size_t size)
```

Variante simplifiée de `calloc()`.

```
void *realloc(void *ptr, size_t size)
```

Tente de modifier la taille d'un bloc mémoire réservé.

```
void free(void *ptr)
```

Libère un bloc réservé.

Accès au système d'exploitation

```
void abort(void)
```

Provoque l'arrêt du programme par abandon.

```
int atexit(void (*fonction)(void))
```

Désigne une fonction qui sera appelée en fin d'exécution normale du programme.

```
void exit(int status)
```

Provoque l'arrêt normal mais immédiat du programme.

```
char *getenv(const char *nom)
```

Cherche un tableau chaîne dans l'environnement d'exécution et renvoie la valeur associée.

```
int system(const char *string)
```

Transfère la ligne de commande en paramètre au système pour qu'il tente de l'exécuter.

Arithmétique

```
int abs(int x)
```

Valeur absolue de x entier.

```
long int labs(long int x)
```

Valeur absolue de x entier long.

```
div_t div(int numer, int denom)
```

Division entre entiers.

```
ldiv_t ldiv(long int numer, long int denom)
```

Division entre entiers longs.

Génération pseudo-aléatoire

```
int rand(void)
```

Renvoie une valeur imprévisible entre 0 et RAND_MAX.

```
void srand(unsigned int semence)
```

Réarme le générateur aléatoire de `rand()` en y injectant une nouvelle « semence ».

NOTE TECHNIQUE

Les cinq fonctions de gestion des chaînes multi-octets ne concernent pas les débutants : `mblen()`, `mbstowcs()`, `wcstombs()`, `mbtowc()` et `wctomb()`. La librairie contient en outre une fonction de recherche binaire nommée `bsearch()` et une fonction de tri nommée `qsort()`.

Un générateur de valeur pseudo-aléatoire

Un groupe de fonctions très utile dans stdlib concerne la génération d'une valeur numérique assez imprévisible pour laisser croire qu'elle est le fruit du hasard.

Listing 12.5 : Texte source lib_rand.c

```
// lib_rand.c
#include <stdio.h>
#include <stdlib.h>
#include <time.h>

int main()
{
  int i, j, alea;
  time_t t;

  /* Seme la graine de depart du generateur */
  srand((unsigned) time(&t));

  printf("Produit 50 valeurs entre 0 et 50:\n\n");
  for( i = 0 ; i < 10 ; i++ ) {
    for( j = 0 ; j < 5 ; j++ ) {
     alea = ( rand() % 50 );
     printf("%2d \t", alea);
    }
    printf("\n");
  }
 return(0);
}
```

Nous nous servons d'une variable d'un type évolué (`time_t`) qui est décrit plus loin avec la famille des fonctions temporelles.

Les fonctions mathématiques (math.h)

Toutes ces fonctions travaillent avec en paramètre une ou deux valeurs de type double.

Trigonométrie :

`acos(), asin(), atan(), atan2(), cos(), cosh(), sin(), sinh(), tanh().`

Puissance, logarithme, racine carrée... :

`exp(), frexp(), ldexp(), log(), log10(), modf(), pow(), sqrt(), fabs(), ceil(), floor(), fmod().`

Exemple de fonctions mathématiques

Cet exemple illustre une sélection de fonctions de cette famille. Observez bien les variations parfois étonnantes des résultats par rapport à vos attentes.

Listing 12.6 : Texte source libmath.c

```
// lib_math.c
#include <stdio.h>
#include <stdlib.h>
#include <math.h>

int main(void)
{
  char   c_valnum  = -117;
  short  s_valnum  = 16217;
  int    i_valnum  = 16777217;
  double d_valnum  = -1.25125E-4;

  printf("*** Test des fonctions math ***\n");
  i_valnum = c_valnum * s_valnum;
  printf("Valeur absolue de %d = %d\n", c_valnum, abs(c_valnum));
  printf(" abs() de %d = %d\n", i_valnum, abs(i_valnum));

  printf("  abs() de %f = %f\n", d_valnum, abs(d_valnum));
  printf(" fabs() de %f = %f\n", d_valnum, fabs(d_valnum));

  double dBase = 16.0001;
  double dExpo = 5.0, dRes;

// Fonction puissance : pow()
  dRes = pow(dBase, dExpo);
  printf("\n%f puissance %f = %f\n", dBase, dExpo, dRes);

// Fonction racine2: sqrt()
  dBase = 4.0123;
  dExpo = 2.01;
  dRes = pow(dBase, dExpo);
  printf("\n%f puissance %f = %f", dBase, dExpo, dRes);
  dBase = sqrt(dRes);
  printf("\nMais racine carree de %f = %f\n", dRes, dBase);

  dRes = 1.0 / 257.0;
  printf("\nVoici 1/257 : %f ", dRes);
  printf("\nRemultipl. par 257 : perte en ligne car %f \n", dRes*255);

// Fonction modf()
  double x, fractpart, intpart;
  x = 8.123456;
  fractpart = modf(x, &intpart);
```

```
  printf("Partie entiere        = %f\n", intpart);
  printf("Partie fractionnaire = %f\n", fractpart);

  return 0;
}
```

Les fonctions temporelles (time.h)

La famille `time` définit des types dédiés dont une structure qui accueille les données membres d'une date et heure complète.

Types prédéfinis

`clock_t` : Type pour accueillir l'heure processeur.

`time_t` : Type pour accueillir l'heure calendaire.

`struct tm` : Structure réunissant les parties d'une valeur de date et heure.

```
struct tm {
   int tm_sec;          /* secondes,  de 0 à 59          */
   int tm_min;          /* minutes, de 0 à 59            */
   int tm_hour;         /* heures, de 0 à 23             */
   int tm_mday;         /* numéro du jour, de 1 à 31     */
   int tm_mon;          /* mois, de 0 à 11               */
   int tm_year;         /* Années depuis 1900            */
   int tm_wday;         /* Jour de semaine, de 0 à 6     */
   int tm_yday;         /* Jour dans l'année, de 0 à 365 */
   int tm_isdst;        /* jours été/hiver               */
};
```

Fonctions standard

```
char *asctime(const struct tm *timeptr)
```

Renvoie un pointeur sur chaîne contenant le jour et l'heure trouvés dans la structure `timeptr`.

```
clock_t clock(void)
```

Renvoie l'heure horloge du processeur depuis un début conventionnel qui est normalement le début d'exécution du programme.

```
char *ctime(const time_t *timer)
```

Renvoie une chaîne contenant l'heure locale d'après le contenu de `timer`.

```
double difftime(time_t time1, time_t time2)
```

Renvoie la différence en secondes entre `time1` et `time2`.

```
struct tm *gmtime(const time_t *timer)
```

Répartit la valeur composite `timer` dans la structure `tm` en l'exprimant en temps UTC ou GMT.

```
struct tm *localtime(const time_t *timer)
```

Répartit la valeur composite `timer` dans la structure `tm` en l'exprimant en temps local (fuseau horaire).

```
time_t mktime(struct tm *timeptr)
```

Convertit la structure `timeptr` en valeur `time_t` en temps local.

```
size_t strftime(char *str, size_t maxsize, const char *format,
const struct tm *timeptr)
```

Met en forme le contenu de la structure `timeptr` selon les règles dans format et stocke le résultat dans `str`.

```
time_t time(time_t *timer)
```

Extrait l'heure calendaire et la renvoie au format `time_t`.

Obtenir la date du jour

Le court exemple qui suit permet d'interroger le système pour afficher la date et l'heure qu'il pense être.

Listing 12.7 : Texte source datejour.c

```
#include <stdio.h>
#include <time.h>

int main()
{
  time_t t;
  struct tm * ti;
  const char * njo[] = {"dim", "lun", "mar", "mer",
                        "jeu", "ven", "sam"};
  const char * nmo[] = {"jan", "fev", "mar", "avr",
                        "mai", "jun", "jul", "aou",
                        "sep", "oct", "nov", "dec"};
  t = time(NULL);
```

```
    ti = localtime(&t);

    printf("\n* ** *** **** ***** ****** *******");
    printf("\nNous sommes le %d %s %d, un %s\n",
           ti->tm_mday,
           nmo[ti->tm_mon],
           ti->tm_year + 1900,
           njo[ti->tm_wday]);
    printf("Il est %02d:%02d:%02d\n",
           ti->tm_hour,
           ti->tm_min,
           ti->tm_sec);
    printf("* ** *** **** ***** ****** *******\n");

    return 0;
}
```

Dans cet exemple, remarquez l'appel suivant qui peuple une structure temporelle avec l'heure locale :

```
ti = localtime(&t);
```

Toutes les expressions du style `ti->tm_mday` utilisent l'opérateur `->` d'accès à un membre de structure, ce que nous verrons en détail dès le début du prochain chapitre.

Les librairies spécifiques

Une librairie de fonctions peut faire économiser énormément de temps ou même rendre possible un projet. Vous pouvez créer votre librairie, mais en général cela n'en vaut la peine que si vous savez que d'autres auront besoin des services qu'elle contient.

Une librairie représente des centaines ou des milliers d'heures de conception, de rédaction et de mise au point. C'est pourquoi certaines librairies sont commercialisées alors que d'autres sont gratuites.

Par ailleurs, une librairie se présente au format compilé, directement utilisable par vos programmes, mais vous n'en connaissez pas les détails.

Cependant, certaines librairies, et toutes les librairies diffusées avec une licence GPL, sont *open source* : le texte source de toutes les fonctions est disponible aussi, pour étude ou pour amélioration.

Une librairie est souvent prévue pour être exploitée dans plusieurs langages, mais pas toutes. Pour devenir utilisable dans un système d'exploitation (Linux, Windows, Linux), elle doit être construite en conformité avec une interface binaire nommée **ABI** (*Application Binary Interface*).

Quelques librairies de gestion de données

Dès que votre projet doit traiter de grands volumes de données, il n'est plus pratique de travailler avec des fichiers simples. Il vous faut une véritable architecture capable de gérer plusieurs fichiers liés sous forme de tables avec des relations entre les champs des tables. Le modèle le plus répandu actuellement est la base SQL.

- MySQL : Moteur de gestion de bases de données relationnelles (SGBD) fondé sur le langage SQL.
- SQLite : Version légère du précédent.
- Cassandra : Moteur de bases de données non SQL (interface avec Java, Python et *Node.js*, mais pas avec le C).

Quelques librairies graphiques

Les calculs d'objets en deux ou en trois dimensions pour affichage représentent une importante catégorie de besoins que viennent combler des librairies graphiques. En voici quelques-unes :

- Mesa/OpenGL : fonctions de production d'éléments visuels (de rendu) en géométrie bitmap (mosaïque de points).
- Cairo : fonctions de production d'éléments visuels en géométrie vectorielle (ordres de tracés).
- GTK+ : interface utilisateur fenêtrée fondée sur Cairo.
- WebKit : Moteur de rendu graphique des pages web.

Les kits de développement (SDK)

L'adoption massive du concept de fonction préprogrammée a donné naissance au concept de kit de développement de logiciels ou SDK (*Software Development Kit*).

Un SDK est constitué d'un jeu de librairies de fonctions et de classes avec une interface clairement normalisée : l'interface de programmation d'application **API** (*Application Programming Interface*). Cette interface régit les conditions dans lequelles votre programme peut appeler les fonctions. S'y ajoutent des règles de rédaction et des outils pour la mise au point. Souvent, un atelier de développement (**IDE**) est proposé, sans être obligatoire. Voici quelques SDK répandus :

- WinSDK : Pour créer des projets pour Microsoft Windows.
- JDK : Pour concevoir des programmes en langage Java.
- Ubuntu SDK : Pour créer des applications sous Ubuntu Linux.
- XBox DK : Pour écrire des jeux pour la console XBox.
- Android SDK : Pour tous les appareils sous Android. Notamment exploité dans l'atelier Eclipse.
- IOS SDK : Pour les telliphones et tablettes Apple. Exploité dans l'atelier XCode.

Dans le secteur du développement Web, les navigateurs modernes sont dotés de capacités intéressantes pour un programmeur : le langage JavaScript, un débogueur, un analyseur d'arborescence DOM pour les pages HTML, sans compter les nouvelles capacités de la version 5 du langage HTML. Nous y reviendrons à la fin de la prochaine partie.

De manière générale, tout nouveau système ou appareil doit fournir des points d'accès sous forme d'interface et de librairies pour permettre à des développeurs d'en contrôler le fonctionnement. Sans SDK, un programmeur extérieur au cercle des concepteurs du système ou de l'appareil ne peut pas deviner comment l'utiliser et lui trouver de nouveaux domaines d'usage.

Chapitre 13

Structures et pointeurs

Dans ce chapitre :

- Tout est dans tout : les structures
- Tableaux de structures
- Regarder le doigt ou la lune : les pointeurs

Pour clore en beauté cette partie consacrée aux fondamentaux des info-langages, nous allons voir un dernier type de données qui offre des possibilités énormes. Il est d'ailleurs à la base des nouveaux langages nommés langages objets que nous verrons dans la prochaine partie.

Puisque nous savons que dans un ordinateur, si ce n'est pas une valeur, c'est une adresse, nous terminerons, mais sans nous aventurer trop avant, par une rapide découverte du concept de pointeur, une variable dans l'esprit de Magritte : « cette valeur n'est pas une valeur ».

Ce chapitre est déclaré facultatif. Son contenu peut avoir des effets réels sur l'état chimique de vos neurones. Cependant, ne pas le lire vous empêchera d'accéder à une maîtrise acceptable des concepts de tous les chapitres précédents et suivants.

Des bâtiments logiciels : struct

Les notions rencontrées depuis le début de cette partie suffisent à résoudre de très nombreux problèmes. Mais comment regrouper sous un nom global des données de types différents ? Le tableau [ ] ne le permet pas. En guise d'exemple, supposons que nous voulions modéliser une collection de disques vinyles rares avec quatre variables :

- Artiste
- Titre
- Année de parution
- Cote

Nous prévoyons un tableau chaîne pour l'artiste et le titre de l'album, un numérique entier pour l'année et un flottant pour la cote. Rappelons comment nous devrions déclarer ces variables de façon classique, isolée :

```
char          tArtiste[20];
char          tTitre[20];
unsigned int nParu;
float        fCote;
```

Vous devinez déjà que pour gérer deux disques, il faudrait créer une deuxième série de quatre variables, ce qui devient inutilisable pour dix et impensable pour cent disques.

Le mot clé réservé par le langage C pour regrouper ces quatre types de données différents est **`struct`**. A la différence de tous les mots clés de types de variables vus jusqu'ici, ce mot clé ne sert pas à déclarer une nouvelle variable qui serait ensuite immédiatement utilisable.

Le mot clé `struct` sert à définir un nouveau type de données qui est une structure spécifique. Sa définition n'entraîne aucune création de variable.

TRUC

Si l'on considère les données simples comme atomiques, un type structure est une molécule.

Pour exploiter une structure, il faut travailler en trois temps :

1. créer la définition du nouveau type structure ;
2. déclarer une ou des variables de ce nouveau type ;
3. citer de façon qualifiée les membres de la structure pour y accéder en lecture et en écriture. Quand elles font partie d'un ensemble, ces variables se nomment des champs (*fields*) ou des données membres.

Qui c'est ce type ?

Voyons comment définir un type structure en partant de sa syntaxe formelle :

```
struct nomtype  {
  type_simple1  nom_var1;
  type_simple2  nom_var2;
  // etc.
} ;
```

Il s'agit encore d'un bloc entre accolades. Mais répétons-nous, cette fois-ci, ce n'est une définition ni de variable, ni de fonction. C'est un nouveau type personnel. Vous ne pouvez vous en servir pour créer des variables que dans le même texte source (à moins de le rendre public, mais c'est une autre histoire).

Pour le nom du type, vous pouvez voir large afin de rester très lisible, car ce nom ne sera cité qu'une fois pour chaque déclaration de variable.

Tous les types simples sont acceptés dans une structure, même les tableaux.

Le concept de structure offre un énorme intérêt pour le programmeur, car il permet de modéliser des informations du monde réel de façon plus naturelle. Voici un type structure permettant de regrouper les données d'un disque de la collection :

```
struct typeVinyle {
  char  tArtiste[20+1];
  char  tTitre[20+1];
  int   nParu;
  float fCote;
} ;
```

Une définition de structure se termine par un point-virgule !

Dans une définition de structure, les accolades jouent un rôle plus proche de celles utilisées avec les tableaux pour citer la série de valeurs initiales.

D'ailleurs, la structure suivante est acceptée, même si elle n'a qu'un intérêt pédagogique puisqu'elle ne contient qu'un élément :

```
struct solo {int  x;};
```

Les accolades et le second point-virgule sont obligatoires, même avec un seul membre.

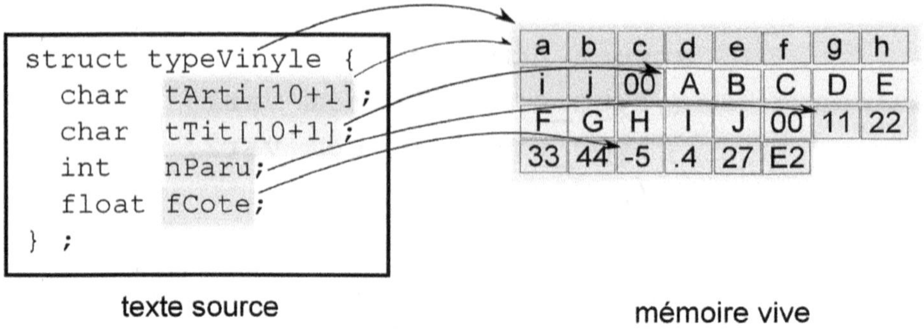

Figure 13.1 : Type structure et implantation en mémoire (pseudo-valeurs).

Vous remarquez que dans l'exemple plus haut, nous avons pris soin de nommer notre structure `typeVinyle`. C'est un nouveau type. Pour le choix du nom, les règles sont les mêmes que pour les identificateurs de variables et de fonctions.

Du virtuel au réel

Une fois le type structure défini, nous pouvons passer à la phase utile : déclarer une variable comme étant de ce type.

```
struct nomtype nomvariable;
```

Notez une autre différence avec les types universels : il ne suffit pas de citer le nom de votre nouveau type. Il faut répéter le mot clé `struct`.

NOTE TECHNIQUE

Il existe un moyen d'éviter de répéter le mot `struct`, mais cela rend le texte moins lisible. Cela consiste à nommer des noms de types dérivés avant l'accolade finale du corps de définition du type.

Dans notre exemple, nous commençons notre collection de vinyles avec deux albums, `vin1` et `vin2` :

```
struct typeVinyle vin1, vin2;
```

Cette simple déclaration suscite l'existence de huit nouvelles variables, quatre par structure. Dorénavant, de l'espace mémoire est réellement occupé, mais les valeurs qui s'y trouvent sont sans signification.

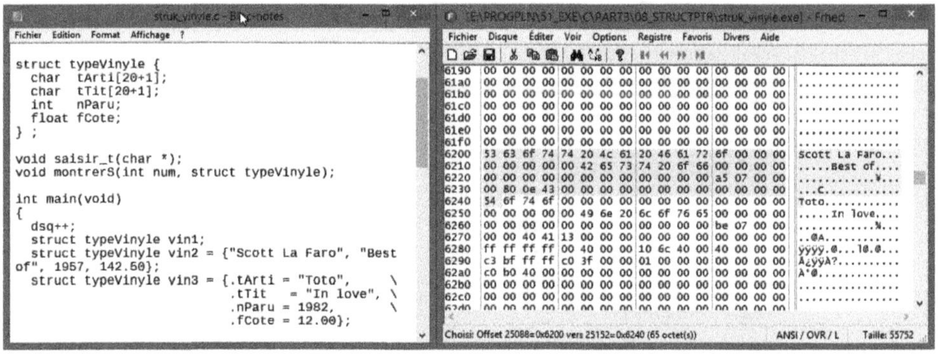

Figure 13.2 : Type structure et structure dans le fichier exécutable.

La première action à prévoir sur une nouvelle structure, comme pour toute autre variable d'ailleurs, est une opération d'écriture pour que le contenu prenne sens. Mais comment procéder à ces affectations ?

Montrer le chemin (le point)

Une structure est un ensemble qui possède des variables internes. Ce sont donc effectivement des données membres (de la structure).

Accéder à une donnée membre suppose de citer la structure puis le membre avec un point d'articulation :

```
nomVarStructure.nomVarInterne
```

Appliquons cette technique à un objet vinyle :

```
vin2.tArtiste = "Bobby Lapointe";
vin2.tTitre   = "Comprend qui peut";
vin2.nParu    = 1969
vin2.fCote    = 89.00
```

Ce sont des affectations classiques, hormis le rôle de qualificateur que joue le nom de la structure.

Voici un court premier exemple qui définit un autre type structure, déclare une variable de ce type et y stocke des valeurs. Le nom `patron` a été choisi pour suggérer la notion de modèle, comme un patron de couture.

Listing 13.1 : Texte source struct_simple.c

```
// struk_simple.c
#include <stdio.h>
#include <string.h>

struct patron {
               int  x;
               char nom[80+1];
              };

int main()
{
  struct patron strukVar;

  strukVar.x = 12;
  strcpy(strukVar.nom, "Emile Jacotey");

  printf("Matricule : %d\n", strukVar.x );
  printf("Nom :       %s\n", strukVar.nom );

  return(0);
}
```

Initialisation manuelle d'une structure

Il est possible d'implanter des valeurs initiales dans une variable structure en même temps qu'elle est déclarée :

```
struct typeVinyle v3 = {"Toto", "Best of", 1982, 12.00};
```

ou avec les noms des champs préfixés par le point :

```
struct typeVinyle v4 = {.tArtiste = "Toto",     \
                         .tTitre   = "In love", \
                         .nParu = 1982,         \
                         .fCote = 12.00};
```

Remarquez l'utilisation de la barre oblique inverse pour garantir que le saut de ligne ne soit pas pris en considération par l'analyseur.

Il est impossible de spécifier des valeurs initiales pour les variables dans la définition du type structure. Ce n'est pas une variable, mais une définition de type : où pourrait-on stocker ces valeurs ?

Transmettre une structure à une fonction

Rapidement, la question se pose : comment transporter un aussi volumineux colis d'une fonction à une autre ? Toutes ces variables internes, il ne faudrait pas en perdre en chemin.

En vérité, rien de plus simple : vous citez le nom de la variable structure lors de l'appel. C'est dans le prototype et la tête de définition de la fonction receveuse que c'est plus complexe. Voici un prototype :

```
void montrerS(int num, struct typeVinyle s);
```

Cette fonction attend deux paramètres, dont une structure. Il faut répéter le mot clé `struct` et le nom du type. La mention d'une pseudo-variable (`s`, ici) est facultative, mais conseillée pour être cohérent avec la ligne de tête de définition qui doit la citer pour pouvoir s'en servir dans le corps de fonction :

```
void montrerS(int num, struct typeVinyle s) {
  // Corps de définition de fonction...
```

Voici comment appeler cette fonction avec une structure :

```
  montrerS(98, vin2);
```

Le nom de la variable structure est cité tel quel, sans complément. Notez que cette technique provoque une copie des valeurs de la structure. Cela ne permet pas à la fonction receveuse de modifier les valeurs de la structure, seulement de s'en servir pour travailler. En fin de chapitre, nous verrons comment transmettre un pointeur sur une structure afin de pouvoir modifier son contenu.

Nous en savons assez pour parcourir un exemple complet. Les lignes remarquables sont imprimées en gras.

Listing 13.2 : Texte source struk_vinyle.c

```
// struk_vinyle.c
#include <stdio.h>
#include <string.h>

int dsq = 19;

struct typeVinyle {
  char  tArti[20+1];
  char  tTit[20+1];
```

```
  int   nParu;
  float fCote;
} ;

void saisir_t(char *);
void montrerS(int num, struct typeVinyle s);

int main(void)
{
  dsq++;
  struct typeVinyle vin1;
  struct typeVinyle vin2 = {"Scott La Faro", "Best of",\
    1957, 142.50};
  struct typeVinyle vin3 = {.tArti = "Toto",      \
                            .tTit  = "In love", \
                            .nParu = 1982,      \
                            .fCote = 12.00};
  montrerS(98, vin2);
  montrerS(99, vin3);

  strcpy(vin1.tArti, "\n\nNom de l'artiste ou du groupe ");
  saisir_t(vin1.tArti);

  strcpy(vin1.tTit, "Titre de l'album pas trop long");
  saisir_t(vin1.tTit);

  printf("\nParu en : ");
  scanf("%d", &vin1.nParu);

  printf("\nCote : ");
  scanf("%f", &vin1.fCote);
  montrerS(01, vin1);
}

void saisir_t(char * tA) {
  printf("%s : ", tA);
  scanf("%s", tA);
}

void montrerS(int num, struct typeVinyle s) {
  printf("\n====\nDisque No : %d \n", num);
  printf("Artiste : %s \n", s.tArti);
  printf("Titre   : %s \n", s.tTit);
  printf("Parution: %d\n",  s.nParu);
  printf("Cote    : %5.2f", s.fCote);
}
```

Cet exemple ne suffit pas à répondre à notre besoin : gérer une vraie collection de structures. Pourrait-on créer tout un élevage de structures sous forme d'un tableau ? Après tout, le tableau n'accepte qu'un type, et nous n'avons besoin que d'un type en plusieurs exemplaires.

Une méga-structure

Rien ne s'oppose à l'idée de constituer un tableau de structures. Non seulement c'est très simple, mais cela ouvre de superbes possibilités :

```
struct patron skGens[10];
```

Le tableau `skGens` contient dix structures du même type `patron`. Si ce type définit un membre `nom`, pour peupler le champ `nom` de la troisième structure, nous écrivons ceci :

```
skGens[2].nom  =  "Jean Braye";
```

Voici un court exemple d'application.

Listing 13.3 : Texte source struk_tablo.c

```
// struk_tablo.c
#include <stdio.h>
#include <string.h>

struct patron {
  int  x;
  char nom[80+1];
};
char *listeNom[10] = {"Gary", "Pierre-Yves", "Michel", \
                      "Emile", "Othello", "Anne",      \
                      "Benoit", "Martine", "Eric",     \
                      "Floriane"};
int main()
{
  int ndx;
  struct patron skGens[10];

  for (ndx=0; ndx < 10; ndx++) {
    skGens[ndx].x = (ndx+10);
    strcpy(skGens[ndx].nom, listeNom[ndx]);
  }

  for (ndx=0; ndx < 10; ndx++) {
    printf("Matricule du %d : %d\n", ndx, skGens[ndx].x );
    printf("Nom             : %s\n", skGens[ndx].nom );
  }

  return(0);
}
```

Les règles d'écriture des tableaux s'appliquent. Voici un extrait qui construit un tableau de 30 structures, chacune étant elle-même constituée de 80 structures de trois variables simples :

```
struct tyPixel {
  unsigned char rouge;
  unsigned char vert;
  unsigned char bleu;
};

struct tyLigne {
  struct tyPixel Colo[80];
};

struct tyLigne tMozaik[30];
```

Voici comment écrire dans l'élément rouge de la 13e structure `Colo` du 4e tableau `tMozaik` :

```
tMozaik[3].Colo[12].rouge = 'a';
```

(Le texte source est dans le fichier *mozaik.c*.)

On dirait des objets ?

Nous verrons dans la prochaine partie que le concept d'objet est directement dérivé de celui de structure :

1. La définition du type structure ressemble à la définition d'une classe.
2. La déclaration d'une variable de ce type structure correspond à la création d'un objet (une instance de classe).

La principale différence est qu'un objet réunit des données et des fonctions alors qu'une structure ne regroupe que des données.

struct et malloc()

Lorsque vous prévoyez de mettre en place un grand volume de données avec des structures, il faut envisager de les implanter dans la zone de mémoire à gestion dynamique, en utilisant les fonctions `malloc()` et `free()`. Vous en apprendrez plus dans tout bon livre dédié au C tel que « *Apprendre à programmer en C pour les nuls* » dans la même collection.

Le monde secret des *pointeurs

Demandez à n'importe quel programmeur de n'importe quelle culture, de n'importe quel pays : « Parlez-nous de votre vécu avec les pointeurs. »

Dans un ordinateur tel qu'ils sont conçus de nos jours (revoir la Partie 2), tout est valeur, les actions comme les données. Tout est stocké dans l'espace mémoire, sauf pendant le bref moment où les actions sont digérées par le processeur pour modifier les données copiées dans les minuscules mémoires internes de ce processeur, les registres.

Toutes ces valeurs, données comme instructions en code machine, circulent entre le processeur et la mémoire par un canal dédié, le bus de données.

Pour accéder à chaque cellule mémoire, le processeur configure une valeur numérique sur un bus séparé du bus de données, le bus d'adresses. En temps normal, le programmeur ne s'occupe pas de ce qui y circule, tout comme on s'intéresse rarement à l'adresse indiquée sur l'enveloppe d'un courrier que l'on reçoit (sauf erreur de distribution !).

Dans un ordinateur, le modèle de processeur détermine une fois pour toutes la capacité d'adressage, c'est-à-dire la taille maximale de l'espace de stockage mémoire. Pour atteindre chacune des cellules de cet espace, il faut pouvoir exprimer numériquement son adresse.

Un micro-contrôleur industriel (contrôleur de lave-linge par exemple) se contente d'un espace mémoire géré sur deux octets (type `short` du C, soit 65536 cellules).

Le processeur Intel 8080 d'avril 1974 possédait un bus de données sur 8 bits et un bus d'adresses sur 16 bits (déjà !). Le bus d'adresses d'un processeur d'ordinateur générique actuel (AMD/Intel) est doté de 48 lignes d'adressage réelles, mais un mécanisme incontournable et trop complexe pour être expliqué ici traduit les adresses physiques en adresses virtuelles.

32 ou 64 bits ?

Pour un compilateur C (ou C++) 32 bits, la taille des pointeurs est de quatre octets. Pour un compilateur 64 bits, la taille des pointeurs doit être de huit octets, alors que ce n'est pas obligatoirement le cas du type « natif » `int` qui en occupe soit quatre, soit huit, même en mode 64 bits.

Pour ne pas aller trop loin, considérons que votre programme a accès à 4 096 Mo de mémoire, ce qui correspond à des adresses sur 32 bits (quatre octets).

Revoyons d'abord comment sont stockées les valeurs en mémoire, sans l'aide du concept de pointeur. Nous avons remplacé dans le texte source les appels à `printf()` par les résultats qu'elle affiche.

Listing 13.4 : Texte source ptr_adresses.c, sans printf().

```
// ptr_adresses.c
#include <stdio.h>

int main()
{
  char  cVal = 64;
  short sVal = 2048;
  int   i;

  char tabChar[] = {65, 66, 67, 68, 69, 70, 71, 72};
  int  tabInt[]  = {65, 66, 67, 68, 69, 70, 71, 72};

// cVal= 64 (@) &cVal= 2686695 Taille 1
// sVal= 2048   &sVal= 2686692 Taille 2

// Avec char sur 1 octet (sizeof(char))
  for (i=0; i < 8; i++) {
  // tabChar[i]= 65 (A)  &tabChar[i]: 2686728
  // tabChar[i]= 66 (B)  &tabChar[i]: 2686729
  // tabChar[i]= 67 (C)  &tabChar[i]: 2686730
  // tabChar[i]= 68 (D)  &tabChar[i]: 2686731
  // tabChar[i]= 69 (E)  &tabChar[i]: 2686732
  // tabChar[i]= 70 (F)  &tabChar[i]: 2686733
  // tabChar[i]= 71 (G)  &tabChar[i]: 2686734
  // tabChar[i]= 72 (H)  &tabChar[i]: 2686735
  }

// Avec int sur 4 octets (sizeof(int))
  for (i=0; i < 8; i++) {
  // tabInt[i]= 65  &tabInt[i]: 2686696
  // tabInt[i]= 66  &tabInt[i]: 2686700
  // tabInt[i]= 67  &tabInt[i]: 2686704
  // tabInt[i]= 68  &tabInt[i]: 2686708
  // tabInt[i]= 69  &tabInt[i]: 2686712
  // tabInt[i]= 70  &tabInt[i]: 2686716
  // tabInt[i]= 71  &tabInt[i]: 2686720
  // tabInt[i]= 72  &tabInt[i]: 2686724
  }
  return(0);
}
```

Nous avons défini deux tableaux : le premier pour une taille `char` et l'autre pour une taille `int`. Observez bien la progression des adresses d'un élément au suivant.

Pour `tabChar`, on progresse par pas de un octet et pour `tabInt` par pas de quatre octets. Souvenez-vous de ce mécanisme lorsque nous allons déclarer notre premier pointeur.

Pour une raison pédagogique, nous avons choisi de faire afficher les adresses au format décimal avec le formateur `%d` et non le formateur `%p` spécifique aux pointeurs qui utilise la notation hexadécimale moins facile à lire. Si vous explotez les adresses, utilisez toujours `%p`.

La notion de pointeur perturbe beaucoup de personnes parce qu'elle brise une barrière entre les deux canaux de dialogue : le bus de données et le bus d'adresses.

Le pointeur ne contient pas une « valeur » au sens strict, mais une valeur technique qui va transiter sur le bus d'adresses pour préparer la prochaine lecture ou écriture d'une donnée qui, elle, transite sur le bus de données.

C'est un peu comme en biologie : des milliards d'êtres sont fondés d'abord sur la merveille de technologie qu'est la cellule vivante sans lui rendre spécialement hommage. Sauriez-vous sentir chacune de vos cellules individuellement ?

De même, les langages modernes (objets, fonctionnels, etc.) utilisent de façon intensive les pointeurs sans que le programmeur en ait conscience. C'est ce que nous verrons dans la prochaine partie.

Pourquoi prendre ces risques ?

Avec un pointeur, tout devient possible, même le pire. L'analyseur ne peut pas traquer les fautes de pointeurs puisque l'adresse ne sera connue qu'au dernier moment, pendant l'exécution, et dans certains cas, il sera trop tard. Si les pointeurs sont si dangereux, pourquoi autoriser leur utilisation ?

Une variable est un symbole pour une adresse mémoire, comme nous l'avons vu en début de partie. Le fait de citer la variable donne accès à la valeur trouvée à cette adresse. Cela pose problème lorsque vous voulez modifier cette valeur depuis un endroit du programme où la variable n'est pas accessible.

Les pointeurs servent donc d'abord à modifier depuis une autre fonction le contenu d'une variable simple, d'un tableau ou d'une structure inaccessible parce que déclarée dans la fonction qui l'appelle.

Pour éviter les pointeurs, la seule solution devient rapidement inutilisable : déclarer toutes les variables en dehors de toute fonction, même de `main()`, donc en tant que variables globales. Il devient alors très difficile de deviner à quels endroits chaque variable est modifiée.

Avec un pointeur, tout reste lisible. Vous informez la fonction receveuse de l'endroit où se trouve la valeur à traiter ; elle modifie la valeur puis rend le contrôle. La fonction qui l'a appelée voit la nouvelle valeur.

Les pointeurs sont offerts en taille unique

Puisqu'un pointeur doit permettre d'accéder à n'importe quelle cellule de l'espace mémoire, toutes les variables pointeurs ont la même taille. Dans la suite, nous utilisons des pointeurs sur 32 bits, donc quatre octets.

En réalité, des optimisations sont appliquées pour produire le fichier exécutable et le charger. Lorsque la cible d'un pointeur est à une adresse très proche (par exemple à moins de 127 octets avant ou après, comme c'est le cas dans les boucles), le pointeur est raccourci sur un ou deux octets et devient relatif, mais restons dans le cas général.

Préparer un pointeur suppose toujours deux étapes :

1. Déclaration du pointeur en l'associant au type de sa cible future.
2. Armement du pointeur en le faisant pointer sur sa cible.

1) Déclarez votre premier * pointeur

En langage C, vous ne spécifiez pas un nom de type spécial comme on pourrait s'y attendre, du style `pointer monPointeur;`. Puisqu'un pointeur n'a d'intérêt que s'il a une cible sur laquelle il **pointera** (notez l'emploi du futur), ce qui compte, c'est de connaître la taille de cette cible.

Voici donc une déclaration de pointeur sur une variable de type `double`.

```
double * nomPointeur;
```

C'est extrêmement simple. Vous plongez dans une autre dimension par la simple mention de l'astérisque. Quels sont les effets de cette déclaration ?

C'est une variable. Son nom est `nomPointeur` (une bonne pratique consiste à choisir un préfixe pour les noms de pointeurs ; dans nos exemples, nous avons choisi `ptr`).

Cette variable occupe de l'espace mémoire. Nous avons dit plus haut que pour simplifier (et le concept de pointeurs le mérite), tous les pointeurs de ce chapitre sont sur quatre octets.

Si la variable occupe de l'espace, elle a une adresse mémoire. On n'y coupe pas. Un pointeur va contenir (encore au futur) une adresse, mais il en a une lui-même. (En soi, cela n'a aucune importance, mais c'est ce qui permet d'envisager des pointeurs de pointeurs.)

Pourquoi associer un type de variable à un pointeur ?

Le pointeur de la dernière déclaration est associé à une cible qui va s'étendre sur huit octets (type flottant `double`). L'adresse qu'il va contenir sera celle du premier des huit octets, mais un mécanisme caché très utile profite de cette précision. Si vous faites pointer le pointeur sur un tableau de valeurs `char`, en ajoutant la valeur un au contenu du pointeur, le contenu va automatiquement croître de un octet, et pointer sur le deuxième élément du tableau, qui est juste après le premier, donc un octet plus loin. Nous y reviendrons.

Pour le moment, le contenu du pointeur est comme pour une variable classique sans signification, mais il est bien plus dangereux. Si vous utilisez ce pointeur dans son état brut, vous demandez d'accéder à une adresse mémoire totalement imprévisible. C'est ce qui peut provoquer l'arrêt brutal du programme.

type* nomPointeur ou type *nomPointeur ?

Les programmeurs sont partagés quant à décider si l'astérisque doit être collé au nom du type ou au nom du pointeur. Deux lectures sont possibles et correctes. La déclaration peut se lire :

`nomPointeur` est du type « pointeur_sur_type » donc sur « **`type*`** » (pour le distinguer de la mention « type », seule, sans suffixe).

Mais nous verrons plus loin que pour obtenir la valeur stockée à l'adresse pointée, on écrit **`*nomPointeur`**. On peut donc aussi comprendre la déclaration comme :

« la valeur pointée » (**`*nomPointeur`**) est du type direct « type ».

Les deux écritures sont acceptées et les deux raisonnements justes.

2) Armez votre premier pointeur

Pour sortir le plus vite possible de cette situation instable qu'on désigne sous le terme de « pointeur errant », il faut écrire dans la variable pointeur l'adresse d'une variable directe du type approprié.

Nous savons que l'on obtient l'adresse d'une variable simple avec l'opérateur `&` en préfixe (sauf pour les tableaux qui sont des pointeurs cachés, auquel cas le nom suffit, sans préfixe). Voici comment armer un pointeur sur variable simple, puis un autre sur un tableau :

```
ptrTVA    = &varTVA;
ptrTABREM = tabloRemises;   // Préfixe & inutile
```

3) Utilisez votre premier pointeur

Pour accéder au contenu du contenu (ce qui est stocké à l'adresse stockée dans le pointeur), la syntaxe est la même que dans la déclaration, mais sans type. En lecture, puis en écriture :

```
variableReceveuse = *nomPointeur;
*nomPointeur      = variableSource;
```

Certains parlent de dé-référencement ou d'accès indirect. Récapitulons cela avec un premier exemple dans lequel nous remplaçons tous les appels à la fonction d'affichage `printf()` par des commentaires montrant un exemple de valeur réelle. (Les appels sont présents dans le fichier d'exemple téléchargeable.) Il est normal que les adresses changent d'une exécution à l'autre.

Listing 13.5 : Texte source ptr_hegger.c

```
// ptr_NULL.c
#include <stdio.h>

int main()
{
  double Hegger = 12345.6789;
  double *ptrH;                                   // 1
  // = NULL; pour faire taire l'analyseur

  int adresse_ptrH = (int)&ptrH;                  // 2
  // Adresse &ptrH errant sans cible: 2686740

  // Taille sizeof(ptrH) : 4 octets               // 3
  // Avarie severe si vous tentez ceci :
```

```
  // catastrophe = *ptrH;

  // Ciblage de la structure par le pointeur
  ptrH = &Hegger;                                // 4

  // Utilisation
  int valeur_ptrH = (int)ptrH;
  // Valeur de ptrH (adresse cible): 2686744    // 5

  double valcible_ptrH = *ptrH;                  // 6
  // Valeur de *ptrH (contenu cible): 12345.68

  // Taille sizeof(*ptrH) : 8 octets            // 7

  return(0);
}
```

Penchons-nous sur les lignes numérotées par commentaire de ligne :

1. Nous déclarons un pointeur sur variable `double`. Il n'est pas encore utilisable.
2. Nous pouvons déjà connaître son adresse, ce qui prouve qu'il existe réellement en mémoire.
3. Juste pour vérifier : la variable pointeur occupe quatre octets dans le modèle de compilation choisi (32 bits).
4. Nous écrivons l'adresse d'une variable dans le pointeur. Il devient utilisable. Comme un missile, il est verrouillé sur sa cible.
5. Logiquement, la valeur du pointeur est bien l'adresse de la variable ciblée. Notez que cette adresse est quatre octets plus loin que celle du pointeur (point 2) qui s'étend sur quatre octets.
6. Nous utilisons le pointeur pour récupérer la valeur numérique de type double située à l'adresse visée par le pointeur.
7. Cette valeur est bien sur huit octets, puisque nous avons déclaré un pointeur sur `double`.

Voici le résultat affiché :

```
// Adresse &ptrH errant sans cible: 2686740
// Taille de ptrH : 4 octets

// Valeur de ptrH (adresse cible): 2686744
// Valeur de *ptrH (contenu cible): 12345.68
// Taille de *ptrH : 8 octets
```

Après avoir lu cette explication, doit-on continuer à croire que la mécanique des pointeurs est difficile ? Il est certain qu'elle suppose de rester calme et impose un peu de gymnastique cérébrale, mais les « cérébrologues » conseillent de faire un peu de sport cérébral tous les jours.

Voyons maintenant le grand intérêt des pointeurs avec les tableaux puis avec les structures.

Pointeurs et tableaux

L'accès à un élément de tableau se base sur la notation [indice entre crochets]. En faisant pointer un pointeur sur le début du tableau, on peut ensuite parcourir le tableau d'une autre façon. Il devient alors possible de progresser en ajoutant ou en enlevant des unités à la valeur du pointeur.

Nous avions parlé plus haut de la raison pour laquelle on ne déclare pas le pointeur avec un type pointeur, mais avec le type de sa cible. C'est grâce à la connaissance de la taille unitaire de la cible que l'adresse contenue dans le pointeur peut varier comme par magie du bon nombre d'unités. Un exemple.

Listing 13.6 : Texte source ptr_tabshort.c

```
// ptr_tabshort.c
#include <stdio.h>
#define SZ sizeof

int main()
{
  short tabSho[]  = {65, 66, 67, 68, 69, 70, 71, 72};
  int  i;

  short* ptrT = tabSho;

  printf("// Tableau de short sur %d octets\n", SZ(short));
  printf("// ptrT vaut %d \n\n", ptrT);

  for (i=0; i < 3; i++) {
    printf("// tabSho[i]: Contenu = %d \n", tabSho[i]);
    printf("// &tabSho[i]: Adresse = %d \n", &tabSho[i]);
    int pad = (int)(ptrT + i);
    printf("// (ptrT+i) = %d+(%d*2) = %d\n", ptrT, i, pad );
    short pva = *(ptrT + i);
    printf("// Contenu *(ptrT+i) = %d \n\n", pva );
  }

  return(0);
}
```

C'est à dessein que nous avons choisi de partir d'un tableau de valeurs `short`. Cela permet de mieux distinguer la manipulation des adresses de celle des contenus. Voici les résultats affichés.

```
// Tableau de short sur 2 octets
// ptrT vaut 2686720

// tabSho[i]: Contenu = 65
// &tabSho[i]: Adresse = 2686720
// (ptrT+i) = 2686720+(0*2) = 2686720
// Contenu *(ptrT+i) = 65

// tabSho[i]: Contenu = 66
// &tabSho[i]: Adresse = 2686722
// (ptrT+i) = 2686720+(1*2) = 2686722
// Contenu *(ptrT+i) = 66

// tabSho[i]: Contenu = 67
// &tabSho[i]: Adresse = 2686724
// (ptrT+i) = 2686720+(2*2) = 2686724
// Contenu *(ptrT+i) = 67
```

Pour gagner un peu en largeur dans le code source, nous avons défini un alias SZ pour `sizeof`. C'est une simple recherche/remplacement.

Nous créons le pointeur tout en lui affectant sa cible en une seule ligne. C'est la méthode conseillée lorsque c'est possible :

```
   short* ptrT = tabSho;
```

Rappelons que pour un tableau, l'opérateur & est inutile. Un nom de tableau est un pointeur.

Si vous tombez sur le paragraphe qui suit sans avoir lu toute cette partie dans l'ordre, vous allez avoir du mal.

Lisez calmement l'instruction suivante :

```
     int pad = (ptrT + i);
```

Elle récupère la valeur résultant d'une addition entre la valeur du pointeur `ptrT` (une adresse) et l'indice de boucle `i`. Mais il y a une astuce : l'indice n'est pas utilisé comme demandé, mais automatiquement multiplié par le nombre d'octets correspondant au type de la variable pointé, ici `short`.

En réalité, nous avons ajouté un préfixe de transtypage `(int)` devant l'expression pour que l'analyseur soit content. En effet, sur notre machine, le type `int` a la même taille que le « type » pointeur, mais ce n'est pas nécessairement le cas. C'est pourquoi l'analyseur émet un avertissement.

En revanche, cette instruction récupère un contenu d'adresse, donc une valeur. La variable receveuse doit logiquement cadrer avec le type du contenu, ici `short`.

```
    short pva = *(ptrT+i);
```

Ce sont là les bases de ce que l'on appelle l'arithmétique des pointeurs. En prenant la peine de comprendre cette mécanique, vous pourrez ensuite vous aventurer dans des niveaux d'abstraction supérieurs avec de solides fondations.

Pointeurs et structures

Nous avons découvert en début de chapitre que l'accès à un membre d'une structure se basait sur la notation point (nom_structure.nom_membre).

Il est également possible de cibler la structure avec un pointeur en lui affectant l'adresse de la structure (avec &). Il faut que le pointeur soit déclaré du type adéquat, donc du type structure de l'objet sur lequel il faudra le faire pointer.

Listing 13.7 : Texte source pstruk_simple.c

```
// pstruk_simple.c
#include <stdio.h>
#include <string.h>

struct patron {
  int  x;
  char nom[80+1];
};

int main()
{
  struct patron strukVar;
  struct patron *ptr;
```

```
   strukVar.x = 12;
   strcpy(strukVar.nom, "Emile Jacotey");

   // Ciblage de la structure par le pointeur
   ptr = &strukVar;

   int iMatri = ptr->x;
   printf("// Matricule : %d\n", iMatri );
   char *sNom = ptr->nom;
   printf("// Nom :        %s\n", sNom );

   return(0);
}
```

Nous définissons le nouveau type structure :

```
struct patron {
   int  x;
   char nom[80+1];
};
```

Nous créons une variable (instance) de ce type structure :

```
   struct patron strukVar;
```

Nous déclarons un pointeur du même type structure :

```
struct patron *ptr;
```

Nous armons le pointeur pour qu'il cible la variable. A la différence des tableaux, il faut indiquer l'opérateur d'adresse `&` en préfixe d'un nom de structure :

```
ptr = &strukVar;
```

Nous pouvons maintenant utiliser indifféremment la notation point ou une nouvelle notation avec le pointeur. L'opérateur correspond au couple de symboles tiret-supérieur (->).

```
   int iMatri = ptr->x;
```

Pointeurs et tableaux de structures

Puisque nous sommes en verve, remplissons chacune des structures d'un tableau avec une valeur entière et un tableau chaîne et armons un pointeur vers chaque structure.

Listing 13.8 : Texte source pstruk_tablo.c

```
// pstruk_tablo.c
#include <stdio.h>
#include <string.h>

struct patron {
  int  x;
  char nom[80+1];
};
char *listeNom[10] = {"Gary", "Pierre-Yves", "Michel", \
                      "Emile", "Othello", "Anne",       \
                      "Benoit", "Martine", "Eric",      \
                      "Floriane"};
int main()
{
  int ndx;
  struct patron skGens[10];
  struct patron *pskGens[10];

  for (ndx=0; ndx < 10; ndx++) {
    skGens[ndx].x = (ndx+10);
    strcpy(skGens[ndx].nom, listeNom[ndx]);
    pskGens[ndx] = &skGens[ndx];
  }

  for (ndx=0; ndx < 6; ndx++) {
    printf("\nMatricule %d : %d\n", ndx, pskGens[ndx]->x );
    char *sTempo = skGens[ndx].nom;
    printf("// skGens[ndx].nom   = %s\n", sTempo);
    sTempo = pskGens[ndx]->nom;
    printf("// pskGens[ndx]->nom = %s\n", sTempo);
  }

  return(0);
}
```

Voici une partie de l'affichage résultant :

```
Matricule 0 : 10
// skGens[ndx].nom   = Gary
// pskGens[ndx]->nom = Gary

Matricule 1 : 11
// skGens[ndx].nom   = Pierre-Yves
// pskGens[ndx]->nom = Pierre-Yves

// etc.
```

Avec un tableau de pointeurs `pskGens[]` sur un tableau de structures `skGens[]`, vous constatez qu'il est absolument égal d'écrire :

```
skGens[ndx].nom
```

et

```
pskGens[ndx]->nom
```

Vous remarquez que nous armons chaque pointeur dans une boucle en y stockant l'adresse du début de la structure de même indice :

```
    pskGens[ndx] = &skGens[ndx];
```

Transmettre une structure

Le pointeur est l'outil indispensable pour transmettre l'adresse d'une structure d'une fonction à une autre afin que cette dernière puisse modifier réellement les valeurs de la structure.

Lorsque vous transmettez une adresse, le côté receveur doit capturer cette « valeur » dans un pointeur. La fonction receveuse doit donc définir un paramètre pointeur sur le type structure :

```
struct solo {
             int  x;
             int  y;
            };
int modifier(struct solo *s);
```

L'appel à la fonction réclame l'opérateur `&` :

```
  modifier(&mSolo);
```

La fonction receveuse manipule les membres de la structure avec la notation pointeur `->` :

```
  s->x = 4321;
  s->y = 8765;
```

Vous remarquez que la fonction de traitement utilise un nom local pour la structure, mais les noms réels des champs de données. Voici l'exemple complet.

Listing 13.9 : Texte source pstruk_solo.c

```
// pstruk_solo.c
#include <stdio.h>

struct solo {
            float x;
            float y;
            };
int modifier(struct solo *s);

int main()
{
  struct solo mSolo;

  mSolo.x = 12.00;
  mSolo.y = 34.00;

  printf("Valeur avant : %.2f \t%.2f\n", mSolo.x, mSolo.y);
  modifier(&mSolo);
  printf("Valeur apres : %.2f \t%.2f\n", mSolo.x, mSolo.y);
  return(0);
}

int modifier(struct solo *s) {
  s->x += 1234.50;
  s->y += 5678.10;
  return(0);
}
```

Dans l'appel, nous transmettons l'adresse de la structure. Nous la récupérons dans le pointeur s qui nous permet de changer les valeurs. Inutile de renvoyer la structure puisque nous sommes intervenus sur la variable d'origine.

Les pointeurs sont des variables !

Une variable pointeur peut changer de valeur, même si cela doit être fait avec des règles très précises. L'arithmétique des pointeurs n'est applicable que dans le cas où il est certain que les valeurs se suivent en mémoire, ce qui est le cas de chaque dimension d'un tableau (mais pas d'une dimension à l'autre !).

Le principal cas de changement de la cible d'un pointeur est la liste liée.

Des wagonnets... (une liste liée)

Une liste liée est un type structure dont un des membres est un pointeur sur le même type structure. Cela permet de façon très élégante de créer une liste liée, comme un train de wagons accrochés les uns aux autres.

Chaque wagon est une instance de la structure et contient un lien (le pointeur) vers le wagon suivant ou la valeur spéciale NULL.

Listing 13.10 : Texte source wagons.c

```
// wagons.c
#include <stdio.h>
#define NBWAG 15

struct wagon {
  int    contenu;
  struct wagon *suivant;
};

int main()
{
  struct wagon train[NBWAG];
  int i;

  for (i = 0; i < NBWAG; i++) {
    train[i].contenu = (i+64);
    train[i].suivant = NULL;
    if (i > 0) {
      train[i-1].suivant = &train[i];
      printf("%c_", train[i].contenu);
    } else printf("\nLocomotive_");
  }
  printf("QueueDuTrain\n");

  if (! train[NBWAG-1].suivant)
    printf("\nFin de train atteinte!");

  return(0);
}
```

L'exécution de l'exemple permet de voir ce qui ressemble au tableau affiché en gare dont vous vous servez pour trouver votre place (le tableau de composition des trains) :

```
Locomotive_A_B_C_D_E_F_G_H_I_J_K_L_M_N_QueueDuTrain
```

L'exemple suffit à illustrer le principe de la liste liée. Le membre suivant de chaque wagon contient l'adresse du wagon suivant, sauf le dernier. Pour simplifier, nous commençons par forcer la valeur NULL dans chaque chaînon puis nous relions les wagons en écrivant l'adresse du wagon en cours dans le pointeur du précédent.

Le train devient ensuite utilisable même sans connaître le nombre de wagons (voir l'exemple *wagons3.c*), en rebouclant tant que le pointeur vers le prochain wagon ne vaut pas NULL :

```
while (train[i].suivant != NULL)
```

Une liste liée de niveau professionnel sera bien plus sophistiquée :

- La création des wagons doit se faire de façon dynamique par réservation/libération de blocs de mémoire avec les fonctions `malloc()` et `free()`.
- Des fonctions sont à ajouter pour pouvoir naviguer dans la liste autrement qu'en marche avant, pour ajouter un wagon n'importe où et en enlever, et pour chercher un wagon.

Toutes ces opérations se résument à lire et écrire des pointeurs. Par exemple, pour supprimer un wagon, il suffit d'écrire dans le chaînon du précédent l'adresse du suivant. Le wagon intermédiaire disparaît. (Mais il faut penser à restituer la mémoire qu'il occupe.)

Pour toutes ces fonctions, des exemples éprouvés et optimisés sont disponibles dans la communauté des programmeurs.

Conclusion de la partie

Structures et pointeurs constituent le point d'orgue de cette partie. Nous allons maintenant nous éloigner des contraintes matérielles avec les langages orientés objets et la programmation pilotée par événements.

Il y a aura des valeurs, des pointeurs et des structures partout, mais sous de nouvelles formes. Votre programme va s'ouvrir à son contexte, il va se socialiser et dialoguer avec le système d'exploitation.

Quatrième partie

Objets et méthodes

Dans cette partie

Chapitre 14

Programmation pilotée par événements

Dans ce chapitre :

- Fin du dactylocène
- Des fenêtres et un arbitre
- Rester à l'écoute et bien réagir

Le clavier est le descendant direct du téléscripteur qui servait à composer les messages télégraphiques. Ce mode de communication écrite reste efficace puisqu'un ordinateur propose des services (des programmes) qui portent des noms. Jusqu'aux années 1990, on dialoguait avec un ordinateur via un clavier. Dans ce mode, le premier mot tapé est en général le nom d'un programme dont on provoque ainsi le lancement.

```
COPIER FichierExistant CopieDuFichier
```

Pour obtenir un service (par exemple, l'affichage de la liste des textes dans un dossier), il suffit d'invoquer le nom du service (une sorte d'incantation). C'est le mode appelé *Command-Line Interface* (CLI) ou mode commande aussi appelé mode texte. Mais cette approche suppose d'avoir mémorisé toute la palette de services dont on a besoin. Et cette phase d'apprentissage prend du temps.

Au cours des années 1960, la palette de domaines d'activité pouvant tirer avantage des ordinateurs a fortement augmenté. En parallèle, le coût des ordinateurs a suffisamment diminué pour qu'ils ne soient plus réservés aux plus grosses entreprises. Les mini-ordinateurs sont apparus (PDP de Digital, IBM 38, etc.). On notera avec amusement que ce qui était baptisé « miniordinateur » désignait des machines ayant au moins la taille d'une armoire haute et pesant presque une tonne.

La diffusion des mini-ordinateurs puis des micro-ordinateurs dans des centaines de milliers d'entreprises (d'abord pour accélérer les activités de comptabilité) a entraîné un énorme besoin de formation. Comment accélérer la prise en mains de la machine par l'utilisateur ?

Au départ, l'idée d'une interface pilotée par souris était cantonnée au monde de la recherche puis à celui des premiers systèmes de création graphique (CAO) pour remplacer le dessin industriel.

Du dactylocène au cliquocène

Ancien opérateur radar, Doug Engelbart de Stanford a dès 1968 présenté une machine avec interface graphique pilotée par souris à trois boutons et liens hypertextes (NLS/Augment). De cette démonstration mémorable est né, en 1973, le Xerox Alto du laboratoire XEROX PARC (*Palo Alto Research Center*).

Ces innovations ont conduit au mode d'utilisation actuel des ordinateurs, d'abord chez Apple avec son Macintosh, puis chez Microsoft avec MS-Windows.

Cette nouvelle manière de contrôler une machine a été une révolution autant pour les utilisateurs des logiciels que pour les programmeurs.

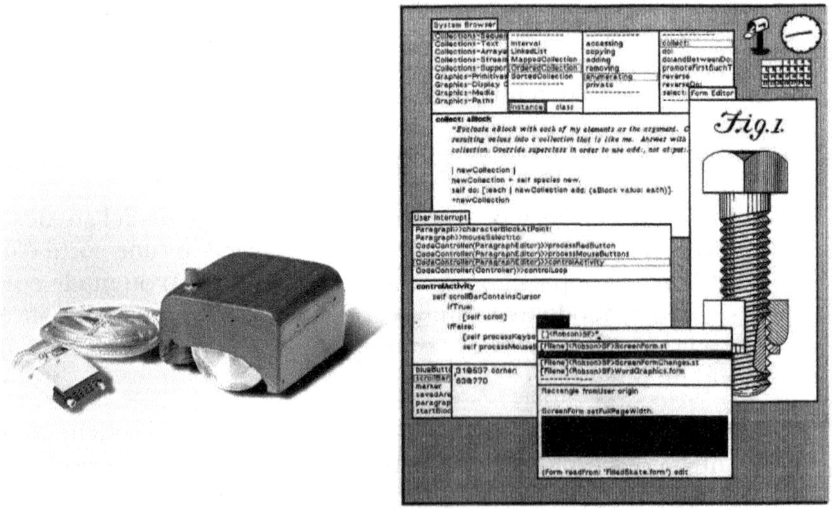

(Droits réservés Xerox PARC)

Figure 14.1 : Première souris du PARC et interface du Xerox Alto (1968).

Le nom adopté pour cette interface est GUI, qui signifie *Graphical User Interface* ou Interface utilisateur graphique. Mais l'essentiel n'est pas qu'elle soit graphique : c'est un véritable écosystème, un environnement dans lequel vous en tant qu'auteur de programmes venez vous inviter. Un peu comme dans le monde physique le jour de votre naissance.

Interfaces graphiques et événements

En quoi une interface graphique est-elle une révolution pour le programmeur?

Contrairement à l'approche classique en mode commande, vous ne pouvez plus ignorer les autres programmes. Vous allez cohabiter avec d'autres fenêtres, au minimum avec le fond de bureau (*Desktop*) et avec l'Explorateur (ou le Finder).

Avant d'écrire la première ligne de votre programme, vous disposez déjà de tout un ensemble de fonctions pour dialoguer avec l'utilisateur. Ces fonctions sont intégrées au système (Windows, MacOS, Unix/X-Window). Alors qu'auparavant le système d'exploitation n'était pas visible de l'utilisateur une fois que votre programme avait démarré, il devient l'intermédiaire obligé entre l'utilisateur et vous (votre programme).

Dans cette approche, ce n'est plus votre programme qui écoute les demandes de l'utilisateur. C'est le système. Ce n'est plus votre programme qui affiche des données (textes, graphiques), c'est le système.

Tout un petit peuple (fenêtres, boîtes, processus, messages)

La surface de l'écran devient l'équivalent d'un bureau (*Desktop*) géré en tant que rectangle graphique constitué d'un certain nombre de points élémentaires en largeur et en hauteur. Par exemple, une résolution typique d'écran sera de 1 600 points en largeur sur 1 200 points en hauteur. La surface de cet écran est distribuée entre plusieurs fenêtres qui sont posées sur un fond (le plan du bureau). Les fenêtres sont affichées entre le fond de bureau et vous, l'utilisateur, dans une sorte d'empilement.

Au sein de cette surface, le pointeur graphique peut être déplacé où bon vous semble grâce à un outil de pointage (souris ou stylet d'une tablette).

Dans ces conditions, votre programme ne peut plus prendre possession de la totalité de la surface, comme c'était le cas en mode texte. Il est accueilli par le système qui lui attribue une fenêtre rectangulaire. C'est le système qui se charge des arbitrages entre les fenêtres. A tout moment, une seule est au premier plan. C'est la fenêtre active. C'est vers cette fenêtre que sont transmis les caractères frappés au clavier.

Les autres fenêtres peuvent être partiellement ou totalement masquées par la fenêtre active. Lorsque vous cliquez dans la surface d'une fenêtre de second plan, vous indiquez ainsi que vous voulez qu'elle passe au premier plan.

Ce mécanisme vous est sans doute connu en tant qu'utilisateur de Windows, de MacOS ou de X-Window (sans S), mais voyons ce qu'il implique pour le programmeur.

C'est quoi une fenêtre ?

Une fenêtre se caractérise par des propriétés et des comportements. Elle possède une position au sein de l'écran et des dimensions initiales. Elle peut être masquée, repliée ou bien visible en partie ou en totalité.

Visuellement une fenêtre regroupe deux parties :

- la partie non-cliente : c'est le cadre de fenêtre, la barre de titre et la barre d'état ;
- la partie cliente : c'est la surface utile dans laquelle vous pouvez afficher vos données.

Sont considérés comme fenêtres ce que vous appelez normalement fenêtre, c'est-à-dire une zone rectangulaire avec un titre et des boutons d'angle, mais aussi toutes les boîtes de dialogue qui sont des sous-fenêtres ou fenêtres secondaires. Toute sous-fenêtre est attachée à une fenêtre principale qui en est propriétaire.

Toute fenêtre doit être capable de réagir à des messages que le système (ou une autre fenêtre, mais via le système) lui envoie. Elle peut également émettre des messages.

Vie d'un programme fenêtré

Un programme fenêtré connaît trois phases successives de fonctionnement :

1. Au démarrage, le programme demande au système de lui créer puis d'afficher une fenêtre principale (en stipulant les dimensions initiales et en indiquant son contenu initial). Le système répond à la demande et attribue un identifiant unique qui va servir aux échanges ultérieurs (un « handle »).
2. Une fois la fenêtre affichée au premier-plan, votre programme entre dans une boucle perpétuelle. Il attend. Etonnant, non, un programme qui attend ? C'est le système qui va détecter les événements qui vont se produire. Pour chaque type d'événement, le système émet un message puis le diffuse soit à une fenêtre en particulier, soit à toutes les fenêtres principales.
3. Dans chaque fenêtre, la boucle d'écoute des messages se tient prête à réagir aux seuls événements que l'auteur du programme a jugé dignes d'intérêt en écrivant le code d'une fonction appropriée. Les événements les plus fréquents sont les actions avec la souris. Quand vous cliquez, le pointeur de souris se trouve obligatoirement « quelque part ». Les coordonnées de l'événement sont recueillies et transmises dans le message, par exemple « Bouton gauche enfoncé en 200,400 ».

Transition vers Windows

L'ancienne approche consistant à lancer le programme, à le laisser réaliser son traitement puis à se terminer reste possible dans un environnement fenêtré. Cela suppose de ne pas demander l'affichage d'une fenêtre, ni de mettre en place la boucle de réception de messages. Voici un programme minimal sous Windows qui servira de transition avec la suite. Il provoque l'apparition d'une boîte de dialogue de confirmation, mais n'en a pas du tout géré l'affichage.

Listing 14.1 : Un programme impératif pour MS-Windows (ViderCorbeille).

```
1 #include <windows.h>
2 int main(void)
3 {
4   SHEmptyRecycleBin(NULL, NULL, 0);
5   return 0;
6 }
```

La ligne 1 ne vous est plus étrangère si vous avez lu la Partie 1. Nous y demandons d'insérer le contenu d'un fichier standard qui définit notamment quelques constantes. Vous n'aurez jamais à toucher à son contenu. Cette mention suffit à nous permettre de faire appel aux fonctions des librairies standard du système (ici, MS-Windows).

La ligne 2 déclare le nom de la fonction principale et unique (`main`). Nous ne voulons pas qu'elle récupère une valeur transmise au démarrage (`void`) et nous précisons qu'elle va renvoyer une valeur numérique entière en fin d'exécution (`int`). Les lignes 3 et 6 marquent le bloc de code de la fonction, son corps.

En ligne 4 se trouve la seule action du projet : nous faisons appel à une fonction standard dont le nom français pourrait s'écrire `SHViderCorbeille()`. Le préfixe SH symbolise l'outil SHell, c'est-à-dire le programme qui interprète des commandes de gestion du système d'exploitation (créer un dossier, copier un fichier, afficher une liste de fichiers, vider la corbeille). C'est ce qui reste du mode ligne de commande de l'ancêtre MS-DOS.

Enfin, la ligne 5 provoque (déjà !) la fin d'exécution en renvoyant la valeur numérique 0 au système pour confirmer que tout s'est bien passé.

Vous avez remarqué que la fonction de librairie désire recevoir trois arguments d'appel. Dès que vous voulez utiliser une fonction prédéfinie, il faut aller à la source, c'est-à-dire la documentation de son créateur. Ici, il s'agit de Microsoft. Sa page d'explications (elles sont souvent non traduites) nous apprend que les deux premiers arguments sont facultatifs. Le premier permet d'associer la fonction à une fenêtre. Ici, nous n'avons pas besoin de fenêtre. Nous indiquons donc la pseudo-valeur NULL. Le deuxième argument doit indiquer un chemin d'accès pour limiter l'effet du vidage aux fichiers effacés qui se trouvaient dans un sous-dossier de ce chemin. Pour vider entièrement la Corbeille, nous indiquons NULL aussi.

Le troisième argument est un masque d'options. Chaque option vaut une puissance de deux (1, 2, 4, 8, etc.). Une option permet de vider la corbeille sans redemander confirmation (valeur 1 ou nom SHERB_NOCONFIRMATION), une autre de ne pas afficher la jauge de progression (valeur 2 ou nom SHERB_NOPROGRESSUI). Cette technique permet de combiner les deux options avec l'opérateur OU (|) :

```
SHERB_NOCONFIRMATION | SHERB_NOPROGRESSUI
```

Dans l'exemple, nous ne demandons aucune option. La boîte de confirmation apparaît donc, seule preuve que le programme a fonctionné.

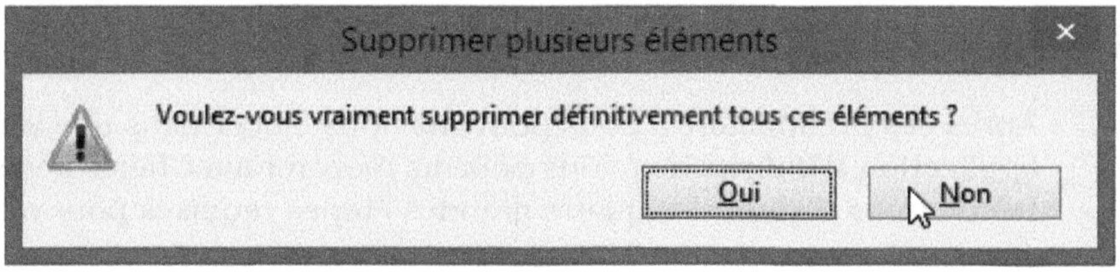

Figure 14.2 : Programme impératif sous Windows

Les types Windows

En compléments des types des langages C et C++, Windows définit toute une série de types dérivés pour réduire les risques d'erreur. La plupart de ces types sont définis dans le fichier d'en-tête *WinDef.h*. En voici un aperçu.

Tableau 14.1 : Types de données numériques entiers Windows.

Nom	*Taille*	*Signé ou pas*
BYTE	8 bits	Non signé
WORD	16 bits	Non signé
DWORD	32 bits	Non signé
INT32	32 bits	Signé (UINT32 pour non signé)
INT64	64 bits	Signé (+ variante U)
LONG	32 bits	Signé (+ variante U)
LONGLONG	64 bits	Signé (+ variante U)

On remarque que les types INT32 et LONG sont équivalents. C'est dû à l'histoire des microprocesseurs, passés de 16 à 32 puis à 64 bits.

Types indirects (pointeurs) : comme tous les systèmes à événements et messages, Windows utilise abondamment les pointeurs. Vous les reconnaissez au préfixe P (pointeur) ou LP (pointeur long).

Ouvrons la fenêtre

Après ces préliminaires, nous pouvons nous lancer dans une véritable application Windows que vous pourrez montrer avec fierté à vos amis. Découvrons d'abord les quatre grandes étapes requises pour réaliser ce spectacle.

1. Déclaration de la fenêtre principale (parce que vous pourrez en créer d'autres par la suite) et inscription système par `RegisterClassEx()`.
2. Création effective de la fenêtre par la fonction `CreateWindowEx()`.
3. Entrée dans la boucle principale de la fonction incarnée par le bloc `while` qui se trouve à la fin de la fonction principale. Il ne doit y avoir que le code de fin d'exécution après cette boucle car on ne sort de la boucle que pour quitter l'application. Cette boucle scrute la file d'attente des messages et les traite l'un après l'autre.
4. Définition de la fonction de rappel `WndProc()`. C'est cette fonction que vous n'appellerez jamais dans votre programme (elle est déclarée avec la mention CALLBACK). C'est le noyau Windows qui va l'appeler périodiquement quand il y aura des messages pour vous.

Voyons à quoi ressemble la mise en application (c'est le cas de le dire) de ces principes à travers un programme Windows complet. Nous commençons par découvrir l'application telle qu'elle se présente à l'utilisateur.

L'application d'exemple

Le projet étant à but pédagogique, il consiste à afficher une fenêtre qui va montrer les coordonnées du pointeur de souris et celles de la fenêtre. Voici l'aspect de l'application.

Cette fenêtre minimale est déjà dotée de tout ce qu'un utilisateur d'aujourd'hui suppose pouvoir trouver :

- un cadre de fenêtre avec une barre de titre et une surface utile ;
- des boutons dans la barre de titre : à droite, le bouton de fermeture (en haut à droite ici) et les boutons de dépliement et de repliement au format icône ; à gauche le bouton d'accès au menu de fenêtre ;
- la possibilité de modifier les dimensions de la fenêtre en agrippant un bord et de la déplacer en l'agrippant par le corps de la barre de titre (en dehors des cases actives à droite et à gauche).

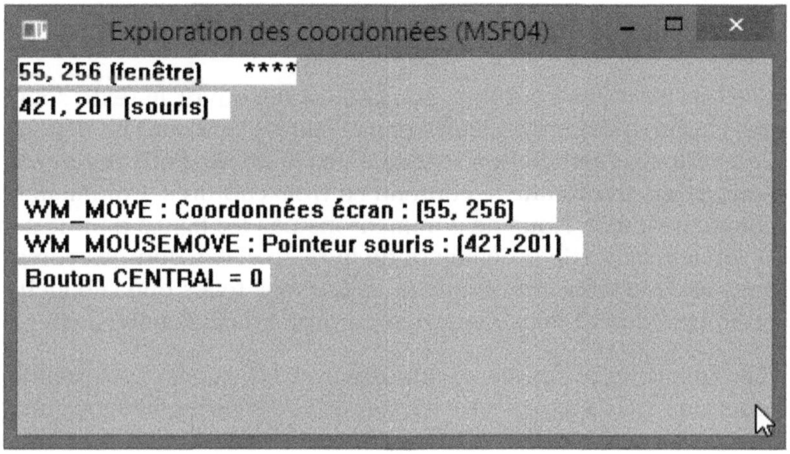

Figure 14.3 : L'application MSF04 en action.

Nous avons répété l'affichage des coordonnées pour qu'elles restent visibles le plus possible lorsque les dimensions de la fenêtre sont beaucoup réduites. Ces coordonnées sont mises à jour pendant les déplacements de la fenêtre au sein de l'écran.

Le second jeu de coordonnées n'est actif que lorsque le pointeur se trouve dans les limites de la fenêtre. Ces coordonnées souris sont relatives à la fenêtre et non à l'écran. Dans ce projet, nous avons demandé de donner au départ à la fenêtre une largeur de 450 pixels sur une hauteur de 250 pixels. Sur la figure, le pointeur est presque dans le coin inférieur droit, aux coordonnées (421, 201). L'origine est toujours dans l'angle supérieur gauche (de la fenêtre ou de l'écran).

TRUC

Le nom *MSF04* signifie que trois versions plus élémentaires du projet sont disponibles dans les archives d'exemples du livre disponible sur le site de l'éditeur. La place manque dans ce livre pour commenter les trois versions qui aboutissent à celle-ci.

Le texte source que nous allons découvrir comporte à peine plus d'une centaine de lignes, ce qui est peu quand on tient compte de tout ce qui est déjà possible.

Etude du texte source

Une fois n'est pas coutume, nous allons découvrir le texte source par des captures écrans réalisées dans l'éditeur de l'outil de développement Code::Blocks (installation expliquée en annexe). Pour assurer la lisibilité, nous avons fractionné le contenu en trois captures. Commençons par le commencement. Nous ne commentons pas les lignes dont le sens est évident si l'on a lu la partie précédente du livre, ni celles dont les commentaires dans le code suffisent ou que nous laissons telles que l'ébauche (*stub*) les préinjecte quand vous démarrez un projet dans l'atelier.

Bien que le texte source occupe environ 110 lignes, il ne définit que deux fonctions : `WinMain()` et `FoncRapp()`, d'environ 50 lignes chacune.

main.cpp

```
/* ProgPLN : Windoo MSF04 */
#include <windows.h>
#include <stdio.h>

/*  Prototype de notre fonction de rappel définie plus bas */
LRESULT CALLBACK FoncRapp(HWND, UINT, WPARAM, LPARAM);

/*  Variable globale pour le nom de la classe */
char szWinClasse[ ] = "ProgPLN"; // Nom de la Winclasse

/* ETAPE 1 : Corps de la fonction principale WinMain */
int WINAPI WinMain (HINSTANCE hMonInsta,
                    HINSTANCE hInstaPrec,
                    LPSTR lpszArgument,
                    int nCmdShow)
{
    HWND hfen;              /* Identifiant (handle) de la fenêtre */
    MSG messages;           /* Réservoir de stockage des messages pour l'application */
    WNDCLASSEX wincl;       /* Structure de données de la Winclasse */
    /* Structure constitutive de la fenêtre */
    wincl.cbSize = sizeof(WNDCLASSEX);
    wincl.style  = CS_DBLCLKS;            /* Style de Winclasse */
    wincl.lpfnWndProc   = FoncRapp;       /* Fonction de rappel pour le système */
    wincl.hInstance     = hMonInsta;
    wincl.lpszClassName = szWinClasse;

    wincl.lpszMenuName = NULL;                       /* Nom d'une ressource menu */
    wincl.hIcon   = LoadIcon(NULL, IDI_APPLICATION); /* Choix icône */
    wincl.hIconSm = LoadIcon(NULL, IDI_APPLICATION); /* Choix pointeur souris */
    wincl.hCursor = LoadCursor(NULL, IDC_ARROW);
    wincl.hbrBackground = (HBRUSH) COLOR_BACKGROUND; /* Couleur du fond de fenêtre */
    wincl.cbClsExtra    = 0;                 /* Pas de données bonus pour la classe */
    wincl.cbWndExtra    = 0;                 /* ni pour l'instance */

    /* Inscription de la classe de la fenêtre (register) */
    if (!RegisterClassEx(&wincl))  return 0; // Renvoie 0 si échec, donc on quitte

/* ETAPE 2 : Création de la fenêtre principale (toujours dans WinMain()) */
```

Figure 14.4 : Partie 1/3 du programme MS-Windows MSF04

Les prédéclarations

```
1    /* ProgPLN : Windoo MSF04 */
2    #include <windows.h>
3    #include <stdio.h>
```

La ligne 2 demande l'inclusion d'un fichier d'en-tête spécifique au système Windows. Il rassemble des déclarations indispensables pour la suite et comporte lui-même des dizaines de demandes d'inclusion.

```
6    LRESULT CALLBACK FoncRapp (HWND, UINT, WPARAM, LPARAM);
```

Dans le prototype de fonction ci-dessus, la mention LRESULT est un type de donnée spécifique. Le qualificateur CALLBACK désigne une fonction de rappel. De ce fait, `FoncRapp()` est le nom choisi pour la fonction que le système Windows va périodiquement appeler. Vu du côté du programmeur, c'est un rappel, non un appel.

Nous entrons ensuite dans la fonction `WinMain()`.

WinMain (), étape 1 préparatoire

Cette fonction essentielle et obligatoire remplace la fonction `main()` traditionnelle. Elle s'étend de la ligne 12 à la ligne 63.

```
12  int WINAPI WinMain (HINSTANCE monInsta,
13                      HINSTANCE hInstaPrec,
14               LPSTR lpszArgument, // Options de ligne de cmd
15               int nCmdShow)       // Format d'ouverture
```

La fonction attend quatre paramètres d'entrée qu'elle obtient du système au démarrage. Seule le premier nous importe.

```
17      HWND hfen;
```

HWND est un type spécifique (un pointeur) qui permet d'établir un lien avec l'objet en mémoire qui correspond à la fenêtre. Notre fenêtre sera nommée hfen. Les lignes 17 à 33 constituent la phase préparatoire avant création de la fenêtre.

```
23      wincl.lpfnWndProc   = FoncRapp;
24      wincl.hInstance     = monInsta;
25      wincl.lpszClassName = szClassName;
```

En ligne 23, nous précisons le nom que nous avons choisi pour la fonction de rappel. Son corps occupe toute la seconde moitié du texte source. En 24, nous utilisons la valeur obtenue du système au démarrage et en 25, nous attribuons le nom que nous avions choisi pour la classe.

Les lignes 27 à 33 sélectionnent les éléments visuels. Nous conservons les choix standard.

```
36      if ( !RegisterClassEx(&wincl) ) return 0;
```

Voici la première instruction. L'application ne démarre pas si la fonction appelée renvoie une valeur nulle. Elle demande l'inscription de l'application en lui transmettant la structure de données que nous venons de remplir. Si nous avons réussi ce test, nous pouvons préparer l'appel à la fonction qui va créer la fenêtre en mémoire.

WinMain (), étape 2 de création de la fenêtre

La fonction que nous appelons attend pas moins de douze paramètres (lignes 39 à 51) ! Le 3e est le titre de la fenêtre, les 7e et 8e précisent la largeur et la hauteur initiales et l'avant-dernier doit être le nom attribué à notre instance de fenêtre tel que reçu dans `WinMain()`.

Sauf avarie grave, la fonction réussit et nous récupérons notre poignée (« handle ») dans la variable `hfen` prévue à cet effet. Nous nous en servons pour l'étape ultime. En effet, la fenêtre existe bien en mémoire, mais elle n'a pas été incrustée sur l'écran, ce que nous faisons avec `ShowWindow()`.

```
53   ShowWindow(hfen, nCmdShow); /* Rendu visuel */
```

Nous retransmettons sans y toucher le second paramètre reçu au démarrage.

```

/* ETAPE 2 : Création de la fenêtre principale (toujours dans WinMain()) */
    hfen = CreateWindowEx (
           0,                   /* Modalités spécifiques */
           szWinClasse,         /* Nom de la Winclasse (voir L9) */
           "Exploration des coordonnées (MSF04)",       /* Barre de titre */
           WS_OVERLAPPEDWINDOW, /* default window */
           CW_USEDEFAULT,       /* Le système Windows décide où placer */
           CW_USEDEFAULT,       /* la fenêtre à l'ouverture */
           450, 250,            /* Largeur et hauteur de fenêtre */
           HWND_DESKTOP,        /* Fenêtre principale donc fille du bureau */
           NULL,                /* Pas encore de menu */
           hMonInsta,           /* Gestionnaire de l'instance */
           NULL                 /* Pas de données de création */
           );

    ShowWindow(hfen, nCmdShow); /* Rendu visuel de la fenêtre préparée */

/* ETAPE 3 : Boucle de messages. On n'en sort que si GetMessage() renvoie 0 */
    while (GetMessage (&messages, NULL, 0, 0))
    {
        TranslateMessage(&messages); /* Traduction codes clavier */
        DispatchMessage(&messages);  /* Envoi de message à FoncRapp */
    }

    return messages.wParam; /* Quitte si 0 (valeur fournie par PostQuitMessage()) */
}

/*  ETAPE 4 : Fonction de rappel que le système va appeler via DispatchMessage()  */
```

Figure 14.5 : Partie 2/3 du programme MS-Windows MSF04.

WinMain ( ), étape 3 de boucle principale

La fin de la fonction principale `WinMain()` est une boucle dans laquelle votre programme reste jusqu'à sa fin d'exécution. Vous n'en sortez que si l'appel renvoie zéro, et il ne renvoie cette valeur que si vous avez par votre fonction de rappel transmis au système le message de sortie, message que le système dépose dans le bac d'arrivée des messages de votre application. Quand ce message est lu par `GetMessage()`, on sort de la boucle et on rend le contrôle au système. par return.

La boucle ne fait que trois actions :

- lire le prochain message en attente dans la file ;
- appeler une fonction de conversion (*Translate*) des codes de touches clavier en messages plus digestes ;
- retransmettre (*Dispatch*) le message au système qui va rappeler votre fameuse fonction de rappel.

Au premier contact, apprendre que votre beau projet passe sa vie à faire toujours les trois mêmes opérations est déroutant. Nous sommes à la fin de la fonction principale et nous n'avons rien vu qui permette d'afficher des coordonnées à l'écran !

FoncRapp (), là où l'on réagit

Mais la solution est là : tout se passe dans la fonction de rappel, cette étonnante fonction que vous créez pour ensuite ne jamais l'appeler !

La ligne de tête de la fonction de rappel montre qu'elle va recevoir quatre paramètres. Rappelons (sic) que ce n'est pas vous qui appelez cette fonction, mais le noyau de Windows. Le deuxième paramètre est le message que vous allez scruter dans une structure `switch`. Les deux derniers contiennent par exemple les coordonnées du pointeur.

```
/*  ETAPE 4 : Fonction de rappel que le système va appeler via DispatchMessage()  */
LRESULT CALLBACK FoncRapp (HWND hfen, UINT message, WPARAM wParam, LPARAM lParam)
{
    HDC hDC;          // Device Context
    char chPub[] = "Programmer pour les nuls et la programmation par événements !";
    char tamp[80]; // Pour afficher du texte
// Analyse des messages d'événements
    switch (message)
    {
// SI Bouton Droit sollicité
      case WM_RBUTTONDOWN:
        MessageBox(hfen, chPub, "Un MessageBox", MB_OK | MB_ICONINFORMATION);
        break;
// Si Quitter demandé
      case WM_DESTROY: /* Injection d'un message WM_QUIT pour quitter l'appli */
        PostQuitMessage (0);
        break;
// SI Fenêtre déplacée
      case WM_MOVE: {
        int win_x = LOWORD(lParam); // Position de la fenêtre
        int win_y = HIWORD(lParam);
        hDC = GetDC(hfen);        // Prendre un DC (contexte graphique)
        sprintf(tamp,"%d, %d (fenêtre)      *", win_x, win_y);
        TextOut(hDC, 0, 0, tamp, strlen(tamp));
        sprintf(tamp," WM_MOVE : Coordonnées écran : (%d, %d)  ", win_x, win_y);
        TextOut(hDC, 0, 80, tamp, strlen(tamp));
        ReleaseDC(hfen, hDC);    // Rendre le DC !
      } break;
// SI Pointeur déplacé
      case WM_MOUSEMOVE: {
        int souriX = (int)LOWORD(lParam); // Position du pointeur
        int souriY = (int)HIWORD(lParam);
        int buttons = (int)wParam;          // Statut des 3 boutons
        hDC = GetDC(hfen);        // Prendre un DC
        sprintf(tamp,"%d, %d (souris)   ", souriX, souriY);
        TextOut(hDC, 0, 20, tamp, strlen(tamp));
        sprintf(tamp," WM_MOUSEMOVE : Pointeur souris : (%d,%d)   ", souriX,souriY);
        TextOut(hDC, 0, 100, tamp, strlen(tamp));
        sprintf(tamp," Bouton CENTRAL = %d ", ((buttons & MK_MBUTTON) ? 1 : 0));
        TextOut(hDC, 0, 120, tamp, strlen(tamp));
        ReleaseDC(hfen, hDC);   // Rendre le DC !
      } break;
// SI Aucun des quatre cas gérés
      default:    /* On rend le contrôle */
          return DefWindowProc(hfen, message, wParam, lParam);
    }
  return 0;
}
```

Figure 14.6 : Partie 3/3 du programme MS-Windows MSF04.

```
66   LRESULT CALLBACK FoncRapp (HWND hfen, UINT message,
                                   WPARAM wParam, LPARAM lParam)
     {
68     HDC hDC;
```

La ligne 68 sert à définir un contexte graphique (*Device Context*) qui nous sera utile pour les fonctions d'affichage de texte ou de tracé.

De la ligne 72 à la ligne 110, nous sommes dans la structure de test `switch` pour tester le message reçu. Dans cet exemple, nous avons choisi de réagir à quatre événements :

Tableau 14.2 : Description des quatre messages pris en charge.

Ligne	*Message*	*Description/action*
75	WM_RBUTTONDOWN	Si le bouton droit est actionné, nous provoquons l'affichage d'une boîte message modale (modale signifie que vous devez la refermer pour pouvoir retrouver l'usage de la fenêtre principale). Elle affiche le texte préparé en ligne 69.
79	WM_DESTROY	Ce message fatal peut avoir été émis par l'utilisateur en cliquant dans la case de fermeture (ou en choisissant Quitter dans un menu Fichier). Le système vous le retransmet, mais vous pouvez désobéir si vous avez une raison valable. Ici, nous émettons le message qui va faire sortir votre programme de la boucle principale à la fin de WinMain().
83	WM_MOVE	Si l'utilisateur a déplacé la fenêtre, nous récupérons dans deux variables les nouvelles coordonnées, nous réclamons un contexte graphique pour pouvoir écrire, puis nous préparons le texte complet par sprintf() et l'envoyons par TextOut(). Il ne faut pas oublier de restituer le contexte par ReleaseDC().
94	WM_MOUSEMOVE	Même logique que pour le cas précédent, sauf que nous récupérons aussi l'état des trois boutons de souris.

L'affichage par la ligne 103 de l'état enfoncé ou non du bouton central utilise une expression qui mérite quelques précisions :

```
    ((boutons & MK_MBUTTON) ? 1 : 0)
```

Il s'agit de l'opérateur ternaire du C qui teste une expression et exécute ce qu'il y a juste après le point d'interrogation si l'expression est vraie ou ce qu'il y a après le signe deux points si c'est faux. L'expression combine par un ET logique la valeur binaire reçue dans `wparam` avec une valeur constante (un masque) qui permet de ne tester que le bit du bouton central. S'il est enfoncé, le résultat est vrai.

```
        default:    /* On rend le contrôle */
            return DefWindowProc(hfen, message, wParam, lParam);
```

En lignes 108 et 109, le cas fourre-tout `default`, habituellement de piètre importance, devient ici extrêmement sensible. Vous y décidez ce qu'il faut faire de tous les autres événements que vous ne gérez pas explicitement (et il y en a beaucoup).

Si vous oubliez de passer le relais à la fonction système `DefWindowProc()`, cela revient à dire que pour tous les autres messages, il ne faut rien faire. Et donc, ne faire aucune des nombreuses actions que le système fait à votre place comme afficher la fenêtre, dessiner les boutons, etc. Un détail.

La fonction se termine par un return normal dans les quatre cas gérés, afin d'aller pêcher le prochain message en attente.

Si cela vous dit, allez découvrir dans le fichier des exemples les autres programmes pour Windows que les limites de pagination du livre ne permettent pas de présenter ici.

Nouvelles approches

Dans les systèmes de fenêtrage les plus récents (par exemple la librairie QT), vous n'accédez en temps normal pas directement à la file d'attente des messages car vous travaillez avec des gestionnaires dédiés aux différents événements et des auditeurs qui sont prévenus quand un événement les concerne. Mais cette file d'attente est toujours présente et vous pouvez y accéder pour un contrôle plus précis.

Les composants d'interface

Nous n'avons pas présenté les composants de l'interface utilisateur que l'on désigne souvent par le terme « widget » (window gadget). Ce sont ces éléments que tout le monde connaît : boutons radio, cases à cocher, listes déroulantes, barre de menus, barres d'icônes, etc.

Ces composants qui forment une sorte d'alphabet visuel sont prêts à l'emploi. Vous apprendrez vite à vous en servir en prenant l'habitude d'aller lire la documentation de référence en ligne.

Pour les composants d'interface appelés contrôles, voyez :

```
http://msdn.microsoft.com/fr-fr/library/bk77x1wx.aspx
```

Pour les messages, voyez :

```
http://msdn.microsoft.com/fr-fr/library/e129xdd7.aspx
```

Récapitulons

Cette brève incursion dans la programmation événementielle constitue une étape intermédiaire avant d'aborder la programmation orientée objets.

Nous y avons découvert que le fonctionnement d'une application n'est plus de nos jours ce long chemin solitaire qu'emprunte le flux d'exécution d'un programme traditionnel en mode texte. Dorénavant, il faut se soucier des autres programmes, car tous les systèmes sont devenus multi-tâches, même sur les telliphones sous iOS, Android ou Tizen.

Avec la programmation objets, l'aspect social descend jusqu'au niveau de vos fonctions qui deviennent des comportements appartenant à des entités distinctes qui s'échangent des messages tout au long de l'exécution.

Chapitre 15

Programmer avec des objets

Dans ce chapitre :

- L'approche orientée objets
- Aperçu en C++ et en Java
- Le cercle et l'ellipse

Nous avons vu dans le chapitre sur la construction du programme exécutable que dès qu'un projet prenait une certaine ampleur, il était logique de distribuer le texte source dans plusieurs fichiers satellites qui gravitent autour de l'unique fichier contenant la fonction de démarrage `main()`.

Cette approche modulaire permet déjà de répartir le travail en domaines : un source pour le dialogue utilisateur, un autre pour stocker et recharger les données depuis un disque, un autre pour faire tous les calculs et un superviseur qui contrôle et coordonne les modules.

Dans les grands projets, la première étape d'analyse du besoin doit établir de façon très détaillée tous les traitements qu'il faudra ensuite exprimer dans l'infolangage choisi. Cela oblige à faire un très grand écart entre le niveau d'analyse et le niveau codage. On a donc cherché à permettre au langage de programmation d'exprimer la solution de façon moins éloignée de l'analyse.

C'est un des apports de la programmation orientée objets (abrégée en POO). Il s'agit de définir des mini-programmes ayant une existence et des comportements propres. Un objet (sa classe génératrice en fait) est constitué de deux parties :

- La partie interne (implémentation) enferme presque toutes les fonctions internes (baptisées méthodes) et données internes (baptisées attributs ou propriétés) qui sont en quelque sorte privatisées.
- La partie nommée interface est constituée des seuls éléments (méthodes ou attributs) accessibles de l'extérieur de l'objet.

L'approche POO permet de construire l'ossature dynamique du programme en définissant des objets de façon proche de la structure logique du problème à automatiser. Ces objets s'interpellent et collaborent (notion de message). Le flux d'actions qui en résulte reste beaucoup plus lisible que dans l'approche « classique » impérative telle que du langage C.

Justement, commençons par un dernier regard sur ce bon vieux langage C dont l'étude constitue une base solide pour ce qui va suivre.

De la quasi-POO en C

Vous vous souvenez du dernier chapitre de la Partie 3 ? Nous y avons parlé (rapidement) de structures de données (mot clé `struct`) et de pointeurs. Un pointeur est une variable dont le contenu est une adresse qui peut être celle de la première instruction d'une fonction.

On peut en langage C définir une structure regroupant des variables simples, d'autres structures et même un pointeur sur une fonction, ce qui permettra de déclencher cette fonction en citant le nom du pointeur :

Listing 15.1 : Texte source de funcptr.c

```
// funcptr.c
#include <stdio.h>

struct strucAutre {
  char ch;  // Pas de valeur initiale dans une def de struct
};

struct quasiobj {
  int maVar;
  struct strucAutre stI;
  int (*ptrF)(int);  // Déclaration pointeur/fonction
};

int monFP2(int y)
{
  printf( "Depuis monFP2 ! %d\n", y );
```

```
  return(0);
}

int main()
{
    struct quasiobj qo;
    qo.maVar = 999;
    qo.stI.ch = 65;
    printf("%d %c\n", qo.maVar, qo.stI.ch);

    qo.ptrF = &monFP2; // Ciblage de la fonction
    qo.ptrF(32000);    // Appel indirect

    return 0;
}
```

Cette façon de regrouper dans une même entité (une structure) des variables et des conteneurs de fonctions constitue la mécanique fondamentale des langages qui ont succédé au langage C.

Un objet regroupe des valeurs et des blocs d'actions. Les valeurs sont des variables que l'on désigne sous les noms de propriétés ou données membres. Les blocs d'actions sont des méthodes.

Chaque objet constitue un mini-module de traitement de valeurs et de fourniture de services que d'autres objets peuvent solliciter. Comme une fonction du langage C, les composants internes de l'objet sont inaccessibles de l'extérieur (sauf ouverture explicite). Pour modifier une donnée appartenant à un objet, il faut lui demander de le faire en lui envoyant un message, en fait en appelant une méthode de l'objet déclarée comme accessible de l'extérieur.

L'objet incarne une capsule fonctionnelle. C'est la notion d'encapsulation. Mais on ne peut pas définir un objet à partir de rien. Un objet est toujours une application d'une recette qui est une classe (une instance de classe).

C'est la classe !

Définir une structure, c'est créer un nouveau type qui est un modèle théorique. Quand cette structure réunit des données et des fonctions, elle prend le nom de classe.

De même qu'on ne peut pas utiliser `int` comme nom de variable, mais comme modèle de variable, un nom de classe sert à créer un ou plusieurs objets réels qui occuperont de l'espace en mémoire.

La grande idée de la POO est qu'elle invite le programmeur à adopter deux nouveaux points de vue sur son projet : le niveau des classes et le niveau des multiples objets dont il demande la création à partir des classes.

Une classe peut être définie à partir d'une autre classe. Elle devient héritière des données et méthodes de sa mère. Tout un ensemble de règles permettent d'établir et de contrôler ainsi de véritables lignées généalogiques.

Le raisonnement suit un parcours du générique au spécifique. Chaque génération successive depuis une classe ancestrale ajoute des particularités, c'est-à-dire de nouvelles données et méthodes.

Définir les contours des classes consiste à chercher ce qu'un groupe d'éléments fonctionnels ont tous en commun.

On peut envisager une classe `Vehicule` qui est la mère des sous-classes `Velo`, `Voiture`, `Camion`, `Avion`, `Bateau`, etc. La sous-classe `Voiture` sera la mère des sous-classes `Berline`, `Urbaine`, `Cabriolet`, etc. La relation est de style EST : un Cabriolet EST une Voiture ; une Voiture EST un Vehicule.

```
[modeaccès] class nomclasse {
  // Déclarations d'attributs
  // Déclarations de méthodes
};
```

La classe `Vehicule` ne définit que le fait qu'il s'agit d'un objet matériel pouvant se déplacer et emporter des choses vivantes ou inertes avec lui. Les spécialisations se déduisent logiquement.

Chaque classe détermine les autorisations d'accès à ses membres avec des mots clés tels que `public`, `private` et `protected`.

Une classe peut donner libre accès à certaines parties (en abuser fait perdre tout l'intérêt de cette approche). Elle peut réserver l'accès aux seuls objets de sa descendance (de ses sous-classes). C'est le mode `protected`. Elle peut même interdire tout accès à certaines parties (données ou méthodes) même à ses descendantes (mode `private`). En revanche, les objets créés à partir d'une même classe ont un accès total aux contenus les uns des autres.

Une classe peut même être déclarée abstraite : dans ce cas, vous ne pouvez pas créer d'objet à partir de cette classe. Elle ne peut servir que de modèle pour des classes plus spécifiques. Imaginez une classe `Mot` dont dériveront les sous-classes `Substantif`, `Verbe`, `Adjectif`, etc. Un mot est toujours qualifiable. Vous n'écrivez jamais de mots ; vous écrivez des noms, des verbes et des adjectifs. Mais le concept de mot les englobe tous.

Les objets : un vaste sujet

Le terme consacré « objet » peut dérouter au premier contact puisqu'il s'agit de petits ensemble autonomes, alors qu'un objet est au sens courant quelque chose de passif, à la différence d'un sujet.

Puisqu'un objet va exister dans la mémoire de l'ordinateur, cela suppose de prévoir un mécanisme pour lui réserver de l'espace et pour restituer cet espace lorsque l'objet n'a plus aucun lien actif avec le reste du programme.

Pour construire un objet à partir de la recette qu'est la classe choisie, on définit une méthode spéciale nommée **constructeur**. Cette méthode doit porter le nom de l'objet. De même, pour libérer la mémoire, on peut définir un **destructeur**, mais certains langages font le ménage automatiquement (Java).

Spécialisation

Un objet possède toutes les données et méthodes définies par sa classe et toutes celles dont cette classe hérite de son ascendance.

Partons du concept de point. On peut définir par une classe `GeoPoint` un point sur une ligne droite. Comme donnée membre, nous nous contentons de sa position sur la ligne. Comme méthode, nous pouvons partir du couple de méthodes `Avancer()` et `Reculer()` qui modifient sa position d'une quantité fixe (translation).

Nous pouvons ensuite créer une classe dérivée `GP2D` qui va servir à créer un point sur une surface, donc en deux dimensions. Elle hérite de `Position` et des deux méthodes. Pour gérer et déplacer un point sur une surface, il faut deux coordonnées (en x et en y). La classe dérivée va donc définir une seconde coordonnée (pour le sens y) et redéfinir les méthodes héritées, sans changer leur nom, ce qui va masquer les versions originales.

Dans la figure suivante, nous utilisons la convention UML pour schématiser les contenus et les relations entre classes.

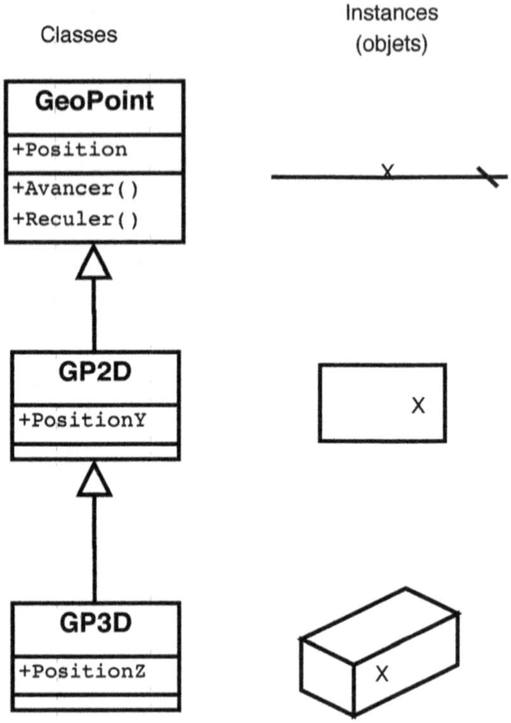

Figure 15.1 : Relations entre classes.

De même, on peut dériver une sous-classe `GP3D` qui ajoute la troisième dimension pour repositionner un point dans l'espace.

Grâce à un mécanisme automatique prévu par le langage, si vous demandez à un objet de faire quelque chose qui n'est pas défini dans sa classe génératrice, la hiérarchie de ses classes ancestrales est scrutée en remontant jusqu'à trouver celle dans laquelle la méthode a été définie.

Héritage ou composition

Dans la pratique, l'héritage n'est pas la solution unique. Certains langages comme le C++ proposent l'héritage multiple : une classe dérive simultanément de plus d'une classe mère. Mais cela peut amener au problème du losange de la mort (*diamond problem*) si les deux classes mères dérivent d'une grand-mère unique.

D'autres techniques sont apparues et notamment la composition qui consiste à incorporer une classe dans la définition d'une autre. La relation change :

> Héritage : ClasseFille EST (cas particulier de) ClasseMère ;
>
> Composition : ClasseComposée A (comportements de) ClasseComposante.

Selon vous, qu'est-ce qu'une automobile ?

> Automobile EST Châssis_roulant AVEC EN PLUS Moteur

ou bien

> Automobile EST Moteur AVEC EN PLUS Châssis_roulant

ou encore

> Le concept d'auto-mobile est la composition de deux concepts, auto (donc moteur) et mobile (donc châssis roulant).

Aviez-vous prévu que programmer un ordinateur vous amènerait à ce genre de débat ?

Surcharge (overloading)

Vous savez qu'une fonction du langage C doit être déclarée avec un prototype qui cite l'essentiel (la valeur renvoyée, son nom et ses paramètres). Ce prototype constitue sa signature, une sorte d'interface.

Il est possible de définir plusieurs fois la même méthode à condition que quelque chose permette de distinguer les variantes : soit le type de retour, soit le nombre de paramètres d'entrée, soit leur type. Par exemple, l'opérateur **+** du C est déjà polymorphe : il permet d'additionner deux entiers `int` ou deux flottants `double`. Vous devinez que les instructions machine ne sont pas les mêmes puisque la largeur (le nombre d'octets) à copier est différente.

Le principe de surcharge (*overloading*) permet au programmeur de profiter de cette possibilité dans ses projets. Bien sûr, c'est à manier avec précautions, puisque vous pouvez rendre le résultat illisible. Rien ne vous empêche de surcharger l'opérateur d'addition + pour un nouveau type (une structure ne contenant qu'un entier), mais en décidant que dans ce contexte, l'opérateur divise son premier opérande par son second, ce qui va dérouter tout le monde. Restons sérieux. Surcharger, c'est adapter un comportement existant à un nouveau type qu'il ne connaît pas encore.

Redéfinition (overriding)

Un objet doit souvent spécialiser le comportement dont il hérite. La méthode `ReplacerAZero()` qu'il faudrait définir pour la classe GP2D contiendra plus d'instructions que la méthode de même signature qu'elle a reçue de son ancêtre.

Redéfinir (*override*) une méthode est accepté, et constitue même le principe du mécanisme de polymorphisme : une action identique va déclencher une réaction différente selon la nature exacte de l'objet vers lequel le message est envoyé.

Il ne faut pas confondre redéfinition et surcharge.

TRUC

En relisant la phrase précédente, l'auteur constate qu'il ne faut pas aller plus avant. Les concepts de la POO sont peu nombreux, mais leurs répercussions sont immenses. La pratique et l'étude sont indispensables pour acquérir la façon de penser appropriée. Nous sommes toujours dans un livre de présentation générale de la programmation.

Du S.O.L.I.D.

S comme Seul responsable : chaque objet couvre ni trop, ni trop peu de surface fonctionnelle. Un léger changement dans le projet n'éclabousse pas des dizaines d'endroits.

O comme Ouvert à l'enrichissement, mais fermé à la retouche. Un bon objet sert de source d'inspiration pour des objets futurs sans devoir être remis en cause.

L comme Lignage (ou Liskov, nom de la dame qui a proposé l'idée) pour que les descendants n'oublient pas leurs ancêtres et restent compatibles avec eux.

I comme Interfaces spécifiques, à privilégier plutôt qu'une interface trop polyvalente.

D comme Dépendance des abstractions, pas des spécialisations.

Les langages C++ et Java

Cette description-éclair des principes de la POO vous laisse deviner qu'il y a vraiment un saut qualitatif dans la façon de penser les programmes par rapport à la programmation classique, structurée/impérative.

Passons à une brève découverte de l'aspect d'un texte source dans chacun des deux langages orientés objets les plus utilisés : le C++ et Java.

Conçu vers 1990 par Bjarne Stroustrup, le langage C++ est l'héritier du langage C. Il a été normalisé. Sa plus récente version est C++11. La mise à jour C++17 devrait enfin incorporer le codage UTF-8 pour la plus grande joie des programmeurs qui « ont de l'accent ».

L'autre langage objet majeur est le Java. Créé en 1995 par le constructeur d'ordinateurs scientifiques Sun, il se distingue résolument du C++ sous plusieurs aspects :

- Java est semi-interprété : la compilation du programme génère un ou plusieurs fichiers dans un langage intermédiaire nommé **bytecode** qui doit être traduit à la volée par un exécuteur (*Runtime Machine*). Cela permet aux programmes de fonctionner sans retouche sur toute machine pour laquelle il existe un exécuteur. C'est le concept de portabilité.
- Java est totalement orienté objets : tout est classe ou utilisation de classe, donc objet (sauf les types simples pour ne pas grever les performances).
- Java est assez facile à apprendre pour ceux qui connaissent le C ou le C++.
- Java a été adopté à vaste échelle dans le monde des entreprises et dispose de ce fait d'une énorme base de code réutilisable.

Un exemple en C++

Le lecteur qui aura assimilé la partie précédente consacrée aux fondamentaux en C ne sera pas dépaysé à la lecture de l'exemple suivant.

Listing 15.2 : Exemple heritage.cpp

```
// heritage.cpp
#include <iostream>

using namespace std;

// Classe de base
class GeoForme {
 public:
   void definirLargeur(int w) {
     iLargeur = w;
   }
   void definirHauteur(int h) {
     iHauteur = h;
   }
 protected:
  int iLargeur;
  int iHauteur;
};                    // Ne pas oublier le ;

// Classe dérivée
class Rectangle: public GeoForme {
 public:
  int lireSurface() {
    return (iLargeur * iHauteur);
  }
};                    // Ne pas oublier le ;

int main(void)
{
   Rectangle Rect;

   Rect.definirLargeur(5);
   Rect.definirHauteur(7);
   // Calculer et afficher la surface
   cout << "Surface de Rectangle : " << Rect.lireSurface();
   cout << endl;
   return 0;
}
```

Nous définissons d'abord une classe de base nommée `GeoForme`. Dans l'exemple, nous ne créons aucun objet à partir d'elle. Nous aurions même pu la rendre abstraite en lui incorporant au moins une fonction sans corps, uniquement constituée de son prototype (une fonction virtuelle).

La classe définit deux méthodes d'accès en écriture (definirXXX) qui constituent le moyen préconisé de modifier les valeurs des deux données membres iLargeur et iHauteur, car elles sont protégées par une déclaration protected. Petit détail : notez la présence du signe point-virgule en fin du corps de classe.

De cette classe, nous dérivons une classe plus spécifique, Rectangle. Elle ne fait qu'ajouter une méthode de calcul de surface à tout ce qu'elle a reçu en héritage.

Nous arrivons ensuite dans la traditionnelle fonction main(). Elle n'est pas dans une classe, à la différence de Java pour qui même main() doit être une méthode de la classe majeure (celle dont le nom correspond à celui du fichier de la classe).

Dans main(), nous créons un objet d'après la classe Rectangle puis nous appelons deux méthodes pour définir ses dimensions. Vous remarquez que ces appels n'ont pas de cible dans cette classe. Cette situation est prévue : toute la hiérarchie est scrutée à partir de la classe courante jusqu'à trouver une classe qui définit la méthode appelée. En fait, ce sont les méthodes de GeoForme qui sont exécutées.

Nous découvrons pour finir la nouvelle manière de faire afficher des valeurs. En C++, les entrées/sorties sont toutes de type flux. La fameuse fonction printf() du C laisse la place à des séquences basées sur cout et sur l'opérateur <<.

```
cout << "Surface Rectangle : " << Rect.lireSurface();
```

Dans la dernière instruction d'affichage, nous appelons la méthode locale de l'objet Rect qui renvoie la surface calculée.

Le processus de construction de C++

Il est quasiment le même que celui du C. Dans le cas de la suite d'outils libres GNU, il faut appeler le compilateur **g++** au lieu de **gcc**. Certains fichiers d'en-tête ont une lettre c ajoutée au début du nom de fichier connu en C.

Un exemple en Java

Ceci est notre premier contact avec le langage Java. Les différences avec le C++ ne sont pas troublantes. Les principales sont que les directives d'inclusion n'ont plus de préfixe # et que la fonction `main()` est enchâssée dans la classe majeure `Emplois`.

Listing 15.3 : Exemple Emplois.java

```
// Emplois.java
import java.io.*;

class Employe {
   String sNom;
   int    iAge;
   String sPoste;
   double dSalBrut;

   public Employe(String nom) {       // Constructeur
      this.sNom = nom;
   }
   public void empAge(int age){      // Accesseur pour iAge
      iAge =  age;
   }
   public void empPoste(String poste){  //  Accesseur
      sPoste = poste;
   }
   public void empdSalBrut(double sal){ //  Accesseur
      dSalBrut = sal;
   }
   public void printEmploye(){          // Afficheur
      System.out.println("Nom : "    + sNom );
      System.out.println("Age : "    + iAge );
      System.out.println("Poste : " + sPoste );
      System.out.println("Salaire brut : " + dSalBrut);
      System.out.println("---------");
   }
}                 // Pas de ; en Java !

public class Emplois {
   public static void main(String args[]) {
      // Instanciation de deux objets
      Employe emp_1 = new Employe("Jean Eymard");
      Employe emp_2;
      emp_2 = new Employe("Petula Voulutu-Lahu");

      emp_1.empAge(56);
```

```
        emp_1.empPoste("Chef de projet");
        emp_1.empdSalBrut(1000);
        emp_1.printEmploye();

        emp_2.empAge(41);
        emp_2.empPoste("Ingenieur logiciel");
        emp_2.empdSalBrut(38000);
        emp_2.printEmploye();
    }
}
```

Nous commençons par la définition de la classe **Employe** qui déclare quatre données membres puis une première méthode portant son nom. C'est le constructeur d'objet. La méthode est appelée au moment où vous créez un objet de cette classe. Ici, le constructeur se contente de donner une valeur initiale à un seul de ses quatre champs (données membres).

Nous trouvons ensuite trois méthodes pour modifier les valeurs des autres champs. Ce sont des accesseurs.

Accesseur est un anglicisme pour décrire une technique de délégation pour intervenir là où l'on n'est pas autorisé à agir directement.

La définition de la classe se termine avec une méthode d'affichage.

Nous arrivons alors dans une seconde classe qui est la majeure puisqu'elle contient la méthode **main()**. Nous créons un premier employé **emp_1** en combinant deux étapes qui sont décomposées pour le second employé. La création est effective au retour de l'appel via **new** au constructeur de la classe, la méthode **Employe()**.

Le reste est une série d'affectation de valeurs aux champs des objets et d'affichage.

Le fichier source doit porter le même nom que la classe majeure, et respecter la casse. Ici, la classe se nomme **Emplois**, avec une capitale. Pour compiler le programme sur ligne de commande, on écrira :

```
javac Emplois.java
```

Le résultat est un ou plusieurs fichiers à extension *.class*. Ce ne sont pas des fichiers exécutables autonomes.

La machine virtuelle Java (JVM)

Lorsque vous utilisez le compilateur Java, le résultat est un fichier qui n'est pas directement exécutable. Il est constitué de pseudo-code (*bytecode*). C'est une sorte de code presque du niveau des instructions en assembleur, mais il reste suffisamment générique pour que la traduction en temps réel vers le code réel soit assez rapide. Ce bytecode comprend les mêmes familles d'instructions que l'assembleur : des instructions de chargement et stockage de valeurs, d'autres pour la gestion de la pile d'appels, les opérations arithmétiques (ADD, SUB, MUL, DIV, etc.), les branchements et les sauts conditionnels (environ 150 pseudo-instructions).

Pour exécuter une classe, vous indiquez le nom du fichier de la classe majeure sans mentionner l'extension *.class* :

```
java Emplois
```

La machine JVM va lire les pseudo-instructions et alimenter la machine matérielle en véritables instructions appropriées à son modèle de processeur. Voici le résultat affiché pour notre exemple minimal.

```
Nom : Jean Eymard
Age : 56
Poste : Chef de projet
Salaire brut : 1000.0
---------
Nom : Petula Voulutu-Lahu
Age : 41
Poste : Ingenieur logiciel
Salaire brut : 38000.0
---------
```

Fichiers archives .jar

Le langage Java propose de regrouper dans un fichier unique sous forme compressée tous les fichiers des classes d'un projet. Dans notre exemple, la ligne de commande est la suivante :

```
jar cvfe Emplois.jar Emplois Empl*.class
```

Le troisième paramètre de la commande **jar** est le nom de la classe majeure. C'est indispensable pour que l'exécuteur sache où trouver la fonction **main()**. Le fichier *.jar* résultant contient toutes les classes spécifiées en fin de ligne. Pour l'exécuter :

```
java -jar Emplois.jar
```

Exceptions et gestion d'erreurs

Java (le C++ également) permet de délimiter dans un bloc avec le mot clé **`try`** une ou plusieurs instructions qui pourraient rencontrer un souci pendant l'exécution. Si un problème survient avec l'une de ces instructions, une exception est déclenchée et l'exécution est suspendue. Soit vous la gérez localement en prévoyant un bloc **`catch`**, soit vous la laissez remonter toute la séquence des appels d'objets jusqu'à **`main()`**, et au pire jusqu'à l'exécuteur JVM.

Vous pouvez même prévoir un bloc **`finally`** dont le contenu sera exécuté dans tous les cas d'exception. Un court exemple :

Listing 15.4 : Exemple Trycatch.java

```
// trycatch.java
import java.util.*;

public class Trycatch {
  static int i, j;

  public static void main(String[] args) {
    System.out.println("Lancement : ");
    System.out.println(new Date());

    int a = 1, b = 0;
    try {
      System.out.println(a/b);
    }
    catch(ArithmeticException e) {
      System.out.println("Bouh, on tente de diviser par 0 ?");
    }
    finally {
      System.out.println("Nous sommes dans finally !");
    }
    System.out.println(new Date());
  }
}
```

Réutilisation de code et API

La promesse de meilleur recyclage du code existant dans les nouveaux projets est satisfaite par le simple fait que l'architecture de classes vous oblige à définir des entités logiques qui ne sont pas polluées par les détails de réalisation.

Une classe bien définie est facile à repérer comme composant réutilisable dans un autre projet. Ses détails internes peuvent être peaufinés alors qu'elle est déjà utilisée en exploitation.

L'ensemble des parties publiques d'un groupe de classes (leurs interfaces) constitue une sorte de point de connexion entre une offre de services (les classes) et un besoin de services (votre projet). Le résultat est proche de la liste des prototypes d'une librairie de fonctions (on disait « bibliothèque ») qui constitue l'essentiel d'une API (*Application Programming Interface*).

Mais qu'est-ce qu'une classe bien définie ?

Code et linguistique

La programmation objets n'est pas qu'une nouvelle approche pour écrire des programmes. Les discussions qu'elle suscite se tiennent à un niveau beaucoup plus proche des préoccupations de sémantique des linguistes et de la compréhension du fonctionnement du cerveau des neuro-physiciens.

En guise d'exemple très simple (en apparence), supposez que nous voulions préparer la création d'un programme de dessin. Le graphiste utilisateur doit pouvoir sélectionner un outil de tracé parmi plusieurs. Nous prévoyons de définir des classes pour les objets de tracé, donc pour des objets `Cercle` et des objets Ellipse.

La question est : si nous optons pour une classe `Cercle` et une autre classe `Ellipse`, laquelle doit être la classe mère de l'autre (si nous choisissons l'héritage) ? Est-ce qu'un cercle est une ellipse ou l'inverse ?

- Solution 1 : Un cercle est un cas particulier d'ellipse dont le grand et le petit axe ont la même longueur. C'est une ellipse théorique (certains disent même dégénérée).
- Solution 2 : Une ellipse est une application imparfaite du concept essentiel (platonique) de cercle. La classe `Cercle` se définit par une seule propriété (donnée membre) : son rayon, alors que l'ellipse a besoin d'y ajouter un second axe et une orientation (angle du grand axe).

Le domaine de la gestion n'est pas à l'abri de ces débats stratosphériques : vous devez informatiser la facturation d'un assureur. La classe **`Facture`** doit-elle dériver d'une classe **`PreuveLegale`** au même titre que **`Contrat`** ou d'une classe **`InfoSortante`** qui englobe toutes les données qui sont générées par l'entreprise vers l'extérieur ?

Vous conviendrez que ce genre de réflexion ne se situe vraiment plus au niveau des adresses mémoire et autres tests de valeurs numériques binaires.

Swing

Puisque nous avons effleuré Java, rappelons que ce langage dispose d'une librairie de classes pour construire une interface utilisateur d'application pilotée par événements (fenêtres et souris). Son nom est Swing. Nous fournissons quelques exemples dans le fichier archive qui accompagne ce livre (site de l'éditeur). Voici un aperçu d'une application Java/Swing :

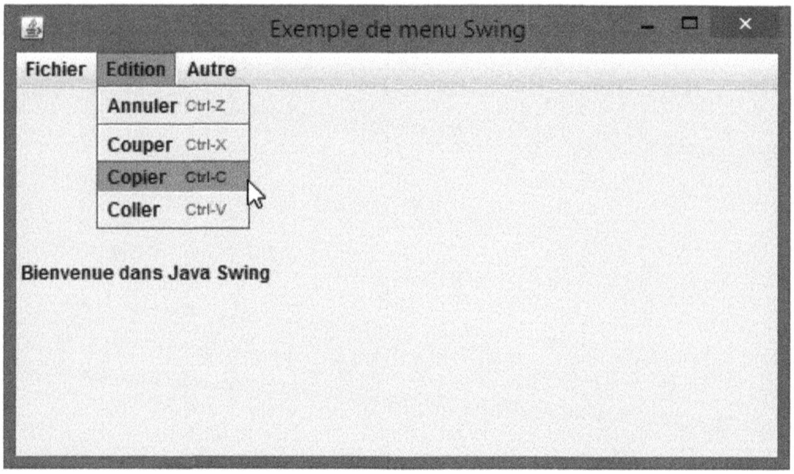

Figure 15.2 : Vue générale d'une application Swing (SwingMenu).

Récapitulons

La programmation orientée objets modifie les proportions entre le temps à consacrer à l'analyse du besoin et le temps à prévoir pour rédiger le code de la solution. Elle va dans le sens de l'histoire humaine et du progrès technique puisque les connaissances s'ajoutent et forment la culture.

Dans le prochain chapitre, nous revenons à un sujet beaucoup plus pragmatique et contemporain : les langages descripteurs qui ajoutent de l'intelligence aux données. Les mots magiques vont être SGML, HTML, XML et CSS.

Ordre et volupté...

Alors que l'Univers refroidit inéluctablement (le désordre appelé entropie augmente), l'humain procède d'un mouvement inverse : il augmente l'ordre des choses en comprenant de plus en plus comment tout cela fonctionne.

Chapitre 16

Langages Web côté client

Dans ce chapitre

- Il était une fois le SGML
- De balises et de styles : HTML et CSS
- Moteur, action : JavaScript

Avec ce chapitre, nous entrons dans un vaste monde dont chacun de nous possède une certaine expérience, car rares de nos jours sont ceux qui n'ont jamais vu une page Web sur un écran. En vingt ans, Internet a bouleversé les sociétés humaines en utilisant l'informatique pour diffuser de l'information (ce qui n'était au départ qu'un réseau d'échanges entre militaires et scientifiques).

Malgré son nom français, l'informatique n'automatise pas encore aisément l'information telle que nous l'entendons : des éléments porteurs de sens transmissibles d'une personne à une autre.

Vous m'avez remarqué ?

```
"Moi aussi, regardez-moi ! "
```

(Je suis une autre phrase et je confirme que la précédente vous a demandé de la regarder pour ce qu'elle est.)

Regardez le titre et la première phrase ci-dessus sans les lire, comme des objets. Essayez de faire des allers-retours entre percevoir des tracés et ressentir le sens des mots surgir dans votre esprit. Puis poursuivez.

Donnée et information

Dès les années 1960, notamment chez IBM, les chercheurs se sont rendus compte que des masses exponentielles de données allaient être générées, transmises, modifiées et stockées par des ordinateurs.

Pour les valeurs numériques, aucun souci. Un ordinateur « sait » que la valeur 3 est plus petite que la valeur 4, cette vérité étant même gravée dans le silicium (nous avons découvert les portes logiques dans la Partie 2).

En revanche, pour les textes de nos langages, il y a un abîme entre l'ordinateur et nous, abîme qu'ont commencé à combler des solutions logicielles (reconnaissance de caractères, de la parole, traduction assistée). Les ordinateurs actuels ne connaissent que des données, là où nous lisons des informations. Essayez de lire ce qui suit :

```
kadrfgui jrtu kkkzeegduuj nxi oosoijjksihs
```

Ce n'est plus de l'information. Et encore, l'humain est programmé pour chercher une signification dans tout ce qu'il perçoit. Pour la machine, cette ligne n'est pas plus incompréhensible que du Flaubert. Il faut donc l'aider en ajoutant des commentaires.

Depuis des siècles des spécialistes dans les maisons d'édition appliquent des conventions d'annotation en ajoutant des mentions en marge des manuscrits pour que les typographes sachent quoi composer en titre, en sous-titre, en note de bas de page, etc. Ce marquage du texte a donné naissance au concept de langage de marquage ou de balisage (*Markup Language*).

Quand un rédacteur décide de mettre un mot en gras, c'est que ce mot doit selon lui accrocher le regard, comme une célébrité parmi la foule. L'intention de l'auteur est de faire comprendre au lecteur que ce mot est plus important que les autres. De même les titres servent à clarifier la lecture.

Pour appliquer des traitements automatiques à un texte, il faut ajouter des explications destinées à l'ordinateur pour qu'il puisse travailler « comme s'il comprenait » le contenu. C'est le but d'un langage de marquage. Marquer, c'est poser un repère pour reconnaître un endroit. On parle aussi de balise. Ici, les choses que l'on veut distinguer, ce sont des mots ou groupes de mots. On pourra ainsi marquer différemment une date de naissance, une date de bataille et une date de création d'une symphonie.

L'ancêtre est parmi nous : le <SGML>

Le langage HTML dont nous allons parler est un rejeton d'un langage bien moins connu. Le SGML a été créé vers 1974 pour répondre aux besoins des grandes administrations et des militaires américains qui étaient à l'époque les seuls organismes pouvant acquérir un ordinateur. Et ces établissements avaient déjà d'énormes volumes d'informations candidates à des traitements et stockages automatisés.

SGML est un acronyme signifiant *Standard Generalized Markup Language* : langage de balisage généraliste standardisé. Son objectif est de décrire les données au niveau de leur signification (leur sémantique). Voici quatre lignes de texte :

```
Test de SGML
Je suis du texte.
Je suis une note de pied.
Ce document a pour titre "Test de SGML".
```

Et voici le résultat une fois ce texte annoté en SGML :

```
<!doctype doc system "testsgml.dtd">
<!-- Commentaire -->
<doc>
  <titre>Test de SGML
  </titre>
  <para>
    Je suis du texte.
      <notepied>Je suis une note de pied.</notepied>
  </para>
  <para>
    Ce <emphase>document</emphase> a pour titre
    &ldquo;<cite type=article>Test de SGML</cite>&rdquo;.
  </para>
</doc>
```

Il y a de quoi s'y perdre ! Où est le texte utile ? C'est simple : en gras entre le chevron fermant d'une balise et le chevron ouvrant de la prochaine balise.

Le vrai nom de ce qui est entre chevrons est « élément ». Un élément peut avoir des attributs. La balise `<cite>` a un attribut `type` dont la valeur est `article`.

Dans cet exemple, les noms des éléments ont été librement choisis. L'élément `<titre>` aurait pu s'appeler `<tagada>` ou plus simplement `<t>`.

Le SGML permet à chacun de définir son jeu de balises. Cette définition est décrite dans un document compagnon, la Définition de Type de Document ou DTD (l'exemple en spécifie une en première ligne).

Se mettre d'accord : les DTD

Créer ses balises personnelles perd tout intérêt quand il s'agit de communiquer les données à d'autres personnes. C'est pourquoi des groupes se sont formés dans les différents secteurs (armée, banques, recherche, industrie, aviation, santé, etc.) pour constituer ensemble des DTD couvrant tous les besoins en fonction de la nature des informations à gérer (documentation technique, pièces de rechange, transactions, rapports de recherche, etc.)

La DTD présente chaque élément avec ses règles d'apparition (obligatoire ou non, unique ou multiple, combien d'attributs, de quel type, etc.).

Les conventions principales sont celles-ci :

- Les balises dans le document texte doivent être hiérarchisées et appariées ; dans l'exemple précédent, la balise `<doc>` en troisième ligne est appariée à la balise `</doc>` en dernière ligne.
- Deux balises différentes ne se chevauchent pas ; la première doit se fermer avant d'en ouvrir une autre, sauf si l'autre se referme à l'intérieur de la première (voir `<notepied>` dans `<para>` ou `<emphase>` dans le second `<para>`).
- Certains caractères doivent être neutralisés pour qu'ils ne provoquent pas un effet sur le traitement (comme en langage C). C'est ainsi le cas des guillemets anglais de l'exemple, qui sont codés chacun sur sept caractères commençant par le signe & et se terminant par un point-virgule. Le guillemet ouvrant est codé `“` (Left Double QUOtation).

La rigueur du balisage n'est pas vaine : des outils permettent de confronter un texte balisé à la DTD à laquelle il prétend se conformer, ce qui s'appelle la **validation**. L'intérêt est que les programmeurs qui voudront ensuite écrire des programmes pour exploiter le contenu du fichier ne rencontreront pas de soucis.

De plus, numériser des textes en les annotant permet de les stocker dans des formats ouverts et pérennes, ce qui garantit que l'information enchâssée à l'intérieur sera toujours accessible. Les données ne sont pas dépendantes de brevets ou de la santé financière d'une entreprise privée.

Le langage SGML reste très utilisé, mais il a donné naissance en 1998 à un langage étendu, le XML (le X pour eXtensible) qui a des objectifs plus ambitieux encore. Mais passons directement au petit frère HTML.

Le HTML : un SGML pour tous

Contrôler l'apparence ou la présentation d'un texte est un besoin aussi ancien que l'écriture. Pensez aux enluminures médiévales. Du fait que les chercheurs produisent beaucoup de textes scientifiques et qu'ils ont très tôt disposé d'ordinateurs, ils ont inventé des langages de mise en page capables notamment de coder des formules mathématiques et chimiques. Le plus connu de ces langages de présentation se nomme TeX (prononcer Tekh).

Le créateur du Web, Tim Berners-Lee, travaillait au CERN de Genève quand il a rendu public en 1991 sa première version de HTML, un sous-ensemble du SGML définissant une poignée de balises. Il a également écrit le logiciel du navigateur capable de comprendre ces balises et le logiciel du serveur qui transmettait les pages demandées grâce au protocole HTTP.

Le HTML est la fusion de deux techniques :

- Le concept d'hypertexte : un mot du texte apparaît souligné pour indiquer qu'en activant ce mot (à la souris ou au clavier), cela déclenche une requête à une adresse IP (*Internet Protocol*) qui est masquée derrière ce mot. Cette adresse héberge un serveur qui répond en renvoyant le contenu de la page demandée.
- Un langage de présentation : quasiment toutes les balises du HTML contrôlent la structure visuelle des informations avec comme objectif habituel de fournir l'équivalent d'une page de livre.

L'énorme différence entre HTML et XML est que le HTML impose un ensemble de balises dont les noms doivent être reconnus par tous les logiciels navigateurs du monde (sans devoir analyser un fichier DTD associé).

Pour découvrir la programmation

Celui qui veut apprendre à créer sa première page Web peut picorer parmi les balises définies dans le standard HTML. Nous en verrons quelques-unes.

Le HTML est très tolérant, alors que le XML ne l'est pas du tout. Le rendu d'un fichier HTML est le résultat du travail d'un moteur de rendu (d'affichage) qui constitue l'essentiel du logiciel du navigateur Web (Firefox, Internet Explorer, Safari). Ce moteur fait ce qu'il peut pour interpréter les balises. Si une balise est orpheline (pas de balise fermante), il tente d'afficher le texte le mieux possible, au pire sans enrichissement visuel.

TRUC

Les milliards de pages Web accessibles depuis votre salon sont autant d'exemples que vous pouvez étudier. Vous pouvez scruter tout le code HTML, les règles de styles CSS et même le code source des portions en JavaScript ! Le Web est open-source par principe.

Une ossature à remplir

Un fichier HTML doit se conformer à une structure minimale qui est une arborescence. Elle correspond à l'arbre DOM (Document Object Model) :

```
<!DOCTYPE html>
<html>
  <head>
    <meta charset="UTF-8">

  </head>
  <body>

  </body>
</html>
```

Les retraits montrent les niveaux de cette arborescence. La balise principale `<html>` englobe toutes les autres à l'exception de la déclaration de type en ligne 1. Elle contient deux parties : la tête `<head>` qui ne contient rien qui puisse apparaître dans la page (seulement le titre d'onglet) et le corps `<body>`. Dans l'exemple, nous ajoutons une directive pour préciser que nous utilisons le jeu de caractères UTF-8, ce qui rend le contenu compatible avec tous les alphabets et idéogrammes existants.

ATTENTION !

Pour créer ou modifier un fichier dans ce format, il faut penser à choisir UTF-8 au moment de l'enregistrer. Sous Windows dans le Bloc-notes, choisissez UTF-8 dans l'option **Encodage** de la boîte **Enregistrer sous**. Sous MacOS dans TextEdit, vérifiez l'option **Encodage** dans la seconde page des **Préférences**.

Cette ossature accueille le texte à afficher :

Listing 16.1 : Texte source h_simple.html

```
<!DOCTYPE html>
<html>
  <head>
    <meta charset="UTF-8">
    <title>Test HTML (h_simple.html)</title>
  </head>
  <body>
    <h1>Sus au soulignement !</h1>
    <p>Le <u>soulignement</u> est une pratique à bannir.</p>
    <p>En effet, c'est la convention utilisée sur le Web pour
       désigner les <a href=h_cible.html>liens hypertextes</a>.
    </p>
    <p>On avait pris l'habitude d'ajouter des traits de
       soulignement sur les machines à écrire pour simuler la
       <b>mise en gras</b> des imprimeurs.
    </p>
  </body>
</html>
```

Dans cet exemple, nous avons volontairement ajouté des espaces en plein milieu des phrases du contenu pour que vous puissiez bien voir l'arborescence. Voyez notamment la ligne commençant par « désigner les ». Ces espaces ne sont pas maintenus par le moteur de rendu HTML qui n'en conserve qu'un seul. Même le saut de ligne après « le Web pour » est phagocyté. On ne revient à la ligne qu'après la balise fermante </p>. Vous le verrez dans la prochaine figure.

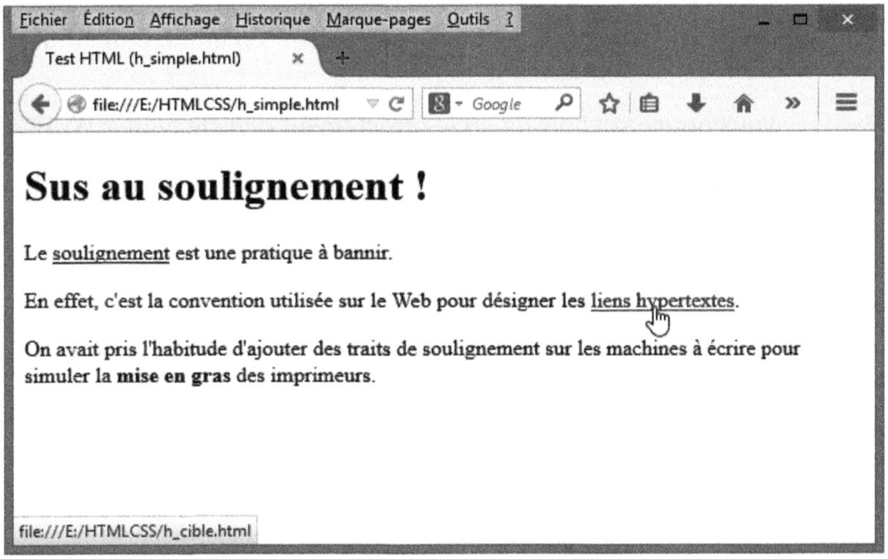

Figure 16.1 : Rendu de l'exemple h_simple.html dans un navigateur.

Contrairement à un texte source de langage de programmation, le code HTML n'a pas besoin d'être converti. Il est directement utilisable par un navigateur Web qui va interpréter le contenu ligne après ligne. Voici l'exemple précédent ouvert dans FireFox.

Certains programmeurs profitent du fait que le HTML n'oblige pas à refermer la balise la plus courante, <p> avec une balise </p>. C'est pourtant une habitude à prendre en vue de passer au XML qui ne fait pas cette concession.

L'aspect de la page est le résultat des choix faits par le logiciel navigateur. Pour chaque balise, des paramètres sont en vigueur pour le nom de la police de caractères, la couleur du texte, l'alignement, la présence d'un cadre, les marges entre paragraphes, etc.

Vous pouvez aller à l'encontre de ces « réglages usine » en définissant des styles (un peu comme les feuilles de style Word ou OpenOffice que trop peu de gens exploitent). Cette personnalisation utilise un langage associé au HTML : le langage CSS.

L'habit et le moine (CSS)

CSS signifie *Cascading Styles Sheets* parce que vous pouvez appliquer plusieurs définitions de styles en cascade à un même élément. Le principe est de sélectionner du contenu en fonction de la balise qui le contient. Vous pouvez cibler par le nom de balise ou bien par deux attributs : un nom de classe (ce qui suit `class=` dans la balise) ou un identifiant unique (ce qui suit `id=` dans la balise).

Vous pouvez définir un style directement dans le fichier HTML dans un bloc `<style></style>`, mais un fichier externe est plus pratique et peut être appliqué à tous les fichiers d'un site pour garantir un aspect homogène. Il suffit d'ajouter une balise de lien externe :

```
<link rel="stylesheet" href="fichier_styles.css">
```

Voici des variations d'aspect résultant de plusieurs définitions de styles :

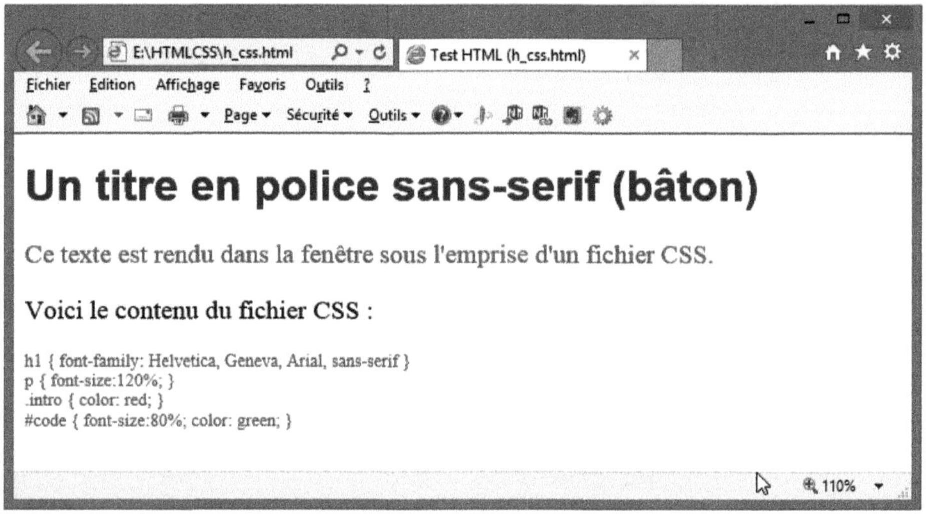

Figure 16.2 : Rendu de l'exemple h_css.html dans un navigateur.

Voici le texte source du fichier principal de contenu :

Listing 16.2 : Texte source h_css.html

```
<!DOCTYPE html>
<html>
  <head>
    <meta charset="UTF-8">
    <title>Test HTML (h_css.html)</title>
    <link rel="stylesheet" href="h_styles.css">
  </head>
  <body>
    <h1>Un titre en police sans-serif (bâton)</h1>
    <p class=intro>Ce texte est rendu dans la fenêtre sous
               l'emprise d'un fichier CSS.</p>
    <p>Voici le contenu du fichier CSS :</p>
    <p id=code>
<!-- Lignes CSS effacées pour ne pas perturber la lecture. -->
    </p>
  </body>
</html>
```

Nous avons volontairement effacé les lignes du contenu de la balise <p id=code>, car ces lignes se situent dans un autre fichier.

La balise <link > est dotée de deux attributs. C'est vous qui décidez de la valeur du second en indiquant le nom du fichier de styles à utiliser. Voici son code source. La syntaxe n'est pas très éloignée de celle des langages C, C++ et Java (blocs entre accolades, points-virgules) :

Listing 16.3 : Texte source h_styles.css

```
h1 {
    color: blue;
    font-family: Helvetica, Geneva, Arial, sans-serif;
}

p {
    font-size:120%;
}

.intro {
    color: red;
}

#code {
    font-size:80%;
    color: green;
}
```

Ce fichier CSS contient quatre règles de style. Les trois modes de ciblage sont utilisés : d'abord par le nom de balise (pour `h1` et pour `p`), puis par le nom de classe (avec `.intro`) et enfin par identifiant (avec `#code`). Comparez les valeurs des attributs dans le fichier HTML et leur utilisation dans le fichier CSS.

Il y a trois paragraphes de contenu standard à balise `<p>`. Voici comment fonctionne le mécanisme de définition en cascade :

- Le premier paragraphe de texte est visé avec un nom de classe, ce qui le fait apparaître en rouge.
- Mais c'est d'abord une balise `<p>`, ce qui explique que comme le second paragraphe, il soit affiché dans une police de 120% par rapport à la taille normale.
- Le troisième paragraphe est visé par la règle d'identifiant, ce qui fait afficher les lignes de code dans une police plus petite et en vert.

Toute règle qui n'est pas redéfinie reste en vigueur pour les éléments qu'elle vise. Plusieurs éléments peuvent être baptisés avec le même nom de classe, mais l'identifiant est prévu pour rester unique.

Ce mode d'accès à l'apparence des contenus n'est pas seulement exploitable par les créateurs de pages web (les web-designers, métier très demandé de nos jours). La rigueur de la structure du HTML permet à un programme d'aller analyser (certains disent « parser ») un fichier HTML pour le modifier : rajouter ou échanger des balises, modifier le contenu, créer une autre page par extraction, etc.

Vous disposez même d'un vrai langage de traitement, disponible dès le départ dans n'importe quel navigateur : c'est le JavaScript ou ECMAScript.

Naviguer en plongée

Pour la plupart des gens, le navigateur est une application simple : une barre d'adresse, quelques boutons pour avancer et reculer et une grande surface pour afficher la page Web.

Mais votre navigateur dispose d'une panoplie complète d'outils pour enquêter et intervenir sur les coulisses de la page. Nous avions soulevé un coin du voile dans le premier chapitre du livre.

Un seul geste suffit à accéder aux rouages internes de la page Web. La commande d'affichage du panneau **Développement**.

TRUC

Pour ouvrir le panneau de développement :

- Dans Firefox : menu **Outils** puis **Développement Web** puis **Inspecteur**.
- Dans Safari : menu **Développement** puis **Afficher l'inspecteur web**. Pour rendre ce menu visible, vous devrez éventuellement accéder aux **Préférences** de Safari, puis à la page **Avancées**. Tout en bas, vous trouverez la case de l'option **Afficher le menu Développement dans la barre de menus**.

Vous pouvez aussi installer le module complémentaire *Firebug*.

(Si nécessaire, cliquez dans l'onglet du panneau **Inspecteur**.)

En déplaçant le pointeur de souris parmi le code source dans le panneau de l'inspecteur, vous pouvez voir dans la page réelle à quoi correspond chaque élément. Dans la figure précédente, le volet droit montre les règles CSS en vigueur.

Parmi les autres panneaux, notez celui intitulé **Débogueur**. Il donne directement accès au code source des scripts présents sur la page (nous ajoutons un script un peu plus loin).

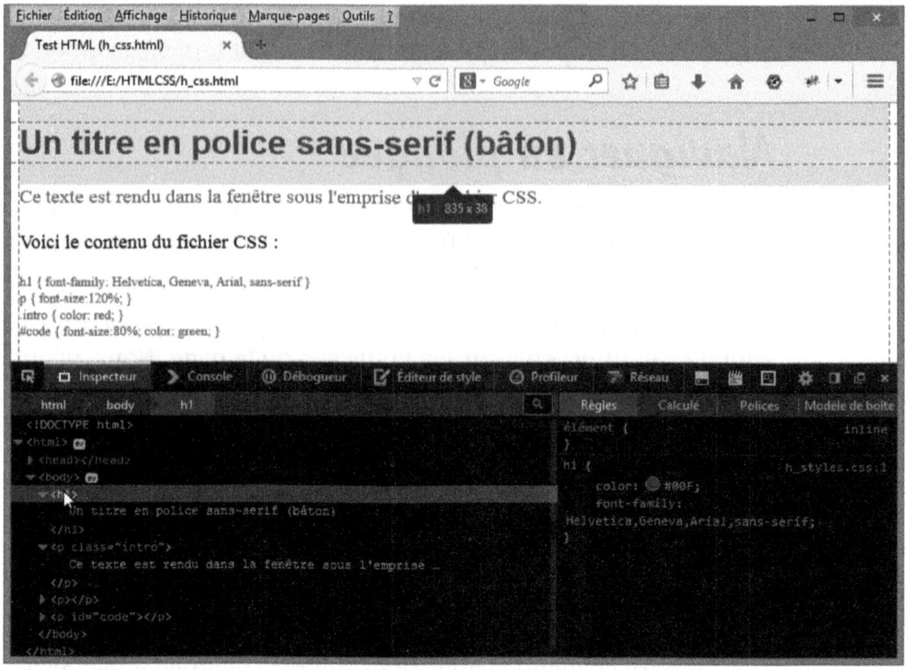

Figure 16.3 : Analyse des éléments de h_simple.html.

Une sélection de balises HTML

Avant de découvrir comment intervenir sur le contenu et la structure en JavaScript, voici une sélection des balises HTML les plus utilisées.

Tableau 16.1 : Sélection de balises HTML.

Balise	*Description*
<a>	Lien hypertexte
<area>	Zone d'une image mosaïque interactive
<audio>	Document sonore
<b>	Texte en gras
 	Saut de ligne
<button>	Bouton activable
<canvas>	Surface de tracé graphique
<caption>	Titre de tableau

Tableau 16.1 : Sélection de balises HTML.

Balise	*Description*
<col>	Propriété de colonne de tableau dans <colgroup>
<colgroup>	Groupe de colonnes dans un tableau
<dialog>	Fenêtre ou boîte de dialogue
<div>	Section de document de niveau bloc
<dl>	Liste de description
<dt>	Entrée de liste de description
<em>	Texte mis en avant
<figcaption>	Titre de <figure>
<figure>	Conteneur pour regrouper titre et <img>
<footer>	Pied de document ou de section
<form>	Formulaire de saisie
<h1> à <h6>	Niveaux de titres
<head>	Description du document non affichée
<i>	Mise en italiques
<iframe>	Cadre pour injecter une autre page (<frame> et <frameset> ne sont plus supportés par la version HTML5)
<img>	Insertion d'une image
<input>	Composant de saisie
<label>	Label à associer à un élément <input>
<li>	Elément de liste
<link>	Lien avec une ressource externe telle qu'un fichier CSS
<menu>	Menu de commandes
<menuitem>	Elément de menu
<nav>	Liens de navigation
<ol>	Liste numérotée (ordonnée)
<option>	Option de liste déroulante
<script>	Zone d'insertion d'instructions de script
<section>	Section du document
<select>	Liste déroulante
<span>	Section du document de niveau ligne.
<strong>	Passage important (en général gras)
<style>	Bloc de styles

Tableau 16.1 : Sélection de balises HTML.

Balise	*Description*
<table>	Tableau
<td>	Cellule unique de tableau
<textarea>	Zone de saisie multiligne
<th>	Cellule d'en-tête de tableau (header)
<tr>	Ligne de tableau (row)
<ul>	Bloc d'une liste à puces

Moteur, Action : JavaScript

La norme HTML prévoit une balise pour tout ce qui n'est pas du HTML : la balise <script>. Vous pouvez y insérer des lignes écrites en langage JavaScript pour ajouter des capacités d'interaction de la page Web avec l'utilisateur et pour animer la page, en somme la rendre interactive et plus attrayante.

TRUC

JavaScript n'a aucun rapport direct avec Java, mais sa syntaxe s'inspire beaucoup de Java et du C++, comme vous allez le voir.

Listing 16.4 : Texte source h_testJS.html

```
<!DOCTYPE html>
<html>
<head>
  <meta charset="UTF-8">
  <title>Test HTML+JavaScript (h_testJS.html)</title>
</head>
<body>

<style>
  #GT { color: blue; font-family: sans-serif; font-size:150%; }
  #cible2 { color: green; }
</style>

<h1 id="GT">Test de JavaScript (h1 avec id=GT)</h1>
<p  id="cible1">Petit texte avec id=cible1.</p>
<p  id="cible2">Petit texte avec id=cible2.</p>

<button onclick="traduire()"> Traduire !</button>
```

```
<script>
  var obj;
  obj = document.getElementById("cible1");
  obj.innerHTML = "Bien le bonjour (je viens d'arriver).";

function traduire() {
  var titre = document.getElementById("GT");
  titre.innerHTML = "Wir können JavaScript testen !";
}
</script>

</body>
</html>
```

Enfin, nous retrouvons le genre de prose qu'affectionnent les programmeurs : des déclarations de fonctions et de variables, des affectations, des paramètres d'appel, des chaînes littérales entre guillemets, bref, ce que nous avons pris le temps de maîtriser dans la Partie 3.

Figure 16.4 : Aspect de h_testJS.html.

Et au niveau du langage HTML, nous avons aussi fait un sérieux bond en avant : regardez la ligne suivante :

```
<button onclick="traduire()"> Traduire !</button>
```

Avec la balise `<button>`, le HTML sort de son rôle de simple présentateur. Son attribut `onclick` est un nom d'événement. Si l'utilisateur clique le bouton, cela déclenche un appel à la fonction JavaScript spécifiée.

Si vous testez cet exemple et voyez apparaître un drôle de losange à fond noir à la place du **o** tréma dans le nouveau titre, c'est que vous n'avez pas enregistré le fichier avec le codage UTF-8 ou choisi un autre encodage dans le navigateur (**Présentation/Encodage du texte** dans Safari, **Affichage/Encodage de caractères** dans Firefox).

Figure 16.5 : Résultat si le fichier n'est pas au format UTF-8.

Le bloc de la balise `<script>` contient trois instructions qui sont exécutées dès chargement de la page et une définition de fonction qui, elle, ne sera exécutée que suite à l'appel via le bouton. Voyez comme on procède pour récupérer un accès à un élément de l'arborescence avec `document.getElementById()`, ce qui permet d'aller écrire un nouveau contenu.

Voici un autre exemple qui prouve qu'avec JavaScript une simple page HTML inerte peut devenir une application. Nous y affichons une horloge qui peut être remise à zéro avec un bouton.

Figure 16.6 : Vue du rendu de h_horloge.html.

Nous découvrons quelques nouveautés dans la partie HTML : le choix d'un fichier image comme fond de fenêtre comme attribut de la balise `<body>` et l'utilisation de styles CSS externes pour embellir le bouton avec gestion du survol du bouton via la règle d'événement `#btnRAZ:hover` (dans le fichier CSS). Amenez le pointeur sur le bouton sans cliquer pour voir l'effet.

Listing 16.5 : Texte source h_horloge.html

```
<!DOCTYPE html>
<html>
 <head>
 <meta http-equiv="Content-Type" content="text/html; charset=UTF-8" />
 <title>Exemple h_horloge.html</title>
 <link rel="stylesheet" href="h_horloge.css">
</head>

<body background="papier.gif">
  <h1>Une horloge en JavaScript
  </h1>
<p></p>

<form name="horloform" class="heure">
Observons le temps passer...
<input type="text" name="affhor">
<br/><br/>
<button onclick="effacer()" id="btnRAZ">Remise à zéro</button>
</form>

<script type="text/javascript">

function horloger() {
  var now = new Date();
  var h = now.getHours();
  var m = now.getMinutes();
  var s = now.getSeconds();
  if (h<10) h="0" + h;
  if (m<10) m="0" + m;
  if (s<10) s="0" + s;
  var timix = h + "h " + m + " m " + s + " s";
  document.horloform.affhor.value = timix;
  setTimeout("horloger()",1);
}

alert("Démarrage ou redémarrage !");
document.horloform.affhor.value = "999999";

var valt = document.horloform.affhor.value;
if (valt == "999999") {
  alert("Valeur relue dans le champ texte !")
```

```
  horloger();
}

function effacer() {
  document.horloform.affhor.value = "999999"
}

</script>

</body>
</html>
```

L'essentiel du travail se trouve dans la fonction `horloger()` qui crée un objet de classe `Date()` afin de récupérer périodiquement l'heure système et la mettre en forme pour l'injecter dans la zone de saisie/affichage. Le bouton déclenche la fonction `effacer()` qui injecte une valeur convenue dans le champ afin de faire réussir le test avec la variable `valt` et relancer la fonction. (Le projet pourrait être écrit de façon plus optimale, mais moins pédagogique.)

HTML5 et les extensions JS

La version 4 datait de 1998, et la version 5 vient de paraître en 2014. Ce temps de maturation vous laisse deviner l'importance des nouveautés, surtout au niveau de l'interactivité. Il devient possible de programmer des jeux interactifs uniquement en HTML5. De très nombreuses extensions JavaScript sont disponibles. En voici trois très utilisées :

- jQuery : Pour accélérer la création avec JavaScript de tout ce qui a trait aux formulaires.
- D3.js : Pour visualiser des données graphiquement.
- DataTables : Pour gérer facilement l'accès à des bases de données.

Et PHP ?

Dans les blocs <script>, vous pouvez rencontrer des lignes faisant référence à un fichier à extension *.php*. Il s'agit de programmes situés sur le serveur Web. Au lieu de demander au serveur d'envoyer telle quelle une page HTML, vous faites déclencher l'exécution d'un fichier de code PHP, généralement en transmettant des paramètres en fin d'adresse (méthode GET). Ce programme va générer une page HTML et la renvoyer à votre navigateur.

Nous n'aborderons pas la programmation côté serveur ici.

Cinquième partie

Les dix commandements

J'ai trouvé la solution radicale pour surfer sur le net en protégeant mes données personelles.

Dans cette partie :

- Dix pistes pour poursuivre la découverte
- Dix erreurs de programmation fréquentes

Chapitre 17

Dix pistes à explorer

Dans ce chapitre :

- Le monde du libre et du Web
- Autres langages, autres techniques

Une fois que vous avez assuré des points d'ancrage solides dans un des langages incontournables et obtenu un aperçu des techniques modernes qui se fondent sur le C, c'est à vous de choisir parmi une constellation de possibles.

Le monde du logiciel libre

Une fois que vous avez appris à lire du C, vous pouvez vous plonger dans les millions de lignes de code accessibles gratuitement. Choisissez en fonction de votre centre d'intérêt : vous voulez savoir comment fonctionne une suite bureautique ? Procurez-vous le code source de LibreOffice. Connaître les algorithmes de compression de données ? Récupérez le source de 7Zip. Apprendre à gérer des objets graphiques vectoriels ? Inspirez-vous du code source de Inkscape.

Des milliers de programmes sont proposés avec le code source sur des sites spécifiques appelés référentiels. Ils sont tous protégés par une licence de type GPL. Vous êtes autorisé à dupliquer les programmes, à les modifier et vous pouvez même rejoindre l'équipe qui fait vivre chacun d'eux.

Un site français à recommander : www.framasoft.net.

Autres langages

Un bon programmeur doit connaître plus d'un langage. Le C mène naturellement au C++ et à Java, mais d'autres approches très différentes méritent d'être étudiées.

Python

Créé en 1990 par un Hollandais, Python propose une fusion entre plusieurs approches : celle impérative du C, l'orientation objets de Java et une pincée de programmation fonctionnelle à la Lisp. Python a connu en 2008 une mise à jour Python 3 non compatible avec Python 2. Voici un aperçu de sa syntaxe :

```
def bienvenue(nom):
    print 'Bonjour ', nom
bienvenue('Gaston')
```

La grande particularité de Python est que c'est le nombre d'indentations qui détermine ce qui fait partie du corps d'une fonction. Les accolades ne sont pas nécessaires, ni le point-virgule de fin d'instruction. Un espace de moins dans une ligne du corps d'une fonction, et la ligne est considérée comme extérieure à ce corps.

Scala

Le langage Scala de l'École Polytechnique de Lausanne permet d'aborder la programmation fonctionnelle qui est assez différente de la programmation impérative. Par exemple, la distinction entre fonctions et variables y est remise en cause.

```
  object Bienvenue {
    def main(args: Array[String]) {
      println("Bonjour les amis !")
    }
  }
```

Les programmeurs exclusifs MS-Windows sont nombreux à utiliser le langage C#, un descendant de C++ proche de Java.

SQL

SQL est un langage spécialisé que tout programmeur rencontre dès qu'il doit gérer des grands volumes de données. C'est un langage de création et d'utilisation de bases de données relationnelles. Voici un très court exemple de création d'une table puis d'extraction de valeurs :

```
CREATE TABLE maTable(
  Prix    INTEGER,
  Article VARCHAR(30),
  PRIMARY KEY (Prix, Article)
);
SELECT Prix, Article FROM  MaTable ORDER BY Article;
```

Pour construire correctement la structure d'une base (nombre de tables et qualité des champs de chaque table), il faut prévoir un travail de normalisation préalable qui passe par des formes normales successives (1re, 2e, 3e, etc.). Le but de cette phase de conception est d'optimiser le stockage des données en évitant notamment les duplications.

Développement Web PHP

Pour le développement Web, en plus de JavaScript, le langage PHP est incontournable pour les traitements du côté du serveur. Conçu en 1995 par le Canadien Rasmus Lerdorf pour gérer ses propres pages Web, il s'est propagé sur le Web au point d'être disponible sur tous les serveurs Web. Comme JavaScript, c'est un langage interprété (pas de compilation). Une utilisation de PHP consiste à l'incorporer dans du texte HTML, comme les scripts JavaScript en utilisant un couple spécial de balises `<?php` pour ouvrir et `?>` pour clore la section PHP :

```
<!DOCTYPE html>
<html>
  <body>

  <?php
    echo "Petit message de PHP !";
  ?>

  </body>
</html>
```

Un programme PHP peut également constituer un fichier autonome dont l'exécution est déclenchée par une requête provenant d'un navigateur.

JavaScript côté serveur (node.js)

Une technologie assez récente (2009) consiste à permettre d'utiliser le langage JavaScript non plus seulement du côté du navigateur du visiteur, mais aussi du côté du serveur, là où le PHP régnait en maître. **Node.js** fonctionne principalement de façon asynchrone (pas uniquement), c'est-à-dire que la demande reçue du client ne provoque pas sa mise en attente. Une fonction de rappel est fournie dans la demande ; c'est cette fonction qui sera rappelée par node.js quand le traitement sera achevé.

LLVM, emscripten et asm.js

Des chercheurs de l'université de l'Illinois ont créé en l'an 2000 le compilateur **LLVM**. Il part de textes sources en C et C++ pour produire un code nommé représentation intermédiaire (IR) indépendant du type de processeur, exécutable par une machine virtuelle (un peu comme la JVM de Java). Le code généré est une sorte de code assembleur extrêmement optimisé, surtout au niveau des types de données. De nombreux autres langages sont dorénavant compilables avec LLVM.

Dans un navigateur, le code JavaScript est interprété. Il est de cinq à vingt fois plus lent que du code C ou C++ compilé classiquement (code natif). L'existence de LLVM a donné une idée à quelques experts qui ont conçu un recompilateur de code source nommé **Emscripten**. Cet outil transforme le code produit par LLVM en code source JavaScript optimisé (plus tellement lisible, mais très rapide).

Le code produit par Emscripten devient exploitable avec le sous-ensemble de JavaScript nommé *asm.js* (apparu en 2013) afin d'offrir dans un navigateur une rapidité d'exécution proche de celle des programmes natifs en C ou C++.

Pour juger du résultat, cherchez par exemple "**bananabread js**". Les meilleures performances requièrent le navigateur Firefox dans une version récente.

Développements graphiques (OpenGL)

Quasiment tous les ordinateurs et appareils assimilés d'aujourd'hui disposent de capacités de traitement géométrique pour réaliser des affichages graphiques en 2D et 3D. Ces traitements sont par exemple des calculs matriciels de volumes, d'ombres et de textures des surfaces.

Ces traitements sont pris en charge par un coprocesseur dédié, le coprocesseur graphique ou GPU (*Graphic Processing Unit*). Sur les machines d'entrée de gamme, le GPU est intégré au processeur central, ce qui limite les performances par rapport à un GPU entouré de sa mémoire dédiée sur une carte graphique.

Pour exploiter ces capacités, vos programmes effectuent des appels à des fonctions d'une librairie graphique selon les conventions d'une interface API. Les deux librairies les plus utilisées sont OpenGL et Direct 3D.

La librairie **Direct 3D** appartient à la société Microsoft. Elle est utilisée par le système Windows et les consoles de jeu XBox.

OpenGL est un standard ouvert supporté par quasiment tous les fabricants de matériel vidéo et d'ordinateurs. Les rendus graphiques dans les navigateurs peuvent être réalisés avec **WebGL**, un descendant de OpenGL.

Visualisation de données

De nos jours, les énormes volumes de données qui s'accumulent dans tous les domaines réclament des moyens nouveaux pour en exploiter le potentiel (vague du *Big Data*). Pour ce qui concerne la visualisation dans les navigateurs Web, plusieurs librairies de fonctions sont apparues. Nous citerons d3.js et p5.js.

d3.js

d3.js est une librairie JavaScript. La mention D3 signifie *Data-Driven Documents*, c'est-à-dire Documents Déduits des Données. Les données d'entrée sont en général préparées dans le format de fichier JSON. Les graphiques sont interactifs. Voyez des exemples sur `d3js.org`.

processing.js

Créé au départ en Java par une équipe de passionnés des arts visuels et donc du graphisme et de l'audio, le langage de création **Processing** a été porté vers JavaScript ce qui permet d'utiliser ce langage avec les extensions créatives de Processing. C'est le projet **p5.js**. De nombreux exemples sont proposés sur la page suivante :

`https://processing.org/examples/`

Arduino/RaspBerry Pi et la robotique

Depuis quelques années, le prix des circuits intégrés nommés SoC (*System on a Chip*) a baissé au point qu'il est devenu possible de produire des nano-ordinateurs sur une surface de l'ordre d'une carte de bancaire. Vous pouvez ainsi vous doter pour environ trente euros d'un système complet avec décompresseur vidéo fonctionnant sous Linux, La communauté la plus active dans ce secteur est celle du **RaspBerry Pi**, un circuit anglais pouvant servir de machine de développement comme de centre multimédia de salon (il a fait l'objet d'un titre dans la collection *Pour les nuls*).

Figure 17.1 : Le nano-ordinateur Raspberry Pi.

Ce genre de circuit est doté de sorties numériques pour contrôler des périphériques de type robotique ou instrumentation. Les nano-ordinateurs sont de ce fait appréciés des électroniciens pour créer de nouveaux montages, notamment en robotique et en domotique.

Un champ de recherche connexe appelé à un grand succès est celui des exprimantes ou imprimantes 3D qui permettent de produire des objets de façon additive.

Réseaux de neurones et automates cellulaires

Il s'agit d'une approche tout à fait différente des automates présentés dans la Partie II, puisqu'un réseau neuronal s'inspire (sans le copier) sur le mode de fonctionnement des neurones. Les réseaux de neurones offrent un support aux travaux du domaine de l'intelligence artificielle et des stratégies d'apprentissage.

Les automates cellulaires et Conway

Le Jeu de la vie (*Game of Life*) est l'archétype des automates cellulaires. Créé par John Conway en 1970, il s'agit d'un scénario autonome d'évolution dans une grille d'une colonie de cellules. La progression se termine soit par l'extinction de la colonie, soit par le piégeage des derniers survivants dans des figures oscillantes. Les règles sont très simples :

Naissance : Une case vide donnera naissance à une bactérie à l'étape suivante si la case est entourée par exactement trois bactéries.

Décès/survie : La bactérie meurt à l'étape suivante si elle étouffe du fait qu'elle est entourée de plus de trois bactéries ou si elle angoisse parce qu'elle n'a plus qu'une voisine ou aucune. Autrement dit, elle survivra si elle a deux ou trois voisines.

Une version très complète et polyvalente de ce genre d'automate se trouve sur la page `http://fiatlux.loria.fr/`.

Les drones autonomes apprenants

Une équipe de chercheurs de l'université ETH de Zurich travaille sur des engins volants (des quadricoptères) capables d'apprendre et donc d'améliorer leurs performances. Vous pouvez visionner la vidéo réalisée lors d'une conférence TED par Raffaelo D'Andrea (voyez sur le site `flyingmachinearena.org`).

Algorithmes

Qu'est-ce qu'un algorithme ? C'est un procédé intellectuel pour trouver la solution d'un problème à coup sûr et de façon constante.

On envisage de mettre ce concept au programme (sic) des collèges de France. Pourquoi attendre la dernière partie du livre pour découvrir ce concept ? Parce qu'il est à géométrie variable.

Au sens large, un algorithme est un jeu de règles qui décrit une séquence d'opérations pour passer d'un état initial à un état final désiré. Manger, marcher, respirer même, il y a un algorithme derrière chaque action que l'on optimise parce qu'elle sera répétée. Dans ce sens, tout programme est un algorithme.

Au sens commun, l'algorithme est une martingale : une technique infaillible pour réussir. Une recette de cuisine est un algorithme, une partition musicale aussi.

Au sens strict, un algorithme est la meilleure solution actuellement connue pour résoudre un problème notamment numérique en exprimant la tactique dans un langage indépendant de tout langage informatique.

Voici quelques domaines principaux dans lesquels les algorithmes sont très usités :

- mathématiques : l'algorithme d'Euclide pour trouver le plus grand commun diviseur (PGCD) de deux nombres ou la fonction factorielle (!) ;
- tris et recherche de données : tri rapide, arbres binaires, etc. ;
- compression/décompression de données : sans perte ou avec perte, très utilisée pour les transferts de données audio et vidéo (MP3, JPEG).
- topologie : recherche du plus court chemin, calcul de trajectoires pour robots, etc.

Le mot **algorithme** est l'œuvre d'un traducteur de l'arabe vers le latin. Le mathématicien persan *Al-Khwarizmi* avait écrit un livre sur le calcul d'après les travaux de l'Indien *Brahmagupta*. Le traducteur européen a traduit le titre du livre, y compris la première ligne qui portait le nom de l'auteur du livre, ce qui a donné « *Algoritmi de numero Indorum* ». Et du fait que la partie « -rithme » avait une résonance a**rithmé**tique, et que le contenu présentait des techniques pour trouver une solution à un problème, **algorithme** est resté.

Chapitre 18

Dix erreurs fréquentes en C

Dans ce chapitre :

- Bourdes facile à intercepter
- Oublis divers (point-virgule, break)
- Confusions

Les erreurs de programmation se répartissent en deux catégories primaires :

Catégorie 1 : erreurs que l'analyseur de texte source sait détecter, soit en refusant d'aller au bout du processus, soit en émettant un avertissement.

Catégorie 2 : erreurs dites de logique que l'analyseur accepte parce qu'il ne peut pas vérifier que ce que vous avez écrit est fautif.

Les erreurs de catégorie 1 sont peu coûteuses puisqu'elles peuvent être très vite corrigées. Cela suppose néanmoins que vous demandiez à l'analyseur de se montrer le plus strict possible (option de compilation **-Wall**).

Voici dix erreurs parmi les plus fréquentes. Certaines ne sont pas réservées qu'aux débutants.

Boucle vide par point-virgule superflu

C'est une erreur de logique que le compilateur ne peut pas détecter. Elle consiste à refermer le bloc conditionnel d'une boucle par un point-virgule isolé. L'erreur est difficile à trouver parce que ce point-virgule ne se remarque pas. Voici une boucle infinie dans laquelle la variable ne sera jamais décrémentée :

```
int maVar = 12;
while( maVar > 0 );
  maVar--;
```

En règle générale, pas de point-virgule s'il y a une accolade ouvrante derrière. De même, l'oubli d'un point-virgule en fin d'instruction fait vraiment perdre les pédales au compilateur, comme l'oubli de fermeture par `*/` d'un commentaire multilignes.

Oubli de break dans switch

La structure conditionnelle `switch` du C ne gère pas un bloc par cas, mais enchaîne toutes les instructions dès qu'un cas est positif.

```
int maVar = 1;
switch(maVar) {
case 1:
  printf("Je travaille\n");
case 7:
  printf("Je me repose\n");
default:
  printf("Je ne sais plus\n");
}
```

Cet exemple affiche « Je travaille » puis « Je me repose ». Il faut ajouter un `break;` avant la ligne du second cas.

Confusion de = et de ==

Pour comparer deux valeurs, l'opérateur est le double signe égal. Le signe égal simple est l'opérateur d'affectation qui copie la valeur située en membre droit dans l'emplacement mémoire indiqué en membre gauche. Cet exemple affiche un message erroné comme quoi `x` serait égal à 1 :

```
int x = 8;
if ( x = 1 )  printf("x vaut 1\n");
```

Une astuce pour éviter ces bourdes consiste à inverser les deux membres (`if (1 = x)`). Le compilateur deviendra capable de détecter l'erreur parce qu'il est impossible de stocker une valeur dans une valeur littérale, car ce n'est pas un emplacement en mémoire.

Non-gestion du reste des divisions entre entiers

Si vous indiquez des valeurs numériques littérales entières (donc sans point décimal), le compilateur considère que ce sont des entiers :

```
float quartDeLitre = 1 / 4;
```

Dans cet exemple, la variable mémorise la valeur 0 et non la valeur 0.25 espérée. Vous forcez le transtypage avant la division soit en ajoutant de quoi transformer un des littéraux en rationnel (`1.0`), soit, pour une variable, en préfixant avec le type désiré :

```
float quartDeLitre = (float)intA / intB;
```

Débordement d'un indice de tableau

En C, comme dans beaucoup d'autres langages, le premier élément d'un tableau correspond à l'indice 0, pas à l'indice 1.

Comme condition de sortie d'une boucle, appliquez toujours l'opérateur < à l'indice si vous le comparez au nombre d'éléments :

```
int i, tab[10];
while (i < 10) { tab[i]= i+64; i++; }
```

Oubli de prototype

Le prototype d'une fonction sert à la pré-déclarer afin que l'analyseur puisse vérifier que les appels qu'il va rencontrer avant la définition de la fonction sont corrects. Lorsque le prototype est oublié ou placé après le premier appel, l'analyseur applique des choix par défaut. Le type de retour sera `int`, ce qui sera bien sûr inacceptable si le type vraiment renvoyé est différent.

```
    float salaire = augmenter(2);
```

L'appel ci-dessus sera défectueux sans prototype puisque l'analyseur va supposer que la fonction `augmenter()` (définie de type `float`, mais plus bas dans le texte) renvoie une valeur `int`. Il va ajouter un transtypage vers le type `float` alors que la variable est déjà de ce type. La valeur stockée dans `salaire` sera fausse.

Dans le même domaine, assurez-vous de respecter les types de paramètres dans vos appels. Si vous appelez avec un entier une fonction qui attend un pointeur, vous allez au-devant de grosses difficultés.

Confusion entre caractères et tableaux chaînes

Nous avons vu dans le Chapitres 7 et 10 que le type nommé `char` n'est qu'un entier très court (un octet). C'est le hasard de l'origine anglaise du langage qui a introduit une confusion avec les caractères que lisent nos yeux humains. L'exemple suivant fonctionne :

```
// intchar.c
#include <stdio.h>

int main()
{
  unsigned char montre = 65;
  short sMontre = 'B';
  int   iMontre = 'C';

  printf("\n char  = '%c' %d  ", montre,  montre);
  printf("\n short = '%c' %d  ", sMontre, sMontre);
  printf("\n int   = '%c' %d\n", iMontre, iMontre);
  return 0;
}
```

Voici ce que le programme affiche :

```
 char  = 'A' 65
 short = 'B' 66
 int   = 'C' 67
```

Vous voyez que l'on peut afficher un caractère en stockant sa valeur dans un type `short` ou `int`. Ce n'est qu'au niveau de la fonction `printf()` qu'il y a tentative d'afficher un dessin de lettre sous l'effet de `%c`.

Une chaîne de caractères n'est qu'une séquence de valeurs (normalement `char`, mais pas en UTF-8) stockée dans un tableau.

Oubli du zéro terminal dans les tableaux chaînes

En langage C, une chaîne est supposée se terminer par un caractère de valeur numérique zéro (`'\0'`), c'est-à-dire un zéro terminal (ZT). Si ce marqueur n'est pas présent, de nombreuses fonctions continuent à progresser en mémoire jusqu'à tomber par hasard sur une case mémoire contenant cette valeur. C'est extrêmement dangereux. Quand vous déclarez une chaîne avec une valeur littérale initiale, l'analyseur ajoute ce ZT pour vous.

La plupart des fonctions standard du C pour gérer des chaînes ajoutent un ZT, mais pas toutes et notamment pas la fonction d'extraction de sous-chaîne `strncpy()` qui renvoie n caractères mais n'ajoute pas le ZT. Méfiez-vous.

Par ailleurs, pour éviter d'oublier qu'il faut réserver une position de tableau pour stocker le zéro terminal de fin de chaîne, nous vous conseillons de déclarer vos tableaux chaînes avec cette notation :

```
char maChaine[20+1];
```

Erreurs de scanf()

La fonction standard de lecture de données perturbe les programmeurs parce qu'il faut lui fournir l'adresse de la variable dans laquelle elle doit déposer ce qu'elle a capté. Il faut donc utiliser l'opérateur d'adresse `&` en préfixe du nom de variable, sauf si c'est un tableau chaîne, puisqu'un tableau sans indice incarne déjà une adresse !

```
    scanf("%d",   &monEntier);        // Préfixe & obligatoire !
    scanf("%30s", monTabloChaine);   // Pas de préfixe & !
```

Notez en outre que l'analyseur ne vérifie pas le formateur désigné pour la saisie. Rien ne vous empêche de demander la saisie d'une chaîne avec `%c` ou d'une valeur `double` avec `%f` (destiné au type `float` ; pour le type `double`, il faut stipuler `%lf`).

Utilisation de pointeurs errants

Nous avons vu dans le Chapitre 13 que pour utiliser un pointeur en toute sécurité, il fallait passer par trois étapes : déclarer, armer et utiliser.

Si vous oubliez l'étape 2 (faire pointer le pointeur sur sa cible), vous allez soit lire n'importe quoi, soit, et c'est plus grave, écrire une valeur sans savoir où.

Bon courage !

Annexe A

Installation des outils

Dans ce chapitre :

- Outils sur ligne de commande sous Linux et MacOS
- Installation de Code::Blocks avec MinGW
- Java SE JDK
- Firefox Developer Edition

Nous avons expliqué dans l'introduction comment récupérer les fichiers compressés (des archives) des exemples qui illustrent ce livre.

Nous vous conseillons de créer un dossier depuis la racine de votre disque dur principal (portant par exemple le nom PROGPLN) et d'y copier les fichiers .ZIP avant de les décompresser.

Pour exploiter ces exemples, il vous faut installer un atelier de développement ou au minimum le compilateur libre GNU GCC. Cette opération est inutile si vous choisissez d'installer un atelier complet tel que Eclipse, qui fonctionne sur tous les systèmes.

Nous montrons plus loin dans cette annexe comment récupérer et installer l'atelier Code::Blocks, disponible pour les trois systèmes, mais surtout utile sous Windows.

Outils sous Linux

Sous Linux, vérifiez d'abord si les compilateur GNU ne sont pas déjà en place. Ouvrez une fenêtre de terminal et saisissez cette commande :

```
gcc -v
```

S'ils n'y sont pas, vous les installez en un geste avec l'une des deux commandes suivantes :

```
sudo apt-get install build-essential
```

Ou :

```
sudo aptitude install build-essential
```

Vérifiez ensuite avec un premier exemple que tout fonctionne.

Sous Mac OS X

Sous MacOS, vous pouvez choisir d'installer l'atelier de développement complet XCode (gratuit après inscription sur le site des développeurs Apple). Selon la version, il est ou pas fourni avec les outils de compilation CLT sur ligne de commande.

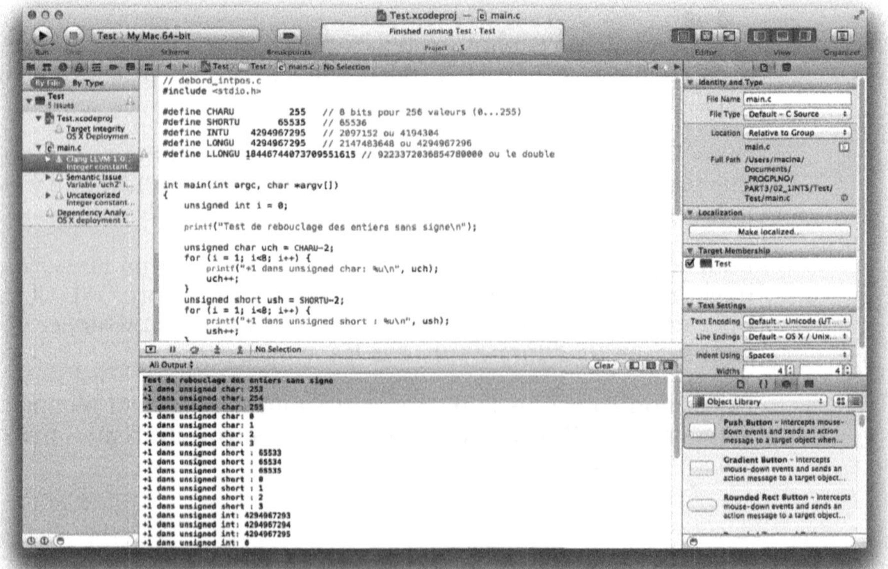

Figure A.1 : L'espace de travail de l'atelier XCode sous MacOS.

Pour de petits exemple en mode texte, cet atelier est surdimensionné (2 Go à télécharger). Vous pouvez donc n'installer que les compilateur GNU (120 Mo). Voici comment :

1. Vérifiez si les outils de ligne de commande sont déjà présents.
2. Ouvrez l'application Terminal (dossier Applications sous-dossier Utilitaires) et saisissez cette commande ::

```
gcc -v
```

3. Si le compilateur n'est pas trouvé, procédez à l'installation comme ceci :

```
xcode-select --install
```

   Notez qu'il y a bien deux tirets avant install.

4. Validez les étapes successives puis patientez. Une fois tout installé, retentez de lancer le compilateur comme ci-dessus.

   Ne cherchez pas une nouvelle application dans le dossier habituel. Les outils CLT sont placés dans un dossier technique commun situé dans la racine du système :

```
/Bibliothèque/Developer/CommandLineTools/
```

Sous Windows

Sous Windows, vous pouvez installer uniquement les outils sur ligne de commande, par exemple dans la distribution MinGW qui contient en plus de la chaîne de construction les librairies pour créer des applications pour Windows, donc en mode graphique.

Une solution plus efficace consiste à mettre en place l'atelier Code::Blocks en même temps que MinGW.

L'atelier Code::Blocks

Sur Internet, vous trouverez un certain nombre d'ateliers de programmation, tous à peu près du même niveau de qualité. Nous vous proposons celui nommé *Code::Blocks*. Il est gratuit et fonctionne sous Windows, Mac OS X et Linux. C'est un atelier complet ; vous n'aurez besoin de rien d'autre.

Mise en place de Code::Blocks

Vous devez d'abord vous procurer l'atelier Code::Blocks depuis le site Web officiel suivant :

```
www.codeblocks.org
```

Le site Web va certainement évoluer, et la description qui suit sera peut-être en partie obsolète :

1. **Utilisez votre navigateur Web pour vous rendre sur le site de Code::Blocks.**
2. **Cherchez le lien de téléchargement Downloads (dans le menu).**
3. **Cliquez le lien de téléchargement des fichiers binaires (*Download the binary release*) approprié à votre système.**
4. **Prenez soin de choisir la version qui contient le compilateur C, par exemple celle dotée de MinGW.**

   Par exemple pour Windows, le fichier porte un nom dans le style suivant :

   ```
   codeblocks-xx.yymingw-setup.exe
   ```

   Les **xx** et **yy** correspondent au numéro majeur et mineur de version de Code::Block.

   Sous Linux, vous choisissez entre la mouture 32 et 64 bits en fonction de votre distribution Linux et du format de l'archive. Je vous conseille d'opter pour la plus récente version stable.

   Sous Mac OS X, vous ne pouvez choisir que le format universel *.zip*.

5. **Si nécessaire, procédez au désarchivage du fichier d'installation de Code::Blocks.**

   Malgré le titre de la collection *Pour les nuls*, je suppose que vous savez quoi faire d'un fichier au format *.zip*, *.gz* ou *.dmg* sur le système que vous utilisez.

6. **Lancez le programme installateur.**

Suivez les indications en optant pour une installation par défaut. Il est inutile de personnaliser quoi que ce soit à ce niveau.

Sous Windows, vérifiez que vous installez la suite de compilation MinGW. Si vous ne voyez ce nom nulle part dans la fenêtre de choix des composants, c'est que vous n'avez pas téléchargé la bonne variante de Code::Blocks. Revenez dans ce cas à l'Étape 4.

7. **Refermez la fenêtre de l'installateur.**

   Même si la fenêtre de Code::Blocks est apparue, il est possible qu'il faille refermer la fenêtre de son installateur.

Découverte de l'interface de Code::Blocks

Si l'application Code::Blocks n'est pas encore démarrée, lancez-la maintenant ; cherchez son icône sur le Bureau ou dans un menu (dans Windows 8, cherchez le nom **CodeBlocks** sans les deux signes deux-points).

La Figure A.1 présente l'aspect général de la fenêtre de l'espace de travail de Code::Blocks (*workspace*) constitué de plusieurs sous-fenêtres ou panneaux.

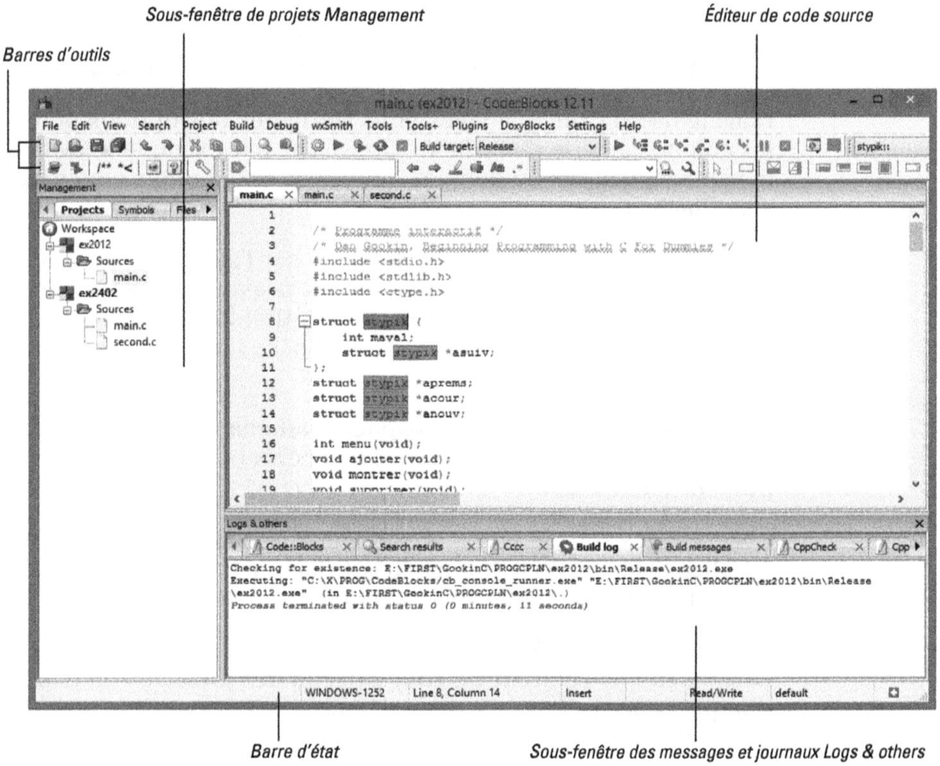

Figure A.2 : L'espace de travail de l'atelier Code::Blocks.

Les détails ne sont pas très visibles dans la Figure A.2, mais ce sont les grandes zones qu'il vous faut repérer. En voici la description :

Barres d'outils : Ces huit bandeaux horizontaux prennent place dans le haut de la fenêtre principale de Code::Blocks. Chaque barre offre une sélection d'icônes de commandes. Vous pouvez réarranger les barres, en masquer et en montrer. Ne touchez pas à leur disposition avant d'avoir pris vos marques dans l'interface.

Fenêtre de projets (Management) : La sous-fenêtre de gauche offre quatre onglets, un seul montrant son contenu à la fois. Cet espace rassemble toutes les ressources de votre projet de programmation.

Barre d'état : Le bas de la fenêtre principale est occupé par une série d'informations concernant le projet en cours d'édition et d'autres témoins relatifs au fonctionnement de l'atelier Code::Blocks.

Éditeur (main.c) : La surface centrale de la fenêtre est dédiée à la rédaction du code source.

Journaux (Logs & others) : Dans le bas de la fenêtre, au-dessus de la barre d'état, prend place une sous-fenêtre avec une douzaine d'onglets affichant des informations techniques sur le projet en cours. Le volet que vous utiliserez le plus souvent est celui des messages du compilateur, **Build Log**.

Dans le menu principal **View**, vous trouverez des options pour afficher/masquer les composants de l'interface. Choisissez par exemple **View/Manager** pour masquer le panneau gauche ou décidez quelles barres d'outils conserver par le sous-menu **View/Toolbars**.

Faites en sorte de ne pas être débordé par l'apparente complexité visuelle de l'interface de Code::Blocks. Même si vous avez de l'expérience en programmation dans l'ancien style, un tel atelier peut intimider de par toutes ses options, panneaux et volets. Ne vous inquiétez pas : il ne vous faudra que peu de temps pour prendre vos marques.

Pour profiter du maximum d'espace d'affichage, pensez à déplier la fenêtre principale de Code::Blocks pour l'amener au format Plein écran. Vous devez pouvoir être à l'aise.

Chacune des sous-fenêtres et panneaux (Management, Éditeur, Logs) peut être retaillée : amenez le pointeur de souris entre deux zones et faites glisser dès qu'il prend l'aspect d'une double-flèche pour ajuster la largeur ou la hauteur relative des deux zones.

Le panneau de l'éditeur de code et celui des journaux en bas sont multivolets. Chaque zone peut comporter en haut plusieurs onglets pour basculer d'un volet à un autre.

Installation du compilateur Java JDK

Il existe de nombreuses éditions de Java et surtout, Java existe en deux modèles :

- Java RE (JRE) pour utilisateur (uniquement la machine virtuelle et les librairies) ;
- Java Development Kit (JDK) pour développeur.

C'est le JDK qu'il vous faut. Choisissez l'édition standard, donc Java SE JDK. L'outil d'installation vous guide au long de la procédure. Vérifiez ensuite que tout fonctionne dans une fenêtre de terminal :

```
javac -version
```

Installation de Firefox Developer Edition

Sur le web, cherchez ce titre d'application **Firefox Developer Edition**. Vous devriez arriver directement sur la page dédiée du site `mozilla.org`. Téléchargez et installez. Le tour est joué.

Pratique des exemples

Vous avez récupéré les archives compressées des exemples du livre comme indiqué dans l'introduction. Vous voulez les expérimenter.

Si vous essayer les exemples du livre avec Code::Blocks, deux approches sont possibles :

- Soit vous créez un nouveau projet pour chacun d'eux, mais cela vous fait accumuler des sous-dossiers pour des projets très petits.
- Soit vous créez un projet nommé TEST et vous copiez le code source de chaque nouvel exemple dans le fichier *main.c* proposé au départ, ce qui écrase son contenu. Dans ce cas, pensez à copier/coller le contenu actuel dans un autre fichier si vous voulez conserver vos retouches.

TRUC

Si vous faites une retouche dans le code source, pensez à adopter le bon réflexe : utilisez le bouton avec l'engrenage et la flèche (**Générer et exécuter**) pour que l'exécutable soit conforme à votre version modifiée.

Annexe B

Table de caractères ASCII

Décimal	*Hexa*	*Caractère*	*Commentaires*
7	**0x07**	^G	Bip, \a
8	**0x08**	^H	Retour arrière, backspace, \b
9	**0x09**	^I	Tabulation, \t
10	**0x0A**	^J	Saut de ligne, line feed, \n
11	**0x0B**	^K	Tabulation verticale, \v
12	**0x0C**	^L	Saut de page, form feed, \f
13	**0x0D**	^M	Retour chariot, carriage return, \r
32	**0x20**		Espace, premier caractère affichable
33	**0x21**	!	Point d'exclamation
34	**0x22**	"	Guillemet droit (double quote)
35	**0x23**	#	Signe dièse
36	**0x24**	$	Signe dollar
37	**0x25**	%	Pourcentage
38	**0x26**	&	Esperluette ou Et commercial
39	**0x27**	'	Apostrophe
40	**0x28**	(	Parenthèse gauche (ouvrante)
41	**0x29**	)	Parenthèse droite (fermante)
42	**0x2A**	*	Astérisque
43	**0x2B**	+	Plus
44	**0x2C**	,	Virgule
45	**0x2D**	-	Tiret, moins
46	**0x2E**	.	Point
47	**0x2F**	/	Barre oblique
48	**0x30**	0	Chiffres
49	**0x31**	1	
50	**0x32**	2	
51	**0x33**	3	
52	**0x34**	4	
53	**0x35**	5	
54	**0x36**	6	
55	**0x37**	7	
56	**0x38**	8	
57	**0x39**	9	
58	**0x3A**	:	Deux-points
59	**0x3B**	;	Point-virgule
60	**0x3C**	<	Inférieur à, chevron gauche
61	**0x3D**	=	Égalité
62	**0x3E**	>	Supérieur à, chevron droit
63	**0x3F**	?	Point d'interrogation
64	**0x40**	@	Arobase
65	**0x41**	A	Alphabet en capitales
66	**0x42**	B	
67	**0x43**	C	
68	**0x44**	D	
69	**0x45**	E	
70	**0x46**	F	
71	**0x47**	G	

Décimal	*Hexa*	*Caractère*	*Commentaires*
72	**0x48**	H	
73	**0x49**	I	
74	**0x4A**	J	
75	**0x4B**	K	
76	**0x4C**	L	
77	**0x4D**	M	
78	**0x4E**	N	
79	**0x4F**	O	
80	**0x50**	P	
81	**0x51**	Q	
82	**0x52**	R	
83	**0x53**	S	
84	**0x54**	T	
85	**0x55**	U	
86	**0x56**	V	
87	**0x57**	W	
88	**0x58**	X	
89	**0x59**	Y	
90	**0x5A**	Z	
91	**0x5B**	[	Crochet gauche
92	**0x5C**	\	Antibarre (backslash)
93	**0x5D**	]	Crochet droit
94	**0x5E**	^	Circonflexe
95	**0x5F**	_	Soulignement (underscore)
96	**0x60**	`	Accent grave, apostrophe grave
97	**0x61**	a	Alphabet en minuscules (bas de casse)
98	**0x62**	b	
99	**0x63**	c	
100	**0x64**	d	
101	**0x65**	e	
102	**0x66**	f	
103	**0x67**	g	
104	**0x68**	h	
105	**0x69**	i	
106	**0x6A**	j	
107	**0x6B**	k	
108	**0x6C**	l	
109	**0x6D**	m	
110	**0x6E**	n	
111	**0x6F**	o	
112	**0x70**	p	
113	**0x71**	q	
114	**0x72**	r	
115	**0x73**	s	
116	**0x74**	t	
117	**0x75**	u	
118	**0x76**	v	
119	**0x77**	w	
120	**0x78**	x	
121	**0x79**	y	
122	**0x7A**	z	
123	**0x7B**	{	Accolade gauche
124	**0x7C**	|	Barre verticale (pipe)
125	**0x7D**	}	Accolade droite
126	**0x7E**	~	Tilde
127	**0x7F**		Supprimer (delete)

Index

Notes